U0638216

江苏人力资源服务业发展研究报告

2016

主编 俞安平

南京大学出版社

图书在版编目(CIP)数据

江苏人力资源服务业发展研究报告. 2016 / 俞安平
主编. —南京:南京大学出版社,2017.5
ISBN 978 - 7 - 305 - 18429 - 1

Ⅰ.①江… Ⅱ.①俞… Ⅲ.①人力资源—服务业—产
业发展—研究报告—江苏—2016 Ⅳ.①F249.275.3

中国版本图书馆 CIP 数据核字(2017)第 081257 号

出版发行 南京大学出版社
社　　址 南京市汉口路 22 号　　　　邮　编 210093
出 版 人 金鑫荣

书　　名 **江苏人力资源服务业发展研究报告(2016)**
主　　编 俞安平
责任编辑 王日俊　秦　露

照　　排 南京紫藤制版印务中心
印　　刷 江苏凤凰数码印务有限公司
开　　本 787×1092　1/16　印张 10.5　字数 271 千
版　　次 2017 年 5 月第 1 版　2017 年 5 月第 1 次印刷
ISBN　978 - 7 - 305 - 18429 - 1
定　　价 98.00 元

网址:http://www.njupco.com
官方微博:http://weibo.com/njupco
官方微信号:njupress
销售咨询热线:(025)83594756

指 导 委 员 会

本书为江苏高校优势学科建设工程资助项目(PAPD)、江苏高校人文社会科学校外研究基地"江苏现代服务业研究院"、江苏高校现代服务业协同创新中心和江苏省级重点培育智库"现代服务业智库"的阶段性研究成果。

书　　　名　江苏人力资源服务业发展研究报告(2016)

主　　编　俞安平

出　版　社　南京大学出版社

目　录
Contents

第一章　江苏省人力资源服务业发展全景分析

　　人力资源服务业是伴随着经济全球化、市场化、网络化和区域经济一体化发展，围绕人才流动而产生的一种新型现代服务业，是围绕人力资源配置、管理、开发提供相关服务的生产性服务行业，是现代服务业中的新兴重要门类和最具活力的行业之一。

　　经过30多年的探索实践，在省政府的大力支持下，江苏省人力资源服务业实现了升级式发展，市场机制在人力资源配置中的基础性作用已经确立，服务规模不断扩大、服务人群不断增长、服务内容不断拓展、服务手段不断完善、服务监管不断强化。经过萌芽阶段、规范发展阶段、多元丰富阶段的发展，江苏省人力资源服务业从2010年开始步入了升级发展的阶段。经过近些年的发展，尤其是在经历了2013年人力资源服务业战略性调整之后，江苏省人力资源服务业取得了显著的成就，形成了自己的特色。本章主要就江苏人力资源服务业的发展做全景分析。首先，我们对2012年到2014年江苏人力资源服务业发展进行回顾分析，具体阐述江苏省人力资源服务业逐年的政策出台、产业结构升级与人才集聚、产业园项目、服务信息化等的发展历程；其次，对江苏省人力资源服务业2015年发展的总体现状进行分析，对本报告后续章节将要研究的问题进行总体阐述，对当前江苏省人力资源服务业发展现状进行更深层次的解读，以更好地预测江苏省人力资源服务业的未来发展趋势；最后，结合2012年到2015年江苏省人力资源服务业的发展，对江苏省人力资源服务业发展的战略布局作一定的思考。

第一节　江苏省人力资源服务业发展回顾

一、江苏省人力资源新政策促进了人力资源服务业发展

　　随着产业结构的不断优化调整，第三产业在经济中的比重逐渐提升。而人力资源服务业是第三产业中的朝阳产业，对经济的发展作用不可估量。我国政府深刻认识到了发展人力资源服务业的价值，颁布了很多政策法规来规范人力资源服务业的发展，同时，出台了许多的扶持措施来促进人力资源服务业的发展。近些年，江苏省人力资源服务业处于跨越式发展的阶段，能够取得如此大的成就，这与国家的政策措施是息息相关的。

　　随着2007年3月国家首次将"人才服务业"正式写入国务院文件《关于加快服务业发展的若干意见》后，有利的国家政策就不断出现，主要包括：

　　2010年，党中央、国务院颁布《国家中长期人才发展规划纲要（2010—2020年）》，提出"大力发展人才服务业"。同年，国家十二五规划明确提出，要"建立健全基本公共服务体系，

健全统一规范灵活的人力资源市场"。

2011年3月,国家发改委发布"产业结构调整指导目录",首次将"就业和创新指导、网络招聘、培训、人员派遣、高级人才访聘、人员测评、人力资源管理咨询、人力资源服务外包"以及"人力资源市场及配套设施建设"写入政府引导和管理的投资项目。人社部也开始研究制定《关于发展人力资源服务业的指导意见》,人力资源服务业迈入了重要的战略机遇期。

2012年11月,党的十八大对人力资源服务业发展提出新目标、新要求,强调要重点围绕"民生为本、人才优先"工作主线,实施两大战略、推进两大建设、深化两项改革,同时明确了促进就业、鼓励创业、加强职业技能培训、健全人力资源市场、完善就业服务体系、增强失业保险对促进就业的作用等。同年12月,国务院发布《服务业发展"十二五"规划》,将人力资源服务业作为与金融服务业、现代物流业、科技服务业一同列入了加快发展的生产性服务业,并专列一节进行了部署。由此可见,国家鼓励类发展人力资源服务业并加快其发展,人力资源服务业发展的政策环境得到进一步优化。

2013年12月人社部下发《关于加强人力资源服务机构诚信体系建设的通知》。人社部要求在经营性人力资源服务机构中开展诚信教育培训、诚信服务制度建设、诚信状况诊断评估和诚信典型宣传示范等诚信创建活动。

2014年12月,人社部与国家发改委、财政部联合下发《关于加快发展人力资源服务业的意见》(人社部发[2014]104号),其中明确提到2020年从业人员达到50万人、产业规模超过2万亿元、形成20家左右的龙头企业和行业领军企业等目标。

政策性事件为我国人力资源服务业发展创造了良好环境,成为我国人力资源服务业发展的重要引擎;行业事件则推动着人力资源服务业进一步向标准化、民生化、专业化、信息化的方向发展。

江苏省人力资源服务业能够实现跨越式发展,不仅与国家层面的政策支持分不开,更与江苏省政府对行业发展的支持是密不可分的。2011—2014年,江苏省出台了一系列的政策措施以促进人力资源服务业的发展。

2011年2月14日通过的《江苏省国民经济和社会发展第"十二个五年"规划纲要》,第三章"十二五"指导思想提出大力实施"科教与人才强省、创新驱动、城乡发展一体化、经济国际化、区域协调发展、可持续发展"六大战略。科教与人才强省战略的确立,同样为人力资源服务业的发展提供了有力支撑。

2012年省级财政安排就业专项资金8.55亿元,比2011年增长11%,确保了各项就业促进政策的落实。同年4月,省政府召开全省就业服务体系建设推进会,组织实施统筹城乡就业、创业带动就业国际金融危机爆发不久,重点群体帮扶、就业技能提升、就业失业监测、人力资源服务业发展和公共就业服务强基等七大行动计划,在经济增速放缓、就业工作压力加大的情况下保持了就业形势的稳定。江苏省就业服务体系的建立,为人力资源服务业的发展提供了发展支撑。

2013年1月,江苏省第十一届人民代表大会常务委员会第三十二次会议修订通过了《江苏省劳动合同条例》。此次修订在规范劳动关系、完善劳动合同制度、明确劳动合同双方当事人的权利义务、保护劳动者合法权益等方面发挥了重要作用。同年5月,江苏省政府通过了《江苏省劳动人事争议调解仲裁办法》,努力提高仲裁办案质量和效率,发挥好提高争议处理效能的制度优势。建立健全"调、裁、审"工作协调制度,加强与信访、劳动监察、劳动人事争议调解组织和人民法院之间的工作关系和沟通,做好调裁衔接和裁审衔接。这些措施有力地提升了处理劳动关系的专业化水平,对人力资源服务业有了更加明确的规范,为人力资源服务规范化操作提供了法律基础。

2014 年 5 月,江苏省质量技术监督局发布《人力资源培训服务组织管理规范》,该标准技术内容完整,制定过程严谨,符合规定程序,科学性、先进性、操作性较强,对于推进全省人力资源培训服务组织管理规范化具有较强的针对性和指导性。同年 7 月,江苏省财政厅印发《江苏省省级人力资源服务业发展专项资金使用管理暂行办法》,贯彻落实《省委办公厅、省政府办公厅印发〈关于加快人力资源服务业发展的意见〉的通知》(苏办发[2012]22 号)精神,全面提升了江苏省人力资源服务业发展水平,规范了江苏省省级人力资源服务业发展专项资金的使用管理,提高了资金使用效益。

这些政策和意见,对江苏省人力资源服务业迅速发展具有功不可没的作用。在这种良好的发展氛围的带动下,江苏省人力资源服务业多层次、多元化的服务体系初步形成,服务功能逐步完善,服务能力明显提升,市场管理日趋加强,在实施科教与人才强省战略和就业优先战略中发挥了重要作用。《关于加快人力资源服务业发展的意见》的出台实施,以及江苏省人力资源服务协会的成立,表明江苏人力资源服务业作为一个新兴行业的独立性进一步凸显,并在升级发展过程中逐步走向成熟。

二、江苏省人才工程加快了产业结构的优化升级

在经济新常态下,江苏省经济总体稳中有进,经济的发展带动了产业结构的优化调整,产业结构朝着"三、二、一"格局发展。2012 年至 2014 年,江苏省地区生产总值从 54058.22 亿元上升至 65088.32 亿元,同期的产业结构及三次产业就业人员结构依然都是"二、三、一"的格局,三次产业结构由 6.3∶50.2∶43.5 变化为 5.6∶47.4∶47.0。第一产业与第二产业比重逐年下降,第三产业比重稳步上升,产业结构逐渐逼近"三、二、一"格局。2015 年,江苏省地区生产总值的构成中第三产业首次超过第二产业,产业构成比重为 5.7∶45.7∶48.6,真正实现了"三、二、一"的产业格局(详见表 1-1)。江苏省产业结构的优化通过加强产业与产业之间的协调能力使得资源可以合理配置,在横向上推动了江苏经济的发展。同时,利用技术创新的方式将产业从低级状态向高级状态推进,产业结构优化可以在纵向上为江苏经济增长助力。

表 1-1　江苏省地区生产总值构成(单位:亿元)

年份	地区生产总值	构成(%)					
		第一产业	第二产业	第三产业	第一产业	第二产业	第三产业
2012	54058.22	3418.29	27121.95	23517.98	6.3	50.2	43.5
2013	59753.37	3469.86	29086.08	27197.43	5.8	48.7	45.5
2014	65088.32	3634.33	30854.50	30599.49	5.6	47.4	47.0
2015	70116.38	3986.05	32044.45	34085.88	5.7	45.7	48.6

数据来源:江苏省统计年鉴(2012—2015)。

从分三次产业内的从业人数来看,从 2012 年到 2015 年,就业人员总数基本维持在 4759 万人次,三次产业就业人员比重由 20.8∶42.7∶36.5 变化为 18.4∶43∶38.6,第一产业人员比例逐年下降,第二产业和第三产业从业人员比例逐年上升,其中,第二产业就人数增加了 0.3 个百分点,第三产业就业人数增加了 2.1 个百分点(详见表 1-2)。

表 1-2 分三次产业的从业人数

年　份	从业人数 (单位:万人)	构成(%)					
		第一产业	第二产业	第三产业	第一产业	第二产业	第三产业
2012	4759.53	989.98	2032.32	1737.23	20.8	42.7	36.5
2013	4759.89	956.74	2041.99	1761.16	20.1	42.9	37.0
2014	4760.83	918.84	2047.16	1794.83	19.3	43.0	37.7
2015	4758.50	875.56	2046.16	1836.78	18.4	43	38.6

数据来源:江苏省统计年鉴(2012—2015)。

随着经济快速发展与产业结构的优化升级,江苏的产业结构得到优化调整,第三产业从业人员显著提升。江苏省人力资源服务的配置功能在人才资源的数量、层次以及人才的引进与培养使用等方面发挥着重要作用,形成了较强的人才集聚优势。

产业结构的优化升级引导着人才资源总量和人才资源结构的优化。2012 年,全江苏省专业技术人才 32.4 万人,培训专业技术人员 115.3 万人次,74 人入选国家"千人计划",占全国当年入选总人数的 13.9%,居全国第三。到 2015 年,已有 117 人入选国家"千人计划",占全国的 11.4%。其中,创业类 22 人、创新长期类 16 人、创新短期类 3 人、青年千人 71 人、外专千人计划 5 人、顶尖人才与创新团队 1 个。江苏省共有 598 人入选国家"千人计划",其中创业类 226 人,占全国创业类总数的 30.1%,位居全国第一。

江苏省委、省政府一直高度重视人才事业发展,从政策、环境、制度等多方面致力创新,保证人才优先发展,以人才竞争力提升发展竞争力。近年来,江苏推出"一二三系列人才工程",即"111 国际化人才引进工程"、"222 国际化人才合作联盟工程"、"333 工程"、"科技企业家培育工程"等,目前已引进 10 名诺贝奖得主、外籍院士等顶尖人才,造就了 1 万多名创新创业领军人才,培育了 15 名两院院士,100 多名科技企业家企业成功上市,并与世界和国内著名高校、企业和实验室建立了人才合作关系。目前江苏的科技创业园等各类科技孵化器占全国近三分之一,还建成了一批诺贝尔奖获得者工作站、企业院士工作站、"千人计划"研究院,为人才创新创业构建了优质平台。根据我国首份《中国人才区域竞争力报告》蓝皮书显示,2013 年江苏在省域人才竞争力排名中从 2010 年的全国第四跃居到第二。

三、江苏省人力资源服务业产业园建设成效显著

为了进一步推动人力资源服务业的发展,江苏省大力建设人力资源服务业产业园。2012 年,江苏省委、省政府下发 22 号文件,根据文件要求,全省深入实施了人力资源服务产业园区建设工程,取得了显著成效。至 2014 年底,江苏共有人力资源服务产业园 7 家,产业园区总量位居全国第一。其中:国家级产业园 1 家,省级人力资源服务产业园 4 家,同时获得国家级和省级荣誉的人力资源服务产业园 1 家,省级及直接挂牌的国家级人力资源服务

产业园 1 家,民营人力资源服务产业园 1 家,产业得到了突飞猛进的发展。目前,江苏省已建立的人力资源服务产业园包括苏州人力资源服务产业园、无锡新区人力资源服务产业园、盐城人力资源服务产业园、南京浦口人力资源服务产业园等等。这些产业园为江苏省各地人力资源服务业的升级发展创造了更好的发展平台,为人力资源服务业积聚化发展建立了契机,从而形成了协同优势,提高了人力资源服务业的产值,同时能够更好地服务社会、更好地服务企业、更好地服务人才。

人力资源服务产业园作为人力资源服务业的一种重要的特殊的产业集聚形态,已经成为江苏人力资源服务业发展的现阶段的重要支柱。2014 年江苏省的人力资源服务产业园共集聚了人力资源服务企业和人力资源服务机构 400 余家,实现年产值约 150 亿元,为人力资源服务企业及人力资源服务机构提供人力资源配置、管理咨询、培训发展、人力资源外包、人才测评、人力资源信息等整体人力资源服务逾 10000 次,服务人力资源从业人员数十万人次,为江苏省人力资源服务业的发展,乃至江苏省经济的腾飞奠定了良好的基础。苏南地区人力资源服务产业园表现尤为突出,截至 2014 年底,共集聚了人力资源服务企业及人力资源服务机构 300 余家,占全省的 75% 左右,为人力资源服务企业及人力资源服务机构提供的服务大大高于全省平均水平。随着人力资源服务产业园的建立与发展以及入驻园区的企业、机构的数量、规模不断增加,投身人力资源服务产业园的人员不断增加,素质也有了提高。

江苏人力资源服务产业园区的发展已呈现多样化形式,主要包括专业化园区单一发展模式、一区多园交叉发展模式、专业园区多维度发展模式等各具特色发展模式采用政企联合的管理模式,实行政府与企业统一开发、统一管理,实现园区集聚辐射功能,打造企业所需人才的孵化基地和一流培训资源的集散中心。同时,各地产业园以"双轮驱动、两翼齐飞"为特征,强调公共服务和市场经营性服务并举,既要成为当地人力资源市场公共服务的中枢,又鼓励吸引集聚人力资源服务企业,形成产业化发展平台。

四、江苏省人力资源服务信息化建设进程加快

在信息时代的今天,信息化是不同产业经济发展的技术支撑。不管是公共人力资源服务业或者私营人力资源服务业,引入信息技术作为人力资源服务手段,都极大地提升人力资源服务效率和服务效益,更加有力地促进了人力资源服务于社会经济发展。人力资源服务业信息化包括人力资源服务信息化和人力资源信息化服务两方面内容。

由于江苏省人力资源服务业发展初期正好与知识、信息经济时代相对应,因而江苏省人力资源服务业中的大多数机构很快就把在职业介绍、人员招聘、人事代理、人才测评、人才储备等许多方面信息技术运用到服务中。人力资源服务信息化包括:网络招聘服务、在线培训服务、人才测评服务等。

江苏省网络招聘服务发展空间很大:2014 年江苏省城镇新增就业 138 万人,连续 10 年实现新增就业超百万。经济增长带来就业需求上升,进一步带动网络招聘需求稳步增长。据调查显示:江苏省约 90% 以上的毕业生在求职过程中使用过网络招聘服务,79% 的高校毕业生认为网络招聘服务提供的就业信息较多,信息搜寻成本较低。

在线培训服务发展迅速:不仅有国内外知名人力资源服务商的在线培训服务平台,而且

江苏省本地在线培训服务机构依托本土优势异军突起，发展迅猛。在培训服务内容日益丰富，涵盖职业技能培训、职业发展培训等。在线培训服务的受众日益广泛，既包括企业员工内训，也包括针对农民、干部、医生等特殊群体的培训。企事业单位的在线培训意识日益强烈，在线培训灵活、更具针对性、低成本等的优势促使越来越多的单位引进在线培训，带动江苏省在线培训服务市场不断稳步向前发展。

人才测评服务前景广阔：目前在江苏省从事人才测评的机构众多，这些机构分为以软件销售为主的公司和以测评实施服务为主的公司，前者是将软件销售给企业，主要用于人才的招聘、选拔和考核；后者通常并不销售软件，而是利用自己熟悉的测评工具帮助企业招聘的人员进行选拔、考核和开展人力资源调查。2014年，江苏省初步建成涵盖政府测评机构、国际测评机构和民间测评机构的在线人才测评市场，市场结构总体合理，测评企业发展活跃。

人力资源信息化服务，即人力资源服务手段的信息化，其综合运用各种信息技术，同时与现代化的管理理念和管理手段相结合，辅助管理者进行人力资源决策和管理，是人力资源管理信息化、规范化、体系化的最终结果。2014年江苏省发布《关于推进智慧江苏建设的实施意见》，指出信息化是覆盖现代化全局的战略举措，智慧化是信息化发展的高级阶段。2015年，江苏省政府又专门下发《省政府关于进一步推进信息基础设施建设的意见》，着力为全省信息化建设夯实良好的基础。在企业管理信息化发展趋势下，不管是大型企业还是小微企业，人力资源信息化服务越来越重要，并且企业越来越意识到人力资源信息化服务能够改善企业管理绩效，促进企业稳定健康发展。调查显示，绝大部分江苏企业认为利用信息技术改变人力资源管理是非常必要的。越来越多的企业引入人力资源管理信息系统或更新现有的人力资源管理系统，数据显示，在未引进过HRIS/HRMS的企业里，60%的企业计划在未来2年内引进和实施系统；在已经实施过的企业里，超过一半的企业是在最近两年内实施系统；18%的企业将会在未来2年更换现有系统。而目前，江苏省共有中小企业164万家，占全省企业总数的99.6%，创造了全省60%以上的经济总量，吸纳了80%的从业人员。人力资源信息化服务市场充满巨大的发挥空间。

第二节　2015年江苏省人力资源服务业发展现状总体分析

随着江苏产业结构调整步伐的加快，人力资源服务业作为现代服务业的一个重要组成部分，取得了长足的发展。2015年，江苏租赁和商务服务业增加值为2469.55亿元。而人力资源服务业是商务服务业中的重头戏，据估算，占商务服务业的比例将近70%，约173亿元。人力资源服务业在江苏经济发展中的重要性不言而喻。

从人力资源服务产业发展的角度看，人力资源服务业至少与以下两个因素有关：一是产业运行要素。人力资源服务业作为劳动力市场运行的支撑产业，其服务和使用的要素主要包括劳动力市场供需双方，即劳动者以及用人主体——通过培训、招聘、职业指导等服务，提高劳动者素质并将其匹配到更为合适的岗位；通过招聘、管理咨询、测评等人力资源外部服务，为用人主体发现和使用合格的劳动力提供支持。二是产业环境，这主要包括政策和技术环境。人力资源服务业作为一个朝阳产业，其发展与政策的扶持或者干预息息相关，而技术则是影响产业发展模式和企业经营方式的关键要素。当上述两个方面的因素产生变化后，产业发展随之也会出现新的特征，人力资源服务主体、服务内容和服务成果都会有一定的调整和优化。本小节拟从环境变化和劳动力市场等方面入手，分析人力资源服务主体、质量变化、服务方式的改变，分析这些因素变化对江苏省人力资源服务业发展的影响。

一、人力资源服务业发展环境的变化

（一）利好与挑战并存的政策环境正在形成

在当前中国的经济发展模式中，产业政策在一个行业的发展过程中起着重要的推动作用，尤其是在产业发展初期。对于人力资源服务业而言，这种发展规律同样存在。从目前与人力资源服务业发展的相关政策看，有一个明显的特征，就是利好与挑战并存。就利好政策而言，一系列促进人力资源服务业发展的政策出台为人力资源服务业的发展注入发展红利。

2015年初，为全面构建和谐劳动关系、推动科学发展、促进社会和谐，中共中央国务院印发了《关于构建和谐劳动关系的意见》。这是是改革开放以来中共中央下发的首个劳动关系方面的文件，是新时期构建中国特色和谐劳动关系的顶层设计和总体部署，是劳动关系领域具有里程碑意义的纲领性文件，对于推进构建中国特色和谐劳动关系具有深远的意义。

在推进就业创业工作方面，江苏省出台了《江苏省人民政府关于进一步做好新形势下就业创业工作的实施意见》（苏政发［2015］90号）。《实施意见》中就业创业政策较以往更实、更细，政策创新点更多，含金量更高。一是首次正式将稳定和扩大就业作为经济运行合理区间的下限，提出将调查失业率纳入宏观调控指标；二是将大众创业作为经济增长的新引擎和扩大就业的新增长点，更加突出创业在促进就业中的重要性，形成了新常态下就业创业工作的新布局；三是明确了在创业扶持方面坚持"政府引导、市场主导、需求向导"的原则，即明确了在鼓励创业方面政府、市场、创业人员的基本定位，突出了市场配置资源的决定性作用，对优化创业工作布局意义重大。《实施意见》强调综合运用多方面政策，以更加广泛的政策举措促进就业，可以说是新政策的最显著、最重要的特点。新的政策不仅有直接促进就业的政策，更涉及经济、财政、税收、金融、市场、社会保险、社会救助等政策。

在看到有利于产业发展政策的同时，还应该注意到，一些规则性政策对人力资源服务业的发展也带来了挑战。比如，《劳务派遣暂行规定》（2013）指出，"使用的被派遣劳动者数量不得超过其用工总量的10%"，同时，对于这一目标规定了两年的过渡期，2015年过渡期结束后，占据人力资源服务业半壁江山的派遣业将面临巨大的转型升级挑战。

（二）快速变化的技术正在推动行业经营模式变革

进入21世纪以来，技术进步的速度大大提升，其对经济社会发展的影响也越来越大。从技术变化趋势来讲，云计算、大数据等信息技术将成为未来影响人类发展的一个重要技术变革。在人力资源服务业领域，技术变革也在颠覆传统的商业模式，以招聘业为例，由于移动终端、大数据的运用，已经催生出了微信招聘、视频招聘、社区招聘等多种模式。大数据技术的应用，使得智联招聘、诺姆斯达、北京外企人力资源服务公司等企业数据库动辄就达到上千万人的规模。

二、劳动力市场的主要变革

劳动力市场不仅是人力资源服务业的重要人口环境因素，更是人力资源服务业发展的基础性因素。人力资源服务业作为优化劳动力配置、提高企业效率、促进经济转型升级的支撑性产业,与劳动力市场状况密切相关。目前江苏省劳动力市场的供需结构、工资水平等正在经历一系列重要变革,对人力资源服务业的发展产生了重要影响。

(一)劳动力供给发生根本性变化

劳动年龄人口绝对数量和占比出现"双降",人口老龄化程度加重。2015年,江苏省劳动年龄人口的绝对数量和占人口的比例都出现了下降的趋势。根据《2015年江苏省人口抽样调查主要数据公报》显示,2015年,全省常住人口中,15—64岁人口为5910万人,占74.13%;同2010年第六次全国人口普查相比,15—64岁人口的比重下降1.97个百分点。与此相伴的是,人口总量增长缓慢,老龄人口逐年上升。2015年,65岁及以上人口为999万人,占12.53%。与2010年相比,江苏省65岁及以上人口的比重上升1.64个百分点。2015年,江苏省人口死亡率为7.03‰,提高0.01个千分点;人口自然增长率2.02‰,比上年下降0.41个千分点。

除了老龄人口规模增加以外,中国人口平均期望寿命已经大大延长。全省人口普查数据显示,2010年,江苏省人均期望寿命就达到了76.63岁,发达城市的人均期望寿命更长。

教育事业全面发展,劳动力素质逐步提升。受教育程度是国际通行的反映人口素质的关键指标之一。从这一指标看,2015年江苏省常住人口中,具有大学(指大专以上)文化程度的人口为1230万人;具有高中文化(含中专)程度的人口为1356万人;具有初中文化程度的人口为2741万人;具有小学文化程度的人口为1744万人(以上各种受教育程度的人包括各类学校的毕业生、肄业生和在校生)。同2010年第六次全国人口普查相比,每10万人中具有大学文化程度的由10815人上升为15427人;具有高中文化程度的由16143人上升为17007人;具有初中文化程度的由38670人减少为34379人;具有小学文化程度的由24176人下降为21874人。在这些变化中,有一个现象值得注意,就是劳动力市场新进入者的受教育水平明显提高,这体现在两个群体:一是新生代农民工,他们是中国建设的中流砥柱。根据中国劳动科学研究所的一项调查,新生代的农民工的受教育状况显著高于老一代农民工,他们当中,受过高中/中专、高等教育的比例远远大于老一代农民工。二是初次进入劳动力市场的高学历劳动力。2012—2015年,江苏省普通高等教育毕业生人数分别为47.03、47.38、47.87、48.41万人,呈逐年增加之势;研究生教育毕业人数也是逐年上升,分别为3.84、4.03、4.17、4.28万人(详见表1-3)。

表1-3　2012—2015年江苏省普通高等教育和研究生教育毕业生人数

指　　标	2012年		2013年		2014年		2015年	
	绝对数(万人)	比上年增长(%)	绝对数(万人)	比上年增长(%)	绝对数(万人)	比上年增长(%)	绝对数(万人)	比上年增长(%)
研究生教育	3.84	15.0	4.03	4.9	4.17	3.5	4.28	2.6
普通高等教育	47.03	—1.4	47.38	0.7	47.87	1.0	48.41	1.1

劳动力市场的流动性逐年提高。随着江苏国民经济的快速发展,农业生产效率不断提高,劳动力在区域间、产业间的流动越来越频繁,农村劳动力流动的规模也越来越大。到2014年底,江苏农村劳动力的流动量为1842.86万人(包括区域流动和产业流动),比2013年增加了4.95万人;农村劳动力中从事第一产业的劳动力有762万人,仅仅占全省农村劳动力的29.25%,全省农村劳动力从事非农产业的比例不断增加,到2014年已经达到70.75%(数据来源:中国农村住户调查)。

劳动力成本逐年上升。随着劳动力供给增速的放缓,不同群体的工资水平均呈现上升的趋势,这一点可以从以下两个方面加以佐证。一是城镇就业人员工资增长,根据江苏省统计年鉴数据显示,2015年全省职工工资总额为67200元,与2014年的61783元相比,增加了8.1%,其中国有单位、城镇集体单位和其他单位职工人均工资均逐年上升;二是农民工工资增长,根据对农民工的需求、新增农民工数量的综合预测,未来农村剩余劳动力将在2017年左右转移完毕。按照剩余劳动力下降速度与农民工工资实际增长速度之间的数量关系来推算,这一期间农民工名义工资年均将增长14%左右(金三林,2013)(详见表1-4)。

表1-4　2012年至2015年江苏省职工平均工资及指数

年份	绝对数(元)				指数(以上年为100)			
	全部职工	国有单位	城镇集体单位	其他单位	全部职工	国有单位	城镇集体单位	其他单位
2012	51279	62913	43835	45008	111.5	110.4	117.5	112.4
2013	57985	70114	51757	55117	113.1	111.4	118.1	122.5
2014	61783	74673	54993	58913	106.5	106.5	106.3	106.9
2015	67200	82355	59629	63790	108.8	110.3	108.4	108.3

数据来源:江苏省统计年鉴(2012—2015)。

(二)劳动力需求主体的结构正在调整

1. 高科技中小企业的比例大大增加

受自然资源禀赋约束、环境压力增大等因素的影响,江苏省将创新驱动战略作发展的主线,而创新驱动战略关键需要依靠科技创新来实现,需要一大批充满活力的中小企业来推动,这意味着,未来将涌现出一批科技创新型企业。这样一批科技企创新型企业的建立需要巨大的高端人才体量。江苏省为了吸引人才,鼓励创业,进行了大规模的高端人才队伍建设,包括培养高技能专业人才和引进海外高端人才(详见表1-5)。2015年全省新增专业技术人才50.43万人、高技能人才29.53万人;新入选国家千人计划213人;引进海外留学回国人员7888名。与2014年相比,2015年江苏省专业技术人才、高技能人才、入选国家"千人计划"的人员、引进海外留学回国人员均有显著增加。同时,江苏省已建成省级以上留学人员创业园43家,其中国家级创业园7家。据不完全统计,这43家留学人员创业园已建孵化场地245万平方米,入驻企业2100多家,年技工贸收入225亿元,获批专利2300多项。目前,留学人员沿江创业带已出具雏形。由于规模、经营经验等问题,中小企业对人力资源服务需求更为迫切,大量增加的中小科技企业将成为未来人力资源服务潜在的需求主体。

表 1－5　2014 年和 2015 年江苏人才培养与引进情况

人才类型	2014 年	2015 年
新增专业技术人才	44.19 万人	50.43 万人
新增高技能人才	30.56 万人	29.53 万人
新入选国家"千人计划"	95 人	213 名
引进海外留学回国人员	7690 名	7888 名

数据来源:江苏省人力资源和社会保障事业发展统计公报(2015 年)。

2.区域产业结构调整的影响

近年来,东部沿海地区劳动力成本日益上升,产业竞争力开始有所减弱。因此,部分产业必须从东部向中西部地区转移,以劳动密集型为主的制造业已经形成了由东部长三角、珠三角地区向中西部转移的态势。工业和信息化部最新出台的《产业结构调整目录》,对不同地区产业转移的定位和目录进行了详细规定。国务院有关会议也专门对产业转移作了部署。由于劳动密集型产业对劳务派遣的需求量比较大,因此区域间的结构调整将会对江苏省的劳务派遣、培训、咨询等都会产生重大影响。

三、人力资源服务主体、内容和成果的变化

2015 年是我国"十二五"规划的收官之年,江苏省系统上下深入学习贯彻习总书记系列重要讲话特别是视察江苏重要讲话精神,紧紧围绕"迈上新台阶、建设新江苏"的新要求,坚持民生为本、人才优先工作主线,立足率先领先、创新创优,突出重点,狠抓落实,实现了全省人力资源服务业的跨越式发展。市场机制在人力资源配置中的基础性作用已经确立,服务规模不断扩大、服务人群不断增长、服务内容不断拓展、服务手段不断完善、服务监管不断强化。

(一)服务机构结构性变化明显

根据人力资源和社会保障部的统计,截至 2015 年末,江苏省各类人力资源服务机构 2967 家,其中公共人力资源服务机构 201 家,社会经营性人力资源服务机构 2766 家,为 82.2 万家用人单位提供各类人力资源服务(详见表 1－6)。在经济新常态下,我国人力资源服务业年产值已达 6000 亿元,在这其中,江苏省人力服务业做出了重要贡献。

表 1－6　江苏人力资源服务机构的数量(2010—2015 年)

年份	人力资源服务机构总数	公共人力资源服务机构	经营性人力资源服务机构	经营性人力资源服务机构/人力资源服务机构总数
2010	4119	1617	2502	61%
2011	3883	1565	2318	60%
2012	4027	1605	2422	60%
2013	2476	219	2257	91%
2014	3099	262	2837	92%
2015	2967	201	2766	93%

数据来源:江苏省人力资源和社会保障事业发展统计公报(2010—2015 年)。

　　江苏省人力资源服务机构进入良性增长。2013年全省人力资源服务机构进行了重要的结构性调整,公共人力资源服务机构进行了大规模的整合调整,使得基本公共服务机构比较健全、设施设备更加完善、信息网络互联互通、服务流程科学规范、服务队伍素质优良、服务水平显著提高,经营性人力资源服务机构则在市场竞争机制下优胜劣汰。截至2015年末,江苏省各类人力资源服务机构2967家,其中公共人力资源服务机构201家,社会经营性人力资源服务机构2766家,为82.2万家用人单位提供各类人力资源服务。

（二）服务内容日益丰富

　　随着市场服务需求的日益增长,人力资源服务机构不断探索服务内容,从最初的人事档案管理、现场招聘服务、人事代理、劳务派遣,逐渐发展出网络招聘、人才测评、培训服务、人力资源咨询服务等业务。2010—2015年,人力资源就业服务、培训服务、人力资源咨询管理等高端服务得到了快速发展,一批高水平、专业化的人力资源服务产品和项目已经初步形成,极大地丰富了服务内容,为各类用人单位和个人提供了差异化、个性化、多元化的服务。江苏现阶段的人力资源服务业的业态类型主要有:人力资源公共服务、人力资源就业服务、人才测评服务、人力资源外包服务、劳务派遣及人力资源管理咨询等,而在转型时期,随着企业高端产品需求的增加,人力资源服务机构更加注重发展高端人力资源服务产品,如就业服务、企业内训、全球人才访寻等。

　　人力资源服务业作为服务企事业单位人才的特定行业,对江苏省各行各业的发展都有着不可估量的作用。以江苏省人力资源就业服务为例,2015年江苏省就业服务覆盖群体更加广泛、针对性更加突出。从图1-1来看,2015年末江苏省全省城乡从业人员4758.50万人,比2014年末略有减少,这与前文所述劳动人口下降有一定关联。从近六年的整体数据来看,江苏省在经济转型发展的六年中,积极的就业政策体系更加完善,就业规模持续扩大,城乡统筹就业迈出重要步伐,创业带动就业效应充分显现,职业技能培训成效显著,就业形势稳中向好。准确把握经济结构调整、产业转型升级与社会就业之间的内在规律,科学判断人力资源总量和结构的变化趋势,着力化解就业结构性矛盾,努力实现社会就业更加充分。

图1-1　2010—2015年江苏省城乡从业人员数

而从商务服务业从业人数来看,自 2008 年以来,江苏省商务服务业表现出强劲的发展态势,呈现出增加值占比不断提高、行业规模不断扩大、从业人员显著增加。2008 年,江苏省城镇单位商务服务业从业人员仅 10 万人,占全省城镇单位从业人员的 3.1%;到 2014 年增加到 30.6 万人,是 2008 年的 3.1 倍,年均增长 20.8%。2014 年城镇单位商务服务业从业人数占全省城镇单位服务业从业人员总数的 6.1%,比 2008 年提高 2.7 个百分点。商务服务业主要包括企业管理服务、法律服务、咨询与调查、广告业、知识产权服务、人力资源服务、职业中介服务、旅行社及相关服务、其他商务服务等 9 个中类行业,其中的企业管理服务、咨询、人力资源服务、职业中介服务等又都从属于人力资源服务业,因此,人力资源服务业是商务服务业中最重大的组成部分。

2015 年,新一轮积极就业创业政策效应充分显现,城镇新增就业 138.8 万人,创历史新高,扶持 19.5 万城乡劳动者成功创业,带动就业 74.3 万人,年末城镇登记失业率 3.0%,高校毕业生总体就业率达 96.7%。帮助城镇失业人员再就业 77.74 万人,其中就业困难人员就业 13.34 万人,城镇零就业家庭动态为 0;新增转移农村劳动力 20.97 万人,累计转移 1875.1 万人,转移比重 71.5%;实施高校毕业生就业见习计划,安排 2.57 万名未就业高校毕业生参加见习,2.36 万人通过见习实现就业,其中见习期满留岗就业的 1.94 万人。支持 19.54 万人成功自主创业并带动就业 74.34 万人,其中,引领大学生创业 2.58 万人,扶持农村劳动力创业 6.36 万人;开展创业培训 25.35 万人。从近年来的数据来看,江苏省人力资源服务业对全省就业再就业以及农村劳动力的转移有着积极的促进作用,对维护地区社会稳定有十分重要的意义(详见图 1-2)。

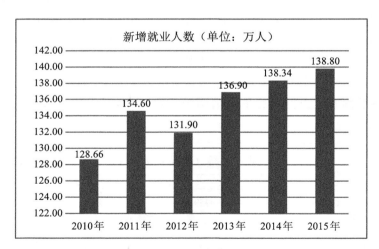

图 1-2　2010—2015 年江苏省城乡新增就业人数

数据均来源于:江苏省人力资源和社会保障事业发展统计公报(2010—2015 年)和江苏省统计年鉴(2011—2015)。

(四)服务成果显著

"十二五"时期是江苏发展史上综合实力提升最快、转型发展进展最大、人民群众得到实惠最多的时期之一。在这一时期,随着市场服务需求的日益增长,江苏省现代服务业,尤其是人力资源服务业发展成果显著,人力资源服务业服务内容不断拓宽,服务质量显著提升,服务成果突出见表 1-7。

表 1-7　"十二五"规划指标完成情况

指　　标	2010 年基数	"十二五"规划目标	2015 年实现情况
1. 城镇新增就业人数(万人)	[587]	[＞500]	[681.6]
2. 城镇登记失业率(%)	3.16	＜4	3
3. 新增转移劳动力(万人)	[227]	[＞125]	[127.3]
4. 培训城乡劳动者人数(万人)	[852]	[900]	[1449.1]
5. 职业技能鉴定人数(万人)	[513]	[525]	[742.4]
6. 最低工资标准增幅(%)	[＞40]	＞GDP 增幅	[69.8]以上
7. 劳动人事争议仲裁结案率(%)	92	＞92	97.6

　　注：[ ]表示五年累计数。"十二五"期间，共四次调整最低工资标准。至 2015 年末，全省一类、二类、三类地区最低工资标准比 2010 年分别增长 69.8%、84.8%、89.6%。2015 年全省地区生产总值 70116.4 亿元，比 2010 年增长 69.3%(按现价计算)。

　　2015 年江苏省采取各种有效措施，促进充分就业，加强社会稳定。据《2015 江苏省人力资源和社会发展统计公报》显示，全年新增城镇就业 138.84 万人，年末城镇登记失业人数 36.01 万人，比上年末减少 0.56 万人，城镇登记失业率控制在 3%。城镇失业人员再就业 77.74 万人，新增转移农村劳动力累计转移 1875.1 万人，转移比重 71.5%，高校毕业生年末总体就业率 96.7%。

　　从职业能力培训强化看，江苏省不断推进就业技能培训、岗位技能培训、创业技能培训的培训服务。2015 年，江苏省组织 151.05 万人参加企业职工岗位技能提升培训，66.45 万人参加城乡劳动者就业技能培训；14.05 万农村劳动力享受农村劳动力职业技能鉴定获证奖补政策，兑付奖补资金 1.2 亿元；培训人力资源服务业从业人员 2.12 万人。

　　从劳动关系与劳动者权益看，全省规模以上企业劳动合同签订率、已建工会企业集体合同签订率分别保持分别保持 98% 和 95% 以上。各级劳动人事争议仲裁机构接处劳动人事争议 10.41 万件，其中立案受理 6.46 万件，结案率 97.7%；各类调解组织调处案件 12.01 万件，占案件总数的 57.6%。

　　随着人力资源服务业在省内的迅速发展，其市场处于不断扩大和复杂的过程中，随之而来的是人力资源服务业的监管问题。人力资源服务业的监管涉及到多个方面，包括政府与市场之间的关系，行业协会与市场之间的关系以及业内人员管理等。江苏省人力资源服务业监管由三个部分构成，包括机构资格审查、从业人员管理、市场活动监管。2015 年，江苏省在全省范围内开展清理整顿人力资源市场秩序专项检查活动，检查人力资源服务机构和用人单位等 5195 户，查处各类违法案件 815 件，其中未经许可和登记擅自从事劳务派遣业务案件 131 件，以职业中介为名牟取不正当利益或者进行其他违法活动案件 13 件，责令退赔求职者中介服务费、押金或其他费用 15.72 万元。

（五）为现代服务业发展增添活力

　　在近五年来，江苏省经济实现了跨越式发展，地区生产总值连年攀升。在过去的 2014 年中，经济保持稳定增长，转型升级取得新进展。全年实现地区生产总值 65088.32 亿元，比上年增长 10.1%。其中，第三产业增加值 30599.49 亿元，现代服务业发展加快，比上年增长 15.8%，占 GDP 比重为 47.0%，同比提高 2 个百分点。在第三产业中租赁和商务服务业增加值为 2469.55 亿元,比上年提高 32.7％。而人力资源服务业是商务服务业中的重头戏,据估算,占商务服务业的比例将近 70％。

从以上数据资料中可以看出,现代服务业的发展,对整个经济的贡献率越来越高。随着人力资源服务业的高速发展,对江苏省的经济贡献更是不可估量。人力资源服务业是现代服务业中的一支劲旅,能促进地区稳定、经济协调发展,特别是对经济的转型升级有着不可替代的作用。纵观 2015 年,江苏省社会总体发展状况,经济社会发展稳中有进、稳中向好,向"两个率先"建设迈出了新步伐。人力资源服务业必将继续受到各界的极大重视,从而为提高经济发展质量和效益,深入实施六大战略,全面推进八项工程,着力抓好十项举措,扎实做好稳增长、调结构、抓创新、促改革、惠民生各项工作添砖献瓦,发挥应有的作用。

（六）服务模式仍有提升空间

江苏人力资源服务以中短期为主,与国外形成强烈对比。企业的人力资源管理外包周期划分应当是三年以下为短期、三到五年为中期、五年以上为长期。江苏企业人力资源服务外包多以短期为主所占比例为 56％,长期人力资源外包只占不到 1/3。尽管短期合同和长期合同没有显著的差别,但是和国外企业(如宝洁、索尼、联合利华等)动辄长达五年、十年以上的人力资源管理外包方式相比,江苏省的人力资源管理外包多数还是采取的短期外包方式,其中在调查中最具代表性的指标是选择一年期以下的合同企业居然还比选择一年期以上的企业要多。人力资源管理战略应当是属于中长期战略发展规划,因为人力资源管理对于企业经营和发展得影响并不是在短期内产生效果的。江苏省企业的这些人力资源管理外包的特征都比较符合人力资源管外包初级发展阶段的特征,未来会不会像美国的企业那样朝着选择多个服务商进行长期和整体性的外包方式有待于进一步的观察和研究。从发展趋势来看,未来企业的人力资源管理必将走上多元化的发展道路。

第三节　江苏省人力资源服务业跨越式发展的战略布局

2016 年是全面建成小康社会决胜阶段的开局之年,也是推进结构性改革的攻坚之年。江苏人力资源服务业在快速发展期之后进入新的发展阶段,新阶段需要在注重量的同时更加注重质,稳固自身基础之后,继而向外扩展。关于江苏人力资源服务业发展的建议为"生态化良性布局",发挥人力资源服务体系中多元主体的作用。何为人力资源服务业的生态化布局,其有两个特征:首先,行业发展是由需求驱动的。人力资源服务业的发展是协调人力资源不均衡的需要,是保证经济平稳发展的需要。其次,行业的主体之间能够形成完整的生态产业链。个人或者企业需要服务,机构提供专业服务,政府在这两个主体之间起到一个桥梁作用,而高校在其中起到理论促进作用。同时;前三者的良好运行也实现了高校理论到实践的飞跃。

而进一步说,生态化良性布局是在生态化布局的基础上,在这一条生态产业链上的各个主体互相促进、协同发展,这就会导致不仅有益于行业内部的发展,也将促进其他相关行业的可持续发展。

一、重视人力资源服务品牌的内化管理

品牌是企业在市场竞争中的一个软实力，它是企业可持续发展的一个非常重要的因素。然而，正当越来越多的人力资源服务企业进行品牌建设的时候，其成效却不尽如人意。为此，我们认为人力资源服务主体不仅要通过营销建立品牌，更要将品牌内化为企业在市场上的竞争力。

从本质上讲，品牌内化管理的重要性是由人力资源服务的特点决定的。首先，人力资源服务的无形性使得服务产品更强调员工的作用，当有形产品可以真实的展现在消费者面前，并且可以通过生产管理制作标准化的产品出来时，而人力资源服务在大多数的情况下，提供的是一种无形的契约式产品，可能是人才技能的提升，也可能是客户企业战略方向的调整；其次，服务的参与性表明服务价值在根本上是企业与客户共同实现的，在人力资源服务的过程中，客户必须与员工打交道，同时，可以看到各种服务的有形界面，甚至可以感受到人力资源服务企业整个的氛围。因此，从一定程度上来讲，服务企业的内部运营已经呈现在顾客面前，并且影响着整个企业的形象；最后，人力资源服务的异质性决定了服务质量的不确定性，因为服务大多数情况下是由员工完成的，服务态度、服务技能、解决问题的能力都可能因人而异，而且即便是同一个员工也很可能在不同时刻提供不同的服务质量，故如果服务业不实施有效的品牌内化管理，这种非标准化的服务质量很可能引起顾客对企业品牌的满意程度。因此，无论是人力资源服务本身的特性，还是人力资源服务企业品牌管理上的现状，以及成功企业的经验都明确了品牌内化对于人力资源服务企业的不可或缺。从江苏省的人力资源服务机构的品牌建设情况来看，江苏领航人力资源服务有限公司、盐城经济开发区新城人力资源有限公司、英格玛人力资源集团等在品牌建设上取得了一定的成绩，但是其他更多的人力资源服务机构尚未重视。因此，未来几年内江苏省人力资源服务业应加强品牌建设，从组织内化到员工内化，重视品牌内化管理，这对于提高江苏省人力资源服务企业的竞争力，促进人力资源服务管理在江苏高速发展时代里的创新性具有重要价值。

二、推进人力资源服务业从业人员的专业化与职业化管理

企业知识创新具备知识生息特征，知识创新犹如一个知识的"发酵过程"。这一过程是组织学习的过程，要求学习的主体在具备一定知识存量的基础上，耦合分析原有知识与新知识，达到一种知识与知识的有机对接，运用联想、推理、模仿等创造性思维活动，理解、消化并吸收新知识，达到真正运用新知识的一种状态。要促进人力资源服务业的转型升级，需人力资源服务机构整体竞争力的提升，竞争力的提升核心在知识创新，而知识创新关键在人员的专业化与职业化。

鼓励企业提高专业化水平和自主创新能力。从目前国外人力资源服务业的发展趋势看，企业推出的服务产品技术含量越来越高，高品质、专业化的产品是直接关系企业生存和发展的决定性因素，应加强产业体系建设，引导企业发展中高端服务项目，侧重客户导向，增加服务的技术含量和附加值，企业创新离不开高素质的人才队伍，要加大人力资源服务业国际化人才引进与培养力度，鼓励企业打造具有国际视野，熟悉掌握人力资源服务国际化知识和国际惯例，具有较强专业研究能力和市场开发能力的国际化人才队伍。

三、加强人力资源服务业信息技术的发展

互联网行业的迅猛发展为人力资源服务信息化开启了新方向。互联网、移动互联网、大数据、云计算、O2O 等信息技术和网络技术的发展,互联网在生产要素配置中的优化和集成作用将充分发挥,人力资源服务将与"互联网＋"深度融合。2015 年 3 月 5 日十二届全国人大三次会议上,李克强总理在政府工作报告中首次提出"互联网＋"行动计划,要求"推动移动互联网、云计算、大数据、物联网等与现代制造业综合,促进电子商务、工业互联网和互联网金融健康发展,引导互联网企业拓展国际市场"。"互联网＋"行动计划的实施,为新一代信息技术与现代制造业、生产性服务业等的融合创新增添了新动力。

"互联网＋"时代,人力资源服务水平提高和业务拓展将更多依赖于与信息技术的融合。通过与新一代信息技术的高度融合,不断创新人力资源服务工具、商业模式。比如,不断创新人力资源服务移动 APP、线上线下招聘、私人定制化人力资源服务、依托大数据的人力资源咨询服务、大数据信息挖掘服务、虚拟人力资源服务产业园区、虚拟人力资源市场等。又如,"云薪酬"薪酬福利解决方案,将薪酬管理与云计算结合,通过强大的数据库和服务网络,构建"薪酬云"服务计算基础数据服务平台,实现快捷、高效、准确、安全的"互联网技术＋人力资源专业服务"的人力资源服务模式。江苏省作为互联网大省,在互联网基础建设方面有着明显优势。未来江苏省人力资源服务业的发展可以更加充分地利用好江苏在互联网基础设施和平台建设上的优势,提升人力资源服务的质量。

四、推进人力资源公共服务的社会化

近年来,社会对人力资源公共服务的需求大幅增长,并呈多样化、精细化和综合化的发展趋势,传统的政府供给模式越来越难以适应社会发展的需要。如何创新体制机制,撬动社会资本来提高人力资源公共服务能力和服务质量,是当前进一步推动人力资源服务市场建设的焦点,也是创新人力资源公共服务发展模式的重要举措。

在新形势下,党中央、国务院日益重视社会资本参与公共产品和服务的供给,探索了政府和社会资本合作模式,即 PPP 模式,这为人力资源公共服务提供了新的发展模式。2015年 4 月经国务院同意颁布了《基础设施和公用事业特许经营管理办法》,该法规用制度创新激发了社会资本投资活力,被认为是政府和社会资本合作(PPP)推进的基本法。2015 年 5月国务院总理李克强主持召开常务会议,部署推广政府和社会资本合作(PPP)模式,要求以竞争择优选择包括民营和国有企业在内的社会资本,扩大公共产品和服务供给,并依据绩效评价给予合理回报。

随着我国人力资源市场体制改革不断深化,民间资本投资人力资源公共服务也提上日程,并出台了一系列鼓励政策措施。比如,《关于加快推进人力资源市场整合的意见》和《关于加快发展人力资源服务业的意见》等文件的发布,对人力资源服务业发展做了新的部署,文件提出整合加强公共就业和人才服务机构;实现人力资源市场领域的管办分离、政企分开、事企分开、公共服务与经营性服务分离,推进政府所属公共就业和人才服务机构设立的人力资源服务企业脱钩。根据人社部有关文件,各地应通过竞争择优的方式选择承接政府购买人力资源服务的社会力量,逐步将适合社会力量承担的人力资源服务交给社会力量。

因此,人力资源公共服务领与社会资本的有效结合是未来人力资源服务业发展的必然趋势。2015年以来,在国家政策的指引下,江苏省也在不断推进人力资源服务领域PPP项目的试点,但是目前还是处于探索阶段。江苏省人力资源服务业的未来发展必将更多地充分利用现有资源,推进人力资源公共服务与社会资本的有效结合,实现人力资源公共服务业的快速发展。

五、促进人力资源服务业良性发展

劳动力市场和产业环境的一系列深刻变革将对人力资源服务业的发展产生直接或间接的影响,基于江苏省人力资源服务业的总体现状,江苏省人力资源服务主体需要进行以下优化:

(一)转变企业竞争模式,推动企业经营由规模取胜转向品质提升

近年来,江苏省劳动年龄人口绝对数量和占比出现"双降",人口老龄化程度加重。劳动力供给结构的变化将从两个方面对人力资源服务业的发展产生影响:一方面,劳动年龄人口的下降将使得劳动力的供给数量由过去的无限供给向有限供给和结构性短缺转变,这增加了企业的雇佣难度和雇佣成本,近年来的工资上升也印证了这一点;另一方面,随着劳动者素质的提高,对人力资源管理水平提出了更高要求,高素质劳动者对人力资源服务的需求更具个性,更加关注个人发展和工作环境因素。

为了应对上述变化,江苏省人力资源服务企业需要从过去的规模取胜转变为品质提升,把核心竞争优势由过去扩大人力资源服务数量转变为服务产品创新和服务模式优化,推动人力资源管理从以满足经济回报向满足多元化、高级化的需求发展。在受影响的整个行业中,首当其冲的是对劳动者规模变化敏感的、占据半壁江山的劳务派遣,其发展路径要由过去依靠规模优势转变为依靠数量和员工素质提升并重上来,由过去的简单、粗放式管理转变为精细化、内涵式管理。

(二)扩大服务对象范围,加大老年人力资源的开发力度

2015年,江苏省劳动年龄人口的绝对数量和占人口的比例都出现了下降的趋势。老龄化加速及人均期望寿命的延长,意味着未来的劳动供给中,老龄人口将会成为一个越来越重要的组成部分。日本等老龄化程度较高国家的实践已经证明,老年人口在形成劳动力有效供给中发挥着重要作用。

对人力资源服务企业来说,劳动者中老年人口的增加,则要求其更新观念,摒弃老年人口只是社会负担的传统观念,把老龄人口作为一种可开发的人力资源。实际上,随着教育、健康事业的发展,老年人口也蕴藏着巨大的人力资本。因此,针对老龄人口的特点,设计和开发适合老年人的岗位,提供适合老年人行为方式的职介、培训等服务将是未来人力资源服务业发展的一个细分市场。同时,要调整相关产业政策,鼓励企业去开发老年人力资源。这一点可以吸取韩国的经验,在韩国,随着老龄人口的增加,高龄劳动者(55岁以上)派遣业务获得了法律的许可。

(三)延伸产业链条,优化人力资源服务和产品结构

小微企业在江苏省企业中占据着绝对的数量优势,自2011年江苏省小微企业总数达到138万,平均以每年8%的增长率增长到2014年的177万,几乎占全省企业的99%,对全省

GDP 贡献率达 60％,吸收全省 80％的就业,可以说小微企业是江苏省的经济支柱(数据来源:"江苏省中小企业网"新闻报道)。随着创新驱动战略的实施和创业活动的发展,这一比例还会增加。从人力资源服务需求来讲,中小型企业特别是创业初期的企业,不仅需要人力资源服务的专业服务,还需要与之相关的法律、知识产权、金融等服务。

应对这些变化,需要进一步延伸人力资源服务业的产业链,拓宽人力资源服务内容,将法务咨询、财务管理、知识产权代理等纳入人力资源服务业发展的范畴,形成以人力资源服务业为核心,吸纳其他行业的生产型服务业新格局。同时,江苏省需要积极构建人力资源服务产业链,坚持多元发展,按照高、中、低端相互搭配的原则,为不同层次人力资源需求提供包括大众化服务、差别化服务,从而提高人力资源服务业专业化水平和产品创新能力。

第二章　江苏省人力资源服务业发展环境分析

在后工业化经济的深入发展过程中,人才因素在经济发展中已占据越来越重要的地位,因此人力资源服务业作为现代服务业的新兴重要门类,对经济的发展、社会文化事业的进步做出了重要的贡献,已成为国民经济以及现代服务业新增长点,其发展现状以及未来发展趋势也逐渐受到人们的重视。就江苏省的情况来看,江苏经济呈总体平稳增长的态势,为人力资源服务业提供良好的发展环境。同时,人力资源服务业的发展同样也会受到其他因素的影响,比如政治因素、区域经济情况、社会文化以及技术因素等。日新月异的技术对整个人力资源服务行业的发展也产生了越来越重要的影响,信息化、互联网技术的应用,在大大提升了服务能力和质量的同时,这也使得中国人力资源服务业的各个业态的发展呈现出差异。因此本章就从经济环境、政策环境以及社会环境三大宏观环境方面进行分析,以期能发现优势、劣势、机遇和挑战,为人力资源服务业的升级发展提供参考。

第一节　江苏省人力资源服务业发展的经济环境分析

2015年我国主要经济指标都保持在合理区间,综合实力逐年增强,经济转型升级取得新进展,发展质量也有了新提升。近年来,江苏第二产业特别是制造业的用人需求比重呈上升趋势,这为第三产业的发展及其就业规模的扩大奠定了基础,作为第三产业中发挥重要贡献的人力资源服务业,发展势头迅猛。2015年人力资源服务业产业规模达到9680亿元,预计"十三五"末,全国人力资源服务产业规模将超过2万亿元,从业人员达到50万人,成为生产性服务业的重要增长点。我国经济转型正从"中国制造"走向"中国智造",从物质型消费走向服务型消费,这对人力资源服务业发展是难得的机遇。本节将从地区生产总值、财政收支状况以及产业结构发展趋势三个方面对江苏省人力资源服务业发展的经济环境作简要分析。

一、地区生产总值分析

从全国来看,2015年中国经济稳定增长。全年国内生产总值676708亿元,比上年增长了6.9%。其中,第一产业增加值为60863亿元,增长了3.9%;第二产业增加值为274278亿元,增长6%;第三产业增加值341567亿元,增长8.3%。

就江苏省而言,经济运行总体平稳。全年实现地区生产生产总值70116.3亿元,比上年增长8.5%。其中,第一产业增加值3988亿元,增长3.2%;第二产业增加值32043.6亿元,增长8.4%;第三产业增加值34084.8亿元,增长9.3%。全省人均生产总值87995元,比上年增长 8.3%。

全年服务业增加值增速达 9.3%,比 GDP 增速高 0.8 个百分点;占 GDP 比重达 48.6%,比上年提高 1.6 个百分点。江苏省规模以上服务业单位实现营业收入 9867.1 亿元,比上年增长 12.4%,增速比上年同期提高 0.4 个百分点;营业利润 995.5 亿元,增长 16.3%。现代服务业加快发展。全年金融业增加值增长 15.7%,互联网和相关服务业营业收入增长 61.9%,邮政业营业收入增长 27.9%,快递业务量、营业收入分别增长 56% 和 48.2%,科技服务业营业收入同比增长 14.1%。

江苏总体发展水平在全国名列前茅,2015 年排名全国第二,虽低于广东,增速却是全国第一。尽管如此,江苏经济发展中存在一个不容忽视的问题,就是地区经济发展显著不平衡。苏中、苏北地区的生产总值和人均生产总值在全省相对来说较低,这对人力资源服务业的发展起到了一定的阻碍作用;苏南地区的则相对较高,苏州市、无锡市和南京市位列前三,经济发展态势较好,是人力资源服务业能够健康发展的强有力后盾。由于各地经济发展水平的不均衡,便会产生人口的流动。2015 年人口流出比例最少的是盐城市,为 12.7%,最高的为宿迁市,为 17.2%;而苏州的净流入比例高达 59.1%。人口密集型产业分布多的地区需要的适龄劳动力就越多,高新技术产业聚集的地区需要的高素质人才的增加也使得劳动力自北向南流动。这就导致人力资源服务业发展水平不均,较落后地区的人力资源服务机构发展缓慢,无法带动服务业的发展,进而相互影响,并且各细分行业发展较为分散。

因此,经济发展对人力资源服务业行业总体发展有影响,对细分行业升级发展的影响更值得关注,就培训来说,由于苏北与苏中劳动力流失现象较为严重,因此对于人才的培训多集中于就职培训,也就是入岗前培训,为了促进就业率的提高,如考取证书相关的培训、就业培训(面试培训、心理培训等);而对于苏南地区来说,培训更偏向于在职培训,因为人才流动性小,所以对于员工的继续教育和岗位培训的投入较多。这就是地区经济情况对人力资源服务业子行业服务重点的影响。

表 2-1　2011—2015 年江苏省地区生产总值

年份	地区生产总值 (亿元)	第一产业 (亿元)	第一产业 (亿元)	第一产业 (亿元)	人均地区 生产总值 (元)
2011	49110.27	3064.78	25203.28	20842.21	62290
2012	54058.22	3418.29	27121.95	23517.98	68347
2013	59753.37	3469.86	29086.08	27197.43	75354
2014	65088.32	3634.33	30854.50	30599.49	81874
2015	70116.38	3986.05	32044.45	34085.88	87995

数据来源:江苏省统计网站。

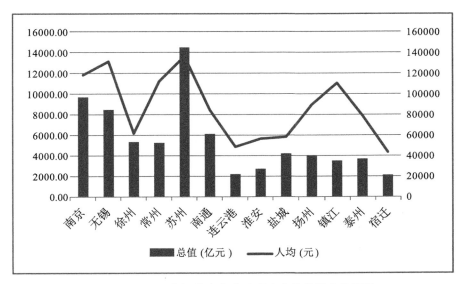

图 2-1　2015 年江苏省各市地区生产总值及人均情况

以上数据均来源于:江苏省统计局网站。

表 2-2　2011—2015 年江苏省分地区及人均生产总值

年份	地区生产总值(亿元)			人均 GDP(元)		
	苏　南	苏　中	苏　北	苏　南	苏　中	苏　北
2010	25185.39	7743.88	8920.37	79500.58	47422.35	29774.15
2011	29635.09	9133.14	10744.32	90622.34	55788.47	36093.58
2012	33381.66	10193.54	12182.94	101369.81	62207.93	40913.74
2013	36245.50	11534.98	13787.01	109626.72	70343.72	46208.21
2014	38941.26	12721.49	15151.49	117476.77	77531.78	50603.47
2015	41518.73	13853.14	16564.30	125002.00	84368.00	55127.00

数据来源:江苏省统计网站。

二、财政收支状况分析

全国财政收入今年仍呈平稳增长的趋势。全国一般公共预算收入 152217 亿元,比上年增长 8.4%。其中,中央一般公共预算收入 69234 亿元,增长 7.4%;地方本级一般公共预算收入 82983 亿元,增长 9.4%。全国一般公共预算收入中的税收收入 124892 亿元,同比增长 4.8%;非税收入 27325 亿元,增长 28.9%。

江苏省去年全年实现财政总收入 17841.6 亿元,一般公共预算收入 8028.59 亿元,比上年增长 11%;上划中央收入 5005.17 亿元,比上年增长 9.2%,其中,基金收入 4807.84 亿元;税收收入 6610.1 亿元,增长 10.1%,占一般公共预算收入比重达 82.3%。税收收入中,增值税增长 6%、营业税增长 17.2%、企业所得税增长 11.8%、个人所得税增长 17.8%。

表 2-3 2015 年江苏省财政收入分项情况

指 标	绝对数(亿元)	增长率
一般公共预算收入	8028.59	11.0%
增值税(25%)	1046.92	6.0%
营业税	2442.82	17.2%
企业所得税(40%)	917.58	11.8%
个人所得税(40%)	360.89	17.8%
非税收收入	1418.47	15.6%
房产税	248.01	8.4%
上划中央收入	5005.17	9.2%
消费税	676.98	17.2%
增值税(75%)	2484.31	4.5%
企业所得税(60%)	1302.55	11.5%
个人所得税(60%)	541.33	17.8%

数据来源:江苏省统计局网站。

(注:财政总收入为公共财政预算收入、基金收入、上划中央收入之和)

全年完成一般公共预算支出 9687.58 亿元,增长 14.3%,支出进度较往年加快,财力安排有力保障了国家和省重大决策部署的落实和重大项目的实施。同时,全省各级财政还充分发挥"稳定器"和"调节器"作用,推动了江苏经济社会持续健康发展。值得注意的是,去年全省公共财政支出 75%以上用于民生,省级财政民生支出比重达 80%。

表 2-4 2015 年江苏省财政支出分项情况

指 标	绝对数(亿元)	增长率
一般公共预算支出	9687.58	14.3%
公共安全	519.92	9.7%
教育	1746.22	16.0%
科学技术	371.96	13.7%
文化体育与传媒	196.06	2.7%
社会保障和就业	838.06	18.1%
医疗卫生	649.31	15.8%
节能环保	308.45	29.7%
城乡社区事务	1535.59	25.7%
农林水事务	1008.6	12.2%
交通运输	547.81	10.2%

数据来源:江苏省统计局网站。

总体来看,江苏省财政收支较去年稳定增长,财政收入的增长导致政府财政支出的增加,这会促进人力资源服务业的发展和升级。"十二五"期间,全行业营业总收入年均增长率超过20%,人力资源服务业的发展,为用人单位和求职者提供了供求交流的场所、专业化的中介服务和更多的选择机会,大大提高了员工与岗位匹配的效率。与此同时,网络招聘等新服务形式的涌现,能够促进就业创业的持续发展。政府对于人力资源服务业的支持力度近年来逐渐加大,各地政府对于人才交流市场的建设格外重视,也会与人力资源服务业企业合作,不定期的组织一些免费的就业培训,创业就业讲座等活动,致力于营造竞争有序的市场环境、激发市场活力,让人力资源服务企业看到了广阔的市场发展前景。除此之外,基于如今"互联网+"的大形势下,省政府积极建设全省人力资源社会保障网站,紧密结合人力资源社会保障中心工作,推进信息化公共服务网上应用的深入开展,构建"标准化、全业务"的网上公共服务平台,打造百姓满意的服务型政府网站。江苏省人力资源服务业在政府的支持下发展迅速,多层次、多元化的服务体系初步形成,服务功能逐步完善,服务能力明显提升。

三、产业结构变化及其影响分析

(一)产业结构升级分析

2015年,江苏省以新常态引领新思路,新举措谋求新发展,产业结构调整取得突破性进展。一方面,创新推动成为核心发展的新战略,以实施科技创新工程,深化科技体制改革,推动苏南自主创新示范区建设等为抓手,激发产业发展的内生动力;另一方面,在推进智能制造、壮大先进制造业的同时,深入实施现代服务业"十百千"行动计划,加快现代物流、现代金融、现代互联网平台经济等新兴服务业态的集聚发展,构造产业结构新形态,在一系列政策的扶持和引导下,服务经济正成为全省引领经济转型的新引擎。服务消费、信息消费、绿色消费等新兴业态迅速发力,潜力巨大的农村电商消费市场迅速升温,今年江苏第三产业增加值首次超过第二产业增加值,实现产业结构向"三二一"架构形态的转变,全省战略性新型产业支撑作用显著,新兴服务业的悄然崛起,是江苏省产业结构不断优化的一个缩影,提高三产在国民经济发展中的贡献率,是促进经济平稳发展、结构优化的重要途径。但是同时值得注意的是,随着技术进步和产业优化升级,部分地区、企业用工需求与劳动力供给存在结构性失衡,造成企业招工难与劳动者就业难并存。发展人力资源服务业是扩大就业、促进创业的必然要求。

由图2-2和表2-5可以看出,江苏省三大产业的产业总值均呈现递增状态,第二产业增长速度比第一产业略慢,第三产业发展势头迅猛,五年内增长速度达到第一、第二产业的2倍;从占比情况来看,第一产业呈下降趋势,五年内下降了0.56%,第二产业下降趋势略大,五年内下降了5.6%,而第三产业增长了6.2%,发展势头较好。

表2-5　2011—2015年江苏省三大产业生产总值及增长情况

年份	第一产业(亿元)	增长率	第二产业	增长率	第三产业	增长率
2011	3064.78	20.66%	25203.28	15.86%	20842.21	21.66%
2012	3418.29	11.53%	27121.95	7.61%	23517.98	12.84%
2013	3469.86	1.51%	29086.08	7.24%	27197.43	15.65%

续　表

年份	第一产业 （亿元）	增长率	第二产业	增长率	第三产业	增长率
2014	3634.33	4.74%	30854.50	6.08%	30599.49	12.51%
2015	3986.05	9.68%	32044.45	3.86%	34085.88	11.39%
2011—2015		30.06%		27.14%		63.54%

数据来源:江苏省统计局网站。

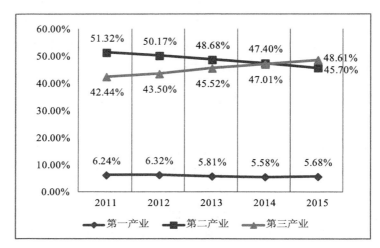

图 2-2　2011—2015 年江苏省三大产业在地区生产总值中所占比例

以上数据均来源于:江苏省统计局网站。

(二)江苏省产业结构与人力资源服务需求

1. 产业结构与人才结构的关系

产业结构的变化对人才结构有影响。产业结构的转型升级来了企业对人力资源需求结构的变化,将增加企业对高级人才的需求。一方面,第三产业是吸纳大学生就业最多的产业,大学生不仅集中在传统第三产业的部门就业,即使在工业企业就业的大学生,绝大多数也从事研发、设计、品牌、营销、管理等工作,即在生产服务业领域就业,实质是在第三产业就业。在农业和农村就业的大学生,绝大多数也是在农村的科技、教育、卫生、文化、运输、管理等农村的三产就业。第三产业的快速发展意味着对人才不仅仅是人力的需求在扩张,而由于大学扩招,我国劳动力队伍的学历结构发生了关键性的变化。

另一方面,不同地区的产业结构有所差别,产业地区布局有不平衡之处,这就必然导致人才的流动。各地的经济发展水平处于不同的发展阶段,产业结构会随着经济发展呈现不同的状态,因而人才结构也有区别。各区域应根据自身的特点,合理分析区域内人才的需求与供给情况,发挥政府的力量,调整人才结构,促进进行区域内的人才流动。

人才结构的变化一定程度上也会导致产业结构的转型升级。高级人才的增加会给第三产业注入新鲜血液,而且大学生自主创业的数量越来越多,进而促进新兴服务业、网络服务业等这些新兴业态的发展。

表 2 - 6　2011—2015 年江苏省三次产业就业人数及占比

指　标 ＼ 年　份	2011	2012	2013	2014	2015
总从业人数（万人）	4758	4760	4760	4761	4759
第一产业	1023	990	957	919	876
第二产业	2017	2032	2042	2047	2046
第三产业	1718	1737	1761	1795	1837
第一产业占比（％）	21.5	20.8	20.1	19.3	18.4
第二产业占比	42.4	42.7	42.9	43.0	43.0
第三产业占比	36.1	36.5	37.0	37.7	38.6

数据来源：江苏省统计局网站。

江苏省的总从业人数这几年基本保持不变，第一产业的总人数和占比明显不断降低；第二产业则呈现一个稳定的状态，占比基本维持在 43％ 左右；而第三产业就业人数则不断上升，且其占比也在一直增长，预计在未来几年内将会超过第二产业，有超速发展的势头。

2. 战略性新兴产业发展中的人才服务需求

战略性新兴产业是指建立在重大前沿科技突破基础上，代表未来科技和产业发展新方向，体现当今世界知识经济、循环经济、低碳经济发展潮流，尚处于成长初期，未来发展潜力巨大，对经济社会具有全局带动和重大引领作用的产业，现阶段重点培育和发展节能环保、新一代信息技术、生物、高端装备制造、新能源、新材料、新能源汽车等产业。战略性新兴产业已成为资本市场的重要组成部分，已经培育并发展成为支撑中国上市公司总体业绩稳定增长的重要力量。2015 年，战略性新兴产业上市公司营收总额达 2.6 万亿元，占全部上市公司总体收入的 8.9％。而"十三五"则提出到 2020 年，战略性新兴产业增加值要占国内生产总值的比重力争达到 15％ 左右，吸纳、带动就业能力显著提高。

大数据、云计算等现代信息技术与人力资源服务业的融合正如火如荼，一批"互联网＋"新兴企业破茧而出；战略咨询规划、高级人才寻访等高端业态初具规模，全产业链人力资源服务业态基本完备；行业分工专业化、精细化程度越来越高，战略性新兴产业的发展在推动人力资源服务业的升级发展中起着举足轻重的作用。随着人才测评、人力资源管理咨询等新兴业态全面发展，人力资源服务业与互联网、金融等新兴产业领域跨界融合的创新产品层出不穷。

战略性新兴产业属于知识与技术密集型产业，已成为引领未来经济社会发展的重要力量，存在着强烈的人才资源依赖性，它的发展离不开创新型人才，对高端人才需求量日趋旺盛。这将在一定程度上影响人力资源服务业发展的深度及多样性，为了加快人力资源服务业的发展，江苏省正在进行产业结构优化升级，完善行业标准，营造良好环境，加快服务业创新发展，加快构建以服务经济为主的现代产业体系。

第二节　江苏省人力资源服务业发展政策环境分析

一、国家相关政策及解读

(一)《关于构建和谐劳动关系的意见》的概述

1. 政策主要内容

(1) 依法保障职工基本权益

完善并落实工资支付规定,健全工资支付监控、工资保证金和欠薪应急周转金制度,探索建立欠薪保障金制度,落实清偿欠薪的施工总承包企业负责制,依法惩处拒不支付劳动报酬等违法犯罪行为,保障职工特别是农民工按时足额领到工资报酬。完善并落实国家关于职工工作时间、全国年节及纪念日假期、带薪年休假等规定,规范企业实行特殊工时制度的审批管理,督促企业依法安排职工休息休假。加强劳动安全卫生执法监督,督促企业健全并落实劳动安全卫生责任制,严格执行国家劳动安全卫生保护标准。认真贯彻实施社会保险法,继续完善社会保险关系转移接续办法,努力实现社会保险全面覆盖,落实广大职工特别是农民工和劳务派遣工的社会保险权益。

(2) 健全劳动关系协调机制

贯彻落实好劳动合同法等法律法规,加强对企业实行劳动合同制度的监督、指导和服务,依法规范劳动合同订立、履行、变更、解除、终止等行为,切实提高劳动合同签订率和履行质量。以非公有制企业为重点对象,依法推进工资集体协商,不断扩大覆盖面、增强实效性,形成反映人力资源市场供求关系和企业经济效益的工资决定机制和正常增长机制。完善协调劳动关系三方机制组织体系,建立健全由人力资源社会保障部门会同工会和企业联合会、工商业联合会等企业代表组织组成的三方机制,根据实际需要推动工业园区、乡镇(街道)和产业系统建立三方机制。

(3) 加强企业民主管理制度建设

完善以职工代表大会为基本形式的企业民主管理制度,丰富职工民主参与形式,畅通职工民主参与渠道,依法保障职工的知情权、参与权、表达权、监督权。进一步提高厂务公开建制率,加强国有企业改制重组过程中的厂务公开,积极稳妥推进非公有制企业厂务公开制度建设。按照公司法规定,在公司制企业建立职工董事、职工监事制度。依法规范职工董事、职工监事履职规则。

(4) 健全劳动关系矛盾调处机制

全面推进劳动保障监察网格化、网络化管理,实现监察执法向主动预防和统筹城乡转变。坚持预防为主、基层为主、调解为主的工作方针,加强企业劳动争议调解委员会建设,推动各类企业普遍建立内部劳动争议协商调解机制。加强对劳动关系形势的分析研判,建立劳动关系群体性纠纷的经常性排查和动态监测预警制度,及时发现和积极解决劳动关系领域的苗头性、倾向性问题,有效防范群体性事件。完善应急预案,明确分级响应、处置程序和处置措施。

（5）营造构建和谐劳动关系的良好环境

在广大职工中加强思想政治教育，引导职工树立正确的世界观、人生观、价值观，追求高尚的职业理想，培养良好的职业道德。培育富有特色的企业精神和健康向上的企业文化，为职工构建共同的精神家园。加强广大企业经营者的思想政治教育，引导其践行社会主义核心价值观，牢固树立爱国、敬业、诚信、守法、奉献精神，切实承担报效国家、服务社会、造福职工的社会责任。加强和改进政府的管理服务，减少和规范涉企行政审批事项，提高审批事项的工作效率，激发市场主体创造活力。进一步完善劳动法、劳动合同法、劳动争议调解仲裁法、社会保险法、职业病防治法等法律的配套法规、规章和政策，加快完善基本劳动标准、集体协商和集体合同、企业工资、劳动保障监察、企业民主管理、协调劳动关系三方机制等方面的制度，逐步健全劳动保障法律法规体系。

（6）加强组织领导和统筹协调

各级党委和政府要建立健全构建和谐劳动关系的领导协调机制，形成全社会协同参与的工作合力。重视加强各级政府劳动关系协调、劳动保障监察机构建设以及劳动人事争议仲裁委员会和仲裁院建设，配备必要的工作力量。加强各类企业党建工作，重点在非公有制企业扩大党的组织覆盖和工作覆盖。把和谐劳动关系创建活动作为构建和谐劳动关系的重要载体，总结创建活动经验，建立健全创建工作目标责任制，扩大创建活动在广大企业特别是非公有制企业和中小企业的覆盖面，推动区域性创建活动由工业园区向企业比较集中的乡镇（街道）、村（社区）拓展，努力形成全方位、多层次的创建局面。

2. 政策解读

《意见》系统阐述了构建中国特色的和谐劳动关系的重大意义、指导思想、基本原则、目标任务、政策措施和组织保障。构建和谐的劳动关系是治国理政的迫切需求，解决现实问题的重要需求，亦是让劳动者有更多获得感的需求。构建和谐劳动关系是和谐社会最基础、最普遍的社会关系，劳动关系变化发展的状况与经济发展和社会稳定大局的联系日益紧密，是改革开放以来中共中央下发的首个劳动关系方面的文件，是新时期构建中国特色和谐劳动关系的顶层设计和总体部署，是劳动关系领域具有里程碑意义的纲领性文件，对于推进构建中国特色和谐劳动关系具有深远的意义。

劳动关系是生产关系的重要组成部分，是最基本、最重要的社会关系之一。劳动关系是否和谐，事关广大职工和企业的切身利益，事关经济发展与社会和谐。党和国家历来高度重视构建和谐劳动关系，制定了一系列法律法规和政策措施并作出工作部署。各级党委和政府认真贯彻落实党中央和国务院的决策部署，取得了积极成效，总体保持了全国劳动关系和谐稳定。但是，我国正处于经济社会转型时期，劳动关系的主体及其利益诉求越来越多元化，劳动关系矛盾已进入凸显期和多发期，劳动争议案件居高不下，有的地方拖欠农民工工资等损害职工利益的现象仍较突出，集体停工和群体性事件时有发生，构建和谐劳动关系的任务艰巨繁重。

（二）《国务院办公厅关于支持农民工等人员返乡创业的意见》的概述

1. 政策主要内容

（1）主要任务

鼓励输入地在产业升级过程中对口帮扶输出地建设承接产业园区，引导劳动密集型产业转移,大力发展相关配套产业,带动农民工等人员返乡创业。鼓励已经成功创业的农民工等人员,顺应产业转移的趋势和潮流,充分挖掘和利用输出地资源和要素方面的比较优势,把适合的产业转移到家乡再创业、再发展。鼓励积累了一定资金、技术和管理经验的农民工等人员,学习借鉴发达地区的产业组织形式、经营管理方式,顺应输出地消费结构、产业结构升级的市场需求,抓住机遇创业兴业,把小门面、小作坊升级为特色店、连锁店、品牌店。

鼓励农民工等人员发挥既熟悉输入地市场又熟悉输出地资源的优势,借力"互联网十"信息技术发展现代商业,通过对少数民族传统手工艺品、绿色农产品等输出地特色产品的挖掘、升级、品牌化,实现输出地产品与输入地市场的嫁接。

引导一二三产业融合发展带动返乡创业。统筹发展县域经济,引导返乡农民工等人员融入区域专业市场、示范带和块状经济,打造具有区域特色的优势产业集群。鼓励创业基础好、创业能力强的返乡人员,充分开发乡村、乡土、乡韵潜在价值,发展休闲农业、林下经济和乡村旅游,促进农村一二三产业融合发展,拓展创业空间。以少数民族特色村镇为平台和载体,大力发展民族风情旅游业,带动民族地区创业。

鼓励返乡人员共创农民合作社、家庭农场、农业产业化龙头企业、林场等新型农业经营主体,围绕规模种养、农产品加工、农村服务业以及农技推广、林下经济、贸易营销、农资配送、信息咨询等合作建立营销渠道,合作打造特色品牌,合作分散市场风险。

(2)健全基础设施和创业服务体系

进一步推进县乡基层就业和社会保障服务平台、中小企业公共服务平台、农村基层综合公共服务平台、农村社区公共服务综合信息平台的建设;支持电信企业加大互联网和移动互联网建设投入,继续深化和扩大电子商务进农村综合示范县工作,带动返乡人员依托其平台和经营网络创业;支持乡镇政府、农村集体经济组织与社会资本合作共建智能电商物流仓储基地,健全县、乡、村三级农村物流基础设施网络,鼓励物流企业完善物流下乡体系,提升冷链物流配送能力,畅通农产品进城与工业品下乡的双向流通渠道。

依托现有各类合规开发园区、农业产业园,盘活闲置厂房等存量资源,支持和引导地方整合发展一批重点面向初创期"种子培育"的返乡创业孵化基地、引导早中期创业企业集群发展的返乡创业园区,聚集创业要素,降低创业成本。挖掘现有物业设施利用潜力,整合利用零散空地等存量资源,并注意与城乡基础设施建设、发展电子商务和完善物流基础设施等统筹结合。此外,开发有针对性的培训项目,建立健全创业辅导制度,加强创业师资队伍建设,采取培训机构面授、远程网络互动等方式有效开展创业培训,扩大培训覆盖范围,提高培训的可获得性;支持返乡创业培训实习基地建设,加强输出地与东部地区对口协作,组织返乡创业农民工等人员定期到东部企业实习,为其学习和增强管理经验提供支持。发挥好驻贫困村"第一书记"和驻村工作队作用,帮助开展返乡农民工教育培训,做好贫困乡村创业致富带头人的培训。

统筹考虑社保、住房、教育、医疗等公共服务制度改革,及时将返乡创业农民工等人员纳入公共服务范围。依托基层就业和社会保障服务平台,做好返乡人员创业服务、社保关系转移接续等工作,确保其各项社保关系顺畅转移接入。及时将电子商务等新兴业态创业人员纳入社保覆盖范围。运用政府向社会力量购买服务的机制,调动教育培训机构、创业服务企业、电子商务平台、行业协会、群团组织等社会各方参与积极性,帮助返乡创业农民工等人员解决企业开办、经营、发展过程中遇到的能力不足、经验不足、资源不足等难题。培育和壮大专业化市场中介服务机构,提供市场分析、管理辅导等深度服务,帮助返乡创业人员改善管理、开拓市场。鼓励大型市场中介服务机构跨区域拓展,推动输出地形成专业化、社会化、网络化的市场中介服务体系。

引导和支持龙头企业建立市场化的创新创业促进机制,加速资金、技术和服务扩散,带动和支持返乡创业人员依托其相关产业链创业发展。鼓励大型科研院所建立开放式创新创业服务平台,吸引返乡创业农民工等各类创业者围绕其创新成果创业,加速科技成果资本化、产业化步伐。鼓励发达地区众创空间加速向输出地扩展、复制,不断输出新的创业理念,集聚创业活力,帮助返乡农民工等人员解决创业难题。推行科技特派员制度,建设一批"星创天地",为农民工等人员返乡创业提供科技服务,实现返乡创业与万众创新有序对接、联动发展。

(3)政策措施

深化商事制度改革,落实注册资本登记制度改革,优化返乡创业登记方式,简化创业住所(经营场所)登记手续,推动"一址多照"、集群注册等住所登记制度改革;放宽经营范围,鼓励返乡农民工等人员投资农村基础设施和在农村兴办各类事业;对能够商业化运营的农村服务业,向社会资本全面开放。制定鼓励社会资本参与农村建设目录,探索建立乡镇政府职能转移目录,鼓励返乡创业人员参与建设或承担公共服务项目;将农民工等人员返乡创业纳入社会信用体系;取消和下放涉及返乡创业的行政许可审批事项,全面清理并切实取消非行政许可审批事项,减少返乡创业投资项目前置审批。

农民工等人员返乡创业,符合政策规定条件的,可享受减征企业所得税、免征增值税、营业税、教育费附加、地方教育附加、水利建设基金、文化事业建设费、残疾人就业保障金等税费减免和降低失业保险费率政策。同时,对返乡农民工等人员创办的新型农业经营主体,符合农业补贴政策支持条件的,可按规定同等享受相应的政策支持。具备各项支农惠农资金、小微企业发展资金等其他扶持政策规定条件的,要及时纳入扶持范围,便捷申请程序,简化审批流程,建立健全政策受益人信息联网查验机制。经工商登记注册的网络商户从业人员,同等享受各项就业创业扶持政策;未经工商登记注册的网络商户从业人员,可认定为灵活就业人员,同等享受灵活就业人员扶持政策。

加强政府引导,运用创业投资类基金,吸引社会资本加大对农民工等人员返乡创业初创期、早中期的支持力度。加快发展村镇银行、农村信用社等中小金融机构和小额贷款公司等机构,完善返乡创业信用评价机制,扩大抵押物范围,大力发展农村普惠金融,引导加大涉农资金投放。落实创业担保贷款政策,优化贷款审批流程。农民工返乡创业园的建设资金由建设方自筹;以土地租赁方式进行农民工返乡创业园建设的,形成的固定资产归建设方所有;物业经营收益按相关各方合约分配。同时,有关方面可安排相应项目给予对口支持,帮助返乡创业园完善水、电、交通、物流、通信、宽带网络等基础设施。适当放宽返乡创业园用电用水用地标准,吸引更多返乡人员入园创业。

2.政策解读

《意见》提出鼓励农民工返乡创业的一系列支持措施,并将实施《鼓励农民工等人员返乡创业三年行动计划纲要》,实现新型工业化和农业现代化、城镇化和新农村建设协同发展。

在业内人士看来,此举意义重大。

"在以往国家关于创业的扶持政策中,也涉及支持农民工创业和返乡创业的内容,但对返乡创业的农民工真正能享受到的支持只有创业培训一项,此次《意见》出台的五项政策,旨在将用于支持城镇创业群体的政策普惠到农民工等返乡创业群体,这也是这次《意见》的最大亮点之一。"人力资源和社会保障部劳动科学研究所研究员邓宝山指出。

《2014年全国农民工监测调查报告》显示,我国农民工总量2014年已达到2.74亿,每年还有新增的600多万农村剩余劳动力进城务工。值得注意的是,近几年来,一些有文化、有志向、懂技术、懂管理的农民工在积累了一定的资金、技术,同时也掌握了一定的营销渠道之后,就开始返乡创业,也渐成气候。有些地方返乡农民工创办企业已经占到当地民营经济的30%以上,成为县域经济发展的一把"金钥匙"。

返乡农民工创业,既是农民工进一步发展的新出路,也是落后地区加快发展步伐并促使城乡之间、地区之间协调发展的必由之路。一方面,农民工的输出地大多较为落后,也是需要快速发展并具有较大发展潜力的地区,鼓励农民工返乡创业是一条能够快速见效的途径;另一方面,农民工进城务工的经验与技能,使其返乡创业具备了相对优势,而农民工输出地的土地资源与劳动力资源的相对丰裕,又为农民工返乡创业提供了条件。

《意见》采用多措并举的形式,注重改善创业环境。然而,对于绝大多数人而言,创业并非零门槛。农民工群体返乡创业与其他群体一样,常常会遇到创业的政策环境问题,以及自身创业能力不足的问题。一方面,创业的政策环境不够完善,主要包括工商注册登记和行业准入问题、税费问题、融资问题和场地问题。另一方面,农民工自身缺乏寻找创业项目的知识和方法,缺乏制订创业计划的系统知识和技能,缺乏经营企业的能力。

农民工返乡创业会创办发展数以百万计的中小微企业、数以千万计的个体工商户和民营经济。这有利于让众多创业创新主体、资源、要素参与发展,带动农民就近转移就业、利用农闲时间充分就业,在增加发展动力的同时,改变大企业与小微企业的市场结构失衡与利益失调,增强经济弹性,增强竞争和创新活力。

为此,此次《意见》专门为农民工返乡创业推出包括降低门槛、减免税费及资金扶持等在内的一系列惠民减负措施。邓宝山表示,这些优惠政策的出台,将有力地支持农民工等群体的返乡创业,并提高返乡创业群体创业的初创率和存活率,"因为这五项政策能从实质上降低创业者的创业成本,包括机会成本和资金成本"。

例如,商事登记制度的改革简化了工商登记注册手续,节约了创业者的时间和成本,放宽了创业经营范围,使返乡创业者能在农村基础设施建设等更广阔的领域创业,降低了寻找项目的机会成本;定向税费减免同样会降低返乡创业者的创业成本,有助于减轻创业初期的经济负担;财政补贴,尤其是招收符合社保补贴人员的社保补贴,有助于降低员工的人工成本;多渠道的融资支持不仅能解决创业者缺乏创业资金的问题,而且也能降低因资金投入不及时而失去商机的损失,贴息贷款更是降低了资金的使用成本等。

《意见》提出了差别化的扶持政策,从而彰显公平正义,创业活动始终是机遇与风险并存,因此降低农民工的创业风险,帮助他们实现创业梦尤为重要。

对此,《意见》提供了一系列具体的保障性措施,涵盖农民工创业能力培训和创业服务指导等多方面,通过有针对性地进行一对一创业培训辅导,帮助其及时纠正问题,主动防范风险。这个文件的基本导向是坚持普惠性的政策和扶持性的政策相结合,既保证返乡创业人员平等享受各种普惠性政策,还要在这个基础上做加法,根据抗风险能力相对比较弱的特点,来落实和完善差别化扶持政策,努力促进他们成功创业。

二、江苏省相关政策及解读

(一)《江苏省人民政府关于进一步做好新形势下就业创业工作的实施意见》的概述

1. 政策主要内容

(1)突出创业带动就业

深化商事制度改革,全面推行工商营业执照、组织机构代码证、税务登记证"三证合一",逐步统一社会信用代码,实现"一照一码"。每年评估认定一批省级创业示范基地,给予一次性奖补。有条件的地区可对认定的创业孵化基地按实际孵化成功(在基地内注册登记并孵化成功搬离基地后继续经营6个月以上)的企业数,给予创业孵化补贴。扩大创业贷款担保基金规模,各省辖市和县(市)担保基金总额要在2—3年内增加到不低于3000万元和1000万元。个人贷款最高额度统一调整为10万元,有条件的地区可适当提高。鼓励金融机构参照贷款基础利率,结合风险分担情况,合理确定贷款利率水平,对个人发放的创业担保贷款,在贷款基础利率基础上上浮3个百分点以内的,由财政给予贴息。高校毕业生、登记失业人员等创办个体工商户、个人独资企业的,可依法享受税收减免政策。将企业吸纳就业税收优惠的人员范围由失业1年以上人员调整为失业半年以上人员。经认定的高新技术企业可享受职工教育经费税前扣除政策。对登记失业人员、高校毕业生等首次成功创业并正常经营半年以上的创业主体,给予一次性创业补贴。

(2)统筹重点群体就业

统筹实施高校毕业生各类基层服务项目,对到苏北指定的县以下(不含县政府驻地)基层单位就业,服务期达3年以上(含3年)的全日制普通高校毕业生,按有关规定给予学费补偿。探索在基层特别是街道(乡镇)、社区(村)购买公共管理和社会服务岗位,优先用于吸纳高校毕业生就业。落实和完善见习补贴政策,对见习人员见习期满留用率达50%以上的见习单位,按每留用1人补贴1000元的标准,给予一次性见习补贴。将求职补贴调整为求职创业补贴,对象范围扩展到已获得国家助学贷款的毕业年度高校毕业生,补贴标准从2016年起提高到每人1500元。

(3)鼓励企业吸纳就业

加大援企稳岗力度。完善失业保险费率调整机制,正在执行的失业保险费率由3%降至2%(其中单位缴费比例为1.5%,个人缴费比例为0.5%)的政策,在2015年12月31日到期后继续执行。建立小微企业目录,对小微企业发展状况开展抽样统计,加大小微企业发展扶持力度。科技型小微型企业和劳动密集型小企业,吸纳高校毕业生、登记失业人员等群体就业并与其签订1年以上劳动合同的,根据其实际吸纳人数,按每人不超过10万元、期限不超过2年、最高不超过200万元额度发放贷款,并由财政按基准利率给予50%的贴息。对确实需要裁员的,依法履行民主程序,妥善处理劳动关系和社会保险接续,按事先制定的方案和帮扶计划,促进失业人员尽快再就业。稳定福利企业发展,制止随意关停福利企业、解雇残疾职工的行为。

（4）优化就业创业服务

健全覆盖城乡的公共就业创业服务体系，提高服务均等化、标准化和专业化水平。加强人力资源市场建设。对参加紧缺型高技能人才培训并取得相应职业资格证书的，给予培训补贴。对技师学院高级工班、预备技师班、特殊教育院校职业教育类的毕业生，以及在大陆（内地）高校学习的台湾、香港、澳门毕业生参加创业培训的，比照本地高校毕业生相关规定，给予职业培训补贴。推进职业资格管理改革，推动形成劳动、技能等要素按贡献参与分配的机制。

（5）健全就业创业工作机制

各地要在财政预算中合理安排相关资金，确保各项就业补贴政策资金落实到位。健全公共就业创业服务经费保障机制，将省、市、县（市、区）三级公共就业创业服务机构和街道（乡镇）基层公共就业创业服务平台经费纳入同级财政预算。按照系统规范、精简效能的原则，明确政府间促进就业政策的功能定位，严格支出责任划分。进一步规范就业专项资金管理，强化资金预算执行和监督，开展资金使用绩效评价，着力提高就业专项资金的使用效益。

2. 政策解读

《实施意见》中就业创业政策较以往更实、更细，政策创新点更多，含金量更高：一是首次正式将稳定和扩大就业作为经济运行合理区间的下限，提出将调查失业率纳入宏观调控指标；二是将大众创业作为经济增长的新引擎和扩大就业的新增长点，更加突出创业在促进就业中的重要性，形成了新常态下就业创业工作的新布局；三是明确了在创业扶持方面坚持"政府引导、市场主导、需求向导"的原则，即明确了在鼓励创业方面政府、市场、创业人员的基本定位，突出了市场配置资源的决定性作用，对优化创业工作布局意义重大。《实施意见》强调综合运用多方面政策，以更加广泛的政策举措促进就业，可以说是新政策的最显著、最重要的特点。新的政策不仅有直接促进就业的政策，更涉及经济、财政、税收、金融、市场、社会保险、社会救助等政策。

意见最突出亮点就是鼓励创业的分量更重了，把全方位多层次的推进创业与促进就业更紧密地结合在了一起。具体来讲有三个特点：一是注重载体建设。充分发挥社会资源优势，鼓励有条件的企业创建创业实训基地、创业服务平台、孵化基地等创业服务载体，政府对这些载体的创业活动予以资金补贴支持；二是注重支持重点人群创新创业。如鼓励高校和科研院所的高层次技术人员在职创业、离岗创业；加大对高校毕业生创业支持力度；支持农民网上创业，提出要创建一批农民工返乡创业园，建设一批农业创新示范基地和见习基地；三是注重"减负加惠"。清理减少行政审批事项，落实"三证合一"、"一照多址"，全面实行企业投资项目网上并联核准制度，扩大减税降费政策享受人员范围，对符合条件的企业取消贷款反担保，提高贷款额度，加大对小微企业创业基地支持力度。

江苏省的创业环境不断优化，创业氛围日益浓厚，创业带动就业成效显著，但与大众创业、万众创新的要求还不相适应，需要政府在政策扶持、平台助推、典型引领等方面下更大工夫。意见提出把创业和就业结合起来，以创业创新带动就业和发展，明确了一系列促进就业创业的政策措施，主要有以下几点：一是建立了更为完善的政策体系。政策涉及创业贷款、免费的创业培训、社会保险补贴、一次性创业补贴、税费减免等；二是大力加强了对载体建设的支持，支持建立创业培训机构、创业实训基地、创业服务平台、创业孵化基地等；三是搭建了多方参与的合作交流宣传平台,政府主导建立大学生就业创业联盟、创业项目库、创业指导专家团等。《实施意见》还提出了一些具体目标,如推动就业创业服务载体建设的"3515工程"即计划用三年时间,建成 50 个创业孵化基地,100 家创业实训基地,500 个大学生就业见习基地。另外,《实施意见》中提出要依托社会力量,筹建创业大学,通过创业大学来推动大学生创业培训方式、手段、内容的改革,进而提升培训效果,提高创业者的综合素质。《意见》的出台,对进一步做好新形势下就业创业工作,加快形成大众创业、万众创新的良好局面,保持江苏省就业形势总体稳定必将产生积极的推动作用。

(二)《江苏省机关事业单位工作人员养老保险制度改革的实施意见》的概述

1. 政策内容

(1) 参保范围

本省按照公务员法管理的单位、参照公务员法管理的机关(单位)、事业单位及其编制内的工作人员,驻苏中央国家机关(单位)所属机关事业单位及其编制内的工作人员,驻苏中央国家机关(单位)所属机关事业单位及其编制内的工作人员,参加省机关事业单位基本养老保险。对于编制管理不规范的机关事业单位,要按照有关规定进行清理规范,待明确工作人员身份后再纳入相应的养老保险制度。改革后初次参加机关事业单位基本养老保险人员(以下简称参保人员)由单位按规定确定并上报,人力资源社会保障部门会同财政、机构编制、组织部门进行核定。机关事业单位离休人员不纳入此次改革范围,仍按国家和省有关规定发给离休费,并调整相关待遇,所需经费由原渠道解决。

(2) 缴费基数和比例

单位缴纳基本养老保险费(以下简称单位缴费)的比例为本单位工资总额的 20%。个人缴纳基本养老保险费(以下简称个人缴费)的比例为本人缴费工资的 8%。个人工资超过全省上年度在岗职工平均工资 300% 以上的部分,不计入个人缴费工资基数;低于全省上年度在岗职工平均工资 60% 的,按全省在岗职工平均工资的 60% 计算个人缴费工资基数。

(3) 基本养老保险费征缴

机关事业单位应当按照《中华人民共和国社会保险法》的相关规定,到当地社会保险经办机构办理社会保险登记手续。参保单位应当自行申报、按时足额缴纳基本养老保险费,参保人员应当缴纳的基本养老保险费由单位代扣。社会保险经办机构应当依法按时足额征收基本养老保险费,并将缴费情况定期告知参保单位和参保人员。参保人员的个人缴费从个人所得税应纳税所得额中扣除,有经营性收入事业单位的单位缴费在税前列支。

(4) 个人账户的建立和管理

社会保险经办机构应当根据参保人员的社会保障号码,按本人缴费工资 8% 的数额,为其建立基本养老保险个人账户,并全部由个人缴费形成。个人账户储存额只用于参保人员养老,不得提前支取,每年按照国家统一公布的记账利率计算利息,免征利息税。参保人员死亡的,个人账户余额可以依法继承。

(5) 待遇领取条件和程序

参保人员达到国家和省规定的退休年龄,单位和本人均按照规定足额缴费,个人缴费年限(含视同缴费年限,下同)累计满 15 年的,按月领取基本养老金。

参保人员符合领取基本养老金条件,并按照干部人事管理权限办理退休手续后,由所在单位到社会保险经办机构核定待遇。社会保险经办机构从核定的待遇领取时间起,委托银行等机构按月发给基本养老金。

参保人员达到国家和省规定的退休年龄但个人缴费年限累计不满15年的,其基本养老保险关系处理和基本养老金计发比照《实施〈中华人民共和国社会保险法〉若干规定》和我省有关规定执行。

(6)基本养老金调整

根据国家统一部署,结合我省经济发展、职工工资增长和物价变动等因素,统筹安排机关事业单位和企业退休人员的基本养老金调整,合理确定调整办法和调整水平,逐步建立兼顾各类人员的养老保险待遇正常调整机制,分享经济社会发展成果,保障退休人员基本生活。

(7)基金管理和监督

全省统一机关事业单位养老保险制度政策、缴费比例、计发办法、预算管理、经办规程和信息系统,省、市、县(市)人民政府分级负责基金征收、管理和待遇支付。逐步实现全省机关事业单位基本养老保险基金省级统筹。机关事业单位基本养老保险基金单独建账,与企业职工基本养老保险基金分别管理使用,并按照国家和省有关规定保值增值。基金实行严格的预算管理,纳入社会保障基金财政专户,实行收支两条线管理,专款专用。各级人力资源社会保障、财政部门和审计机关按照各自职责,对基金收支、管理情况实施监督。

(8)养老保险关系转移接续

参保人员在同一统筹范围内的机关事业单位之间流动,只转移养老保险关系,不转移基金。参保人员跨统筹范围流动或在机关事业单位与企业之间流动,在转移基本养老保险关系的同时,基本养老保险个人账户储存额随同转移,并以本人2014年10月1日后各年度实际缴费工资为基数,按12%的总和转移基金,参保缴费不足1年的,按实际缴费月数计算转移基金。转移后个人缴费年限、个人账户储存额累计计算。

(9)建立职业年金制度

机关事业单位在参加基本养老保险的基础上,应当为其参保人员建立职业年金。单位按本单位工资总额的8%缴费,个人按本人缴费工资的4%缴费。参保人员退休后,按月领取职业年金待遇。单位和个人缴纳的职业年金费用与基本养老保险费一并征收。职业年金基金归集到省,按规定统一投资运营。我省机关事业单位职业年金实施办法由省人力资源社会保障部门会同省财政部门根据有关规定制定。

2.政策解读

2015年初,国务院作出关于改革机关事业单位养老保险制度的决定,这是贯彻落实党的十八大和十八届三中全会决定的重大改革举措,对于建立更加公平更可持续的社会保障制度具有重大意义。

因此,实施机关事业单位养老保险制度改革是今年省委省政府的重要改革任务。这项改革的核心是改变机关事业单位原来以单位保障为特征的退休保障制度,重新按照社会保险的方式建立养老保险制度,重点从五个方面重构新的机制,实现机关事业单位退休保障制度的机制转换。

建立养老责任共担机制。建立与企业职工同等规模的基本养老保险个人账户,全部由个人缴费构成,个人账户存储额只用于养老,不得提前支取,每年按照国家统一公布的记账利率计算利息。也就是说,改革后,机关事业单位工作人员退休养老保障将不再全部由单位负担,个人也必须为自己的未来退休养老保障履行相应的缴费义务。

建立新的待遇计发机制。改革后,不再执行原来的退休费计发办法,改为实行与个人缴费挂钩的新的基本养老金计发办法,并实行"老人老办法、新人新制度、中人逐步过渡"。新的基本养老金计发办法实行多缴多得、长缴多得,能够更全面历史地体现机关事业单位工作人员整个职业生涯的劳动贡献,也与企业职工的基本养老金计发办法相一致。

建立新的待遇调整机制。改革前,机关事业单位退休人员的退休费调整与在职人员工资调整同步进行,具有不确定性;企业退休人员基本养老金按国家统一规定调整,已连续11年按10%左右的幅度上调。改革后,将根据国家统一部署,结合我省经济发展、职工工资增长和物价变动等因素,统筹安排机关事业单位与企业退休人员基本养老金调整,逐步建立兼顾各类人员的养老保险待遇正常调整机制。这有利于体现再分配更加注重公平的原则,避免因待遇调整机制不同而导致相互攀比。

建立多层次的养老保障机制。这次机关事业单位养老保险制度改革,所有机关事业单位改革范围内的在职人员在参加基本养老保险的同时,还必须通过单位和个人共同负担的方式参加职业年金计划。工作人员退休时,依据其职业年金积累情况和相关约定按月领取职业年金待遇。多层次的养老保险制度架构设计,优化了机关事业单位退休人员养老待遇结构,有利于实现新老制度待遇的平稳过渡,也与多年来企业职工养老保险制度改革发展方向保持了一致。目前,全省已有部分企业先行建立了企业年金制度,有条件的企业都应当加快建立企业年金。

建立社会化管理服务机制。目前,机关事业单位退休人员都由单位管理。今后,将逐步实行社会化管理服务。年内改革启动实施后,机关事业单位退休人员的基本养老金将全部通过银行等机构实现社会化发放。同时,将加强街道、社区人力资源社会保障工作平台建设,积极探索机关事业单位退休人员社会化管理服务方式,提高机关事业单位社会保险社会化管理服务水平。

这次机关事业单位养老保险制度改革的目标是:按照公平与效率相结合、权利与义务相对应、保障水平与经济发展水平相适应、改革前与改革后待遇水平相衔接、解决突出矛盾与保证可持续发展相促进的基本原则,改革现行机关事业单位工作人员退休保障制度,实行社会统筹与个人账户相结合的基本养老保险制度,同步建立职业年金制度,逐步建立独立于机关事业单位之外、资金来源多渠道、保障方式多层次、管理服务社会化的养老保险体系。省人社厅相关负责人认为,按照这一全国统一的目标实施机关事业单位养老保险制度改革,将有助于统筹城乡各类人群的养老保险制度建设,统一机关事业单位工作人员与企业职工的基本养老保险制度模式,实现各项基本养老保险制度的互联互通,加快建立更加公平、可持续的养老保险体系。

第三节 江苏省人力资源服务业发展社会环境分析

一、人口情况及其影响分析

(一)江苏省人口增长情况及影响

由图2-3可以看出人口处于不断增长的态势,2011年的人口增长率为0.37%,2012年为0.27%,2013年为0.25%,而2014年小幅增长0.26%,2015年增幅却降低至0.20%,由此可以看出人口增长总体渐趋缓慢。

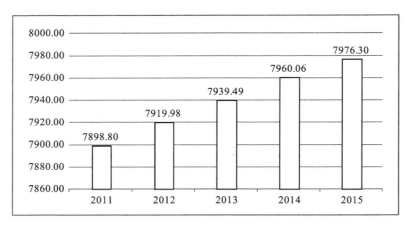

图2-3 2011—2015年江苏省人口总数变动趋势(单位:万人)
以上数据均来源于:江苏省统计局。

从经济学角度来看,在其他要素不变的情况下,增加其中一种投入要素,在没有超出最大生产潜能范围内,最终的产出都会增加。第三产业中的大部分行业都属于劳动密集型的,对劳动力的需求量就非常高,即一般情况下,劳动力的增加会导致产出的增加。反过来,劳动力越多,对第三产业的需求量也越大。而人口密度代表了人口的聚集程度,该指数越高,则越可能为第三产业提供充足的人力资源,第三产业产值比重就可能越大。尽管与前两年相比有所降低,但是却控制在一个较适宜的水平,并且增长势头明显,人口的增长与人口密度的适度控制会促进人力资源服务业的发展。人力资源服务业对三大产业均提供服务,随着第三产业的迅速发展,人力资源服务业将会将重心更多地放在为第三产业提供服务,如招聘网站、猎头公司等,大部分的业务都是放在第三产业企业上。因此第三产业的发展对人力资源服务业的结构发展趋势有重大影响。

(二)江苏省人口年龄构成情况及影响

由江苏省统计局的数据可知,2015年末江苏省总人口为7976.3万人,其中0—14岁人口占13.56%,15—64岁人口占73.75%,65岁以上人口为12.69%。按照联合国的传统标准是一个地区60岁以上老人达到总人口的10%,新标准是65岁以上老人占总人口的7%,即该地区视为进入老龄化社会,江苏省65岁以上人口占总人口12.69%,说明江苏已经进入严重的老龄化阶段。

根据国家统计局的统计,自 2012 年劳动年龄人口绝对量首次出现下降后,我国劳动年龄人口绝对量以及劳动年龄人口占总人口比例持续下降。江苏省是全国最早进入人口老龄化的省份,人口老龄化呈现四方面特征:一是老龄化程度高。老年人口基数大,居全国各省(区、市)第三位,并且老龄化比例居各省、区之首;二是老龄化速度快。2015 年末,全省 60 周岁以上老年人口占户籍人口的比例提高 0.79 个百分点;比"十一五"期末增加 347 万人,占户籍人口的比例提高 3.88 个百分点;三是高龄化趋势明显。2015 年末,全省 80 周岁以上老年人口占老年人口的 15.47%。与高龄化相伴而生的是"两代老年人家庭"和"纯老家庭"的增多,这给家庭和社会带来了更大的养老压力;四是地区差异明显,分为各地市间差异大以及城乡差异较大,全省老龄化程度最高的是南通市,老年人口比例为 27.33%,最低的宿迁市为 15.40%,两者相差 11.93 个百分点。

老龄化速度的加快使得社会效应开始显现。随着人口老龄化的发展,一方面,老年人口的不断上升,将会导致劳动力年龄人口数量的绝对下降,甚至会出现劳动力不足的问题,这会影响人力资源服务业自身的人才供给。虽然劳动力人口的下降有助于解决就业问题,然而,劳动人口的持续、急剧下降,对经济产生的负面影响是不可避免的,会影响到各行各业,包括人力资源服务业。

另一方面,将导致劳动力人口的老龄化,进而影响人力资源服务业的服务对象、内容和方式。由于人口老龄化程度的逐渐加深,在劳动力人口中,低龄段的劳动力人口比重逐渐下降,将影响劳动生产率和经济效益的提高,从而对经济发展的速度带来一定影响。随着江苏改革开放的不断深入,生产力水平的不断提高,产业结构的调整势在必行,且调整力度也在不断加大,新兴的产业部门、行业、职业不断出现,对劳动力的要求越来越高,而老龄化的劳动力队伍,对行业、职业变动的适应能力相对较差,因而不能适应江苏经济发展中科技创新的要求。

同样值得关注的是"人口红利"的消退对人力资源服务的影响。作为中国 30 多年经济高速增长最重要的力量之一,人口红利的消失殆尽导致劳动力市场的供求关系发生变化,中国人力供应短缺将逐渐显现,中国社会科学院发布研究报告称,2017—2018 年中国总的劳动年龄人口将出现负增长。充足的劳动力供给是我国服务业持续发展的基础。然而,在劳动年龄人口数量的下降、劳动力市场分割复杂等多种因素综合影响下,我国服务业存在着基层服务人员和高级管理人员供给不足即人力资源"双短缺"问题。

尽管是这样,人口红利的消退对人力资源服务业业带来了正面影响,主要有以下两方面:首先,劳动年龄人口的减少促使劳动力市场供求关系发生变化,劳动力需求方对招聘流程外包业务、灵活用工业务的需求将逐步加大;另外,人口红利的衰退将使得企业对人力资源内涵价值及效率的提升提出更高的要求,江苏省的经济增长动力将从以往的"人口红利"转为"人才红利",人才的竞争将变得更为激烈,市场对人力资源服务的需求将持续提升,尤其是能获取高端人才的中高端人才访寻业务。人口整体素质逐步提升,国民受教育程度也越来越高,进而影响国人的就业观念、职业期待、权利意识,改变着人力资源市场的供需状况与结构。加快江苏省人力资源服务业的发展,优化江苏省人力资源服务产业结构是工作的重点。

二、就业情况及其影响分析

(一)江苏省就业基本情况分析

1. 总体就业情况

2015年,全省城镇新增就业人数连续11年超百万,2015年达139.84万人,比上一年增加1.5万人。年末全省高校毕业生总体就业率达96.7%,农村劳动力转移就业比重超过70%,帮扶就业困难人员就业13.3万人。全省共支持城乡劳动者成功创业19.5万人,带动就业74.3万人,同比增长20%和30%以上。其中:大学生创业2.58万人,农民创业6.36万人,同比增长36%和21%。新业态就业13.04万人,占城镇新增就业人数的9.3%,并呈逐季提高态势。

2. 重点人群就业情况

2015年江苏省普通高校毕业生55.2万人,再创历史新高,截至2015年12月31日,全省高校毕业生年终就业率达96.7%,实现就业人数53.4万。从分单位流向情况看,各类企业吸纳毕业生37.2万人,占就业总人数的69.7%;到事业单位就业4.9万人,占就业总人数的9.1%;到机关就业0.5万人,占就业总人数的1.0%;到部队、国家及地方基层项目等其他基层就业0.5万人,占就业总人数的1.0%。统计显示,江苏对于高校毕业生依旧具有强大的吸引力,选择留在江苏就业的高校毕业生达40.1万人,占就业总人数的75.1%,同时从近几年就业地区来看,到江苏省苏南就业的毕业生比例呈下降趋势,到苏北、苏中就业的毕业生则逐年增加。

3. 失业情况

年末城镇登记失业人数36.01万人,比上年末减少0.56万人,城镇登记失业率控制在3%,比上一年末下降0.01个百分点,低于全国1个百分点,这主要得益于江苏省经济平稳运行以及对就业创业的扶持。

4. 产业构成

随着科学技术的进步,第一产业和第二产业中的劳动力可以很大程度上被资本和技术

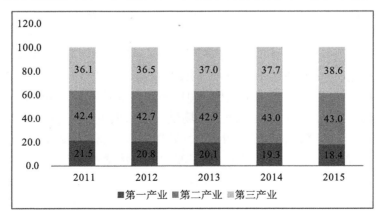

图3-4 2011—2015年江苏省城镇就业人员产业构成(单位:%)
以上数据均来源于:江苏省统计局网站。

所替代,而第三产业由于大多数行业的生产与消费的时空同一性,其生产很大程度上不能被资本和技术所替代,需要大量的人力投入,所以第三产业可以不断吸收增加的和剩余劳动力。如果人口密度大,第一和第二产业容纳不下时,就会在"看得见"或"看不见"的手的引导下流入第三产业。因此,人口密度越大,第三产业就业比重就越大。

5. 职工工资水平

2015 年全省职工工资总数为 9802.41 亿元,其中国有单位为 2262.27 亿元,城镇集体单位为 179.75 亿元,其他单位的工资总额为 7360.39 亿元。相比于 2011 年的 3548.29 亿元,翻了近 3 倍,并呈逐年增长趋势。

(二)江苏省就业情况与人力资源服务业发展的分析

1. 大学生就业对人力资源服务业独特的推动作用

大学生是国民教育序列中较高层次的人才,相对一般社会人员而言,具有高知识性和高附加值的特点。随着我国高校连年扩招政策的实施,我国大学生在校数量位居世界第一位,大学生就业形势也随之变得不那么乐观,但是大学生对求职服务的需求呈现的上升趋势为推动我国人力资源服务产业的发展提供契机,大学生求职需要前瞻的职业规划培训,这就促进了人才培训这个分支的发展;大学生在求职时也需要及时性的帮助和扶持,比如对就业信息、求职经验、求职渠道以及就业相关政策的充分了解,获取求职技巧以及树立正确的择业观,此时社会职业中介与指导机构就成为比较重要的业务范畴。此外,猎头公司将目光瞄准了没有经验的应届毕业生,通过猎头公司中转找到合适工作也开始成为毕业生就业的新途径,这就促进了猎头公司业务的多元化发展。

大学生就业压力的增加会对人力资源服务业的发展产生积极的作用,但是这种发展的方向必须建立在对大学生求职、流动、培训、职业保障及职业发展等方面服务需求深入分析的基础之上。

2. 人力资源服务业对劳动者就业的支持作用

人力资源服务业对于大学生就业具有十分重要的影响力,这主要体现在:一方面人力资源服务业能够发挥重要的桥梁和纽带作用,通过人力资源服务业及时准确地发布招聘信息传递实用系统的求职和面试技巧,搭建毕业生与用人单位的交流平台,为大学生就业提供实实在在的支持和帮助。另一方面人力资源服务业作为发展迅速的第三产业,本身就具有吸纳大学生就业的能力,对于各类型专业人才具有很强的吸引力,主要体现在企业管理咨询、人力资源服务等领域。从人才市场的现状来看近些年来国内外各大著名咨询公司加快了在重点高校争夺优秀人才的步伐,大量的高校毕业生经过实践的锻炼和系统的培训,从基础性岗位做起,通过不断的进步已经成为非常优秀的本土咨询师。

不仅如此,人力资源服务业新形式的发展也在劳动者就业中发挥愈加重要的作用。人才派遣是人才资源进行合理有效配置的重要形式,能帮助企业优化人才结构,既满足了市场竞争要求,又符合社会发展规律,具有强大的生命力和发展前景。随着外商投资企业的进入,人力资源外包在我国逐步发展起来,一些城市成立了外企人力资源服务公司,绕过传统的体制障碍,为外资企业、外商驻华代表机构和国际组织提供专业化人力资源服务。一批世界领先人力资源外包企业,利用全球服务网络为跨国公司的中国分支机构提供全球标准的人力资源外包服务。近年来人力资源派遣业的发展尤为迅速。

随着跨国企业全球战略调整、合并整合、中国内地布局将进一步加快,这些企业将对人力资源管理高端业务方面带来新的需求。另外,随着企业管理水平不断提高、专业化分工逐渐成为趋势,对中高端人才访寻业务、招聘流程外包服务和灵活用工业务的认同和需求会有极大提高。

近年来,大量基于互联网提供服务的人力资源外包企业不断涌现,利用互联网为企业寻找人才,为广大就业者提供招聘信息。互联网技术的发展,促使人力资源服务业的各个业态向信息化转变,包括招聘工作向网络化深层发展、人才测评的数字化、在线网络培训的普及化、企业内部 EHR 系统管理现代化,等等。互联网技术促使人力资源服务业必需改革传统的工作模式,通过与信息技术的融合,引领行业颠覆传统模式,重构新模式。同时,新技术的力量也席卷了人力资源各个服务领域,颠覆了传统的人力资源服务模式。面对企业管理成本上升、管理程序杂乱无章、操作流程复杂繁琐等问题,很多传统人力资源服务只是提供了简单的管理工具与代理服务,并未满足企业的实际需求,离企业寻求人力资源服务的目标还很远。而一些有远见的企业开始利用云计算、大数据等新兴技术创新服务模式,很大程度上有利于解决就业问题。

三、教育情况及其影响分析

(一)江苏省教育现状

1. 总体教育现状

2015 年江苏省教育事业呈现稳定发展的形势。全省共有普通高校 137 所。普通高等教育本专科招生 44.9 万人,在校生 171.6 万人,毕业生 48.4 万人;研究生教育招生 5.1 万人,在校生 15.6 万人,毕业生 4.3 万人。高等教育毛入学率达 52.3%,比上年提高 1.3 个百分点。全省中等职业教育在校生达 68 万人(不含技工学校)。九年义务教育巩固率 100%,高中阶段教育毛入学率 99.1%,基本普及高中阶段教育。

2. 全省受教育情况

截至 2015 年 11 月 1 日零时,全省不识字或识字很少的人数为 39694 人,其中 3 万人为女性,说明女性受到的基础教育仍然较为薄弱;小学以上学历中,初中学历的人数最多,有 259496 人,男性和女性的人数几乎差不多;高中学历 12.8 万人,女性较男性少了 2 万人;大学及以上学历 11.6 万人,男性 6.1 万人,女性 5.4 万人,随着学历的提高,男性和女性受教育程度的差距在缩小。其中,随着学历的提高,城乡居民受教育程度的差异愈加明显,拥有大学及以上学历的城市居民人数为 10.4 万,农村居民仅为 1.3 万人。

3. 教育事业基本情况

2015 年全省共招收 5.1 万研究生,增加了 3.87%,招收 44.86 万本专科生,较去年小幅增长;去年普通高等教育毕业生人数为 52.69 万,同比上涨 1.25%;其中研究生毕业人数为 4.28 万,较去年增长 2.64%。江苏省全年共新建了 3 所普通高等学校,10 所普通中等学校,45 所小学,普高教师增加了 2700 人,2015 年江苏省政府对教育事业的投入增加了 16%。

(二)江苏省教育现状与人力资源服务业发展的关系

促进人力资源服务业发展的重点在于人才,江苏省现有的学校、培训机构等教育资源正在逐步完善,各种职业院校也逐步以培养第三产业人才为抓点,在细化服务领域做好人才培训,大力推动服务业人才队伍建设,从而满足第三产业市场需求。教育的逐步普及以及高等教育体系的日渐完善使得人才数量的增多高级人才的逐年增多也使得政府可以多渠道得构建高层人才体系,培养本地服务型人才,促进地方就业创业。2015 年 5 月 12 日,江苏人才发展战略研究院正式成立,致力于围绕人才支撑经济社会发展的重大课题,开展具有前瞻性、实践性人才政策研究,为省委省政府提供决策参考,打造全国知名人才工作专业化智库,为人力资源服务业的发展打好人才基础。

人力资源服务业由单一服务向多元化发展的企业数量的占比逐步上升,原本已提供劳务派遣、职业介绍、招聘服务等低端人力资源服务产品为主的企业占比逐步缩小,而以高级人才寻访、人才测评、人才培训等中高端人力资源服务的比重逐步提高,通过人力资源服务技术和方式的创新,加快推动了人力资源服务产业的转型升级。中高端人力资源服务业的发展需要更多受过高等教育以及专业知识培养的人才的加入,这就促进了相关专业毕业生的就业率,就业率的提高又会使得高校有更大可能性扩大相关专业的招生甚至增加相关专业的设立。由表 2-7 可知,从 2011 年开始,管理学科学生数呈上涨趋势,并且仍将持续这种趋势,为人力资源服务业的发展提供丰富的人才储备。但是劳动力的高素质又使得人力资源部分行业分类的需求有所减少,比如培训方面的服务需求,因此在一定程度上又阻碍了人力资源服务的发展,因此人力资源机构数量反而有所减少,2015 年末全省人力资源服务机构 2967 家,2014 年全省共有 3099 家,2013 年为 2476 家 ,2012 年为 4027 家,2011 年为 3888 家。因此,要充分合理的利用高素质人才,充分发挥人才优势,加大发展猎头、外包等细分服务的需求,使得人力资源服务行业充满生机,得以蓬勃发展。

表 2-7　2011—2015 年江苏省普通高等教育分科学生数(管理学科)

年份	毕业生数(人)	招生数	在校生数
2011	11262	12284	53388
2012	10817	12670	54827
2013	14667	17723	65083
2014	15616	18579	67433
2015	15909	19912	71383

数据来源:江苏省统计局网站。

第三章　江苏省人力资源就业服务发展分析

人力资源就业服务是指为了帮助劳动者求职就业、职业发展和用人单位招用人员以及由此延伸的提高劳动者素质和用人单位人力资源管理水平等各类服务行为。从服务的性质来分,就业服务可以分为公共就业服务和经营性就业服务。公共就业服务作为一项由政府出资的公益性服务事业,其最重要的功能就是为劳动者提供公益性的就业服务。本章首先介绍 2015 年江苏省人力资源就业服务总体现状,再分别介绍江苏省人力资源公共就业服务和经营性就业服务的发展现状,最后提出发展过程中存在的问题以及对策。

第一节　江苏省人力资源就业服务发展总体现状

2015 年,江苏省人力资源就业服务发展总体平稳,人力资源市场供求基本平衡。为支持地方经济发展,江苏省人力资源就业服务机构,在市场建设、人力资源配置等领域发挥了积极的作用,成为人力资源服务市场上的重要主体。以下将从服务规模、服务内容、服务方式以及服务质量等方面进行具体阐述。

一、就业服务规模不断壮大

2015 年,江苏省就业发展势头良好,就业增长和创业扶持为人才就业服务的发展提供了动力和支持,就业服务规模不断壮大。据调查数据显示,年末全省城乡从业人员 4758.5 万人,比上年末增加 2.33 万人。从业人员中,第一产业 875.56 万人,第二产业 2046.16 万人,第三产业 1836.78 万人,分别占全省总数的 18.4%、43% 和 38.6%。由于第三产业成为投资的重要领域,新业态、新模式不断涌现,第三产业岗位需求人数大幅攀升。2015 年期间,城镇新增就业 139.84 万人,比上年末减少 0.56 万人;帮助城镇失业人员再就业 77.74 万人;新增转移农村劳动力 20.97 万人;高校毕业生年末总体就业人数 51.64 万人。

2015 年,江苏省创业工作得到了很大的扶持。共设立了 1 亿元的众创空间建设补助基金,上半年全省新增 450 多家众创空间等各类创业载体;全省建有各类科技企业孵化器 553 家,孵化面积 2880 万平方米,在孵企业超过 3 万家,均居全国首位。创业扶持的力度不断加大,创业团队不断壮大。如宿迁市针对众创空间等新型孵化机构集中办公等特点,放宽住所登记条件,推进"一址多照"、"一照多址"登记。

今年江苏省从业人数达到历史最多,就业服务开展的规模也在进一步扩大。江苏省相关部门联合南京市就管中心,在"招聘周"期间,线上线下招聘共推岗位,共有 800 多家次用人单位提供 1.8 万个次岗位信息。促进高校就业带动了大学生就业人才服务工作,如高校毕业生就业见习计划就是一种典型的高校人才就业服务计划,2015 年,全省共安排 2.57 万名未就业高校毕业生参加见习。创业扶持也为人才就业服务提供了新的方式。如泰州市聚集创新创业人才超过 2 万人,扶持 5 万名城乡劳动者自主创业,带动就业 25 万人以上;全市新登记注册的初创企业户数、吸纳从业人员数年均增长 10% 以上;建立超 200 人的创业导师团队。全省全年支持 19.54 万人成功自主创业并带动就业 74.34 万人,其中,引领大学生创业 2.58 万人,扶持农村劳动力创业 6.36 万人,开展创业培训 25.35 万人。

二、职业能力培训需求旺盛

就业服务主要包括职业介绍、就业咨询、就业培训和失业保险等。今年,江苏省在就业培训方面需求尤为明显。据调查显示,江苏省全年组织 151.05 万人参加企业职工岗位技能提升培训,66.45 万人参加城乡劳动者就业技能培训。同时,培训人力资源服务业从业人员 2.12 万人,在提高就业服务质量方面起到了一定的促进作用。

在就业服务的过程中,各市以促就业为目标,根据服务不同对象采取不同的培训措施。比如在针对女性群体就业时,将培训作为增强妇女素质、提升妇女技能、开阔妇女思路、促进妇女创业就业的务实举措,丰富培训形式、拓展培训课程、优化培训师资,面向留守流动妇女、单身贫困母亲、女大学生、女经纪人、女能手、女致富带头人等不同群体,开展了多门类、多层次、多级别的培训。南京市在 2015 年启动"就业援助月",为就业困难人员,重点是残疾人、困难家庭高校毕业生、城镇零就业家庭及因病致贫家庭成员、失地人员等。根据就业援助对象的不同需求,制定有针对性的就业援助计划,为符合条件的对象提供一次职业指导、一次职业培训、三次职业介绍服务;徐州市及时为援助对象上门开展送政策、送岗位、送服务,实行"一对一"、"面对面"的就业帮扶,并重点依托人力资源市场组织开展专场招聘活动,集中为有就业需求的援助对象提供合适的岗位信息。同时,依托就业培训机构组织开展特色培训活动,集中为有技能需求的援助对象进行培训。

在培训的过程中,依托信息化的大背景,与时俱进,将"互联网+"与培训服务紧密结合,紧跟了时代要求。江苏省引导妇女树立开放包容的互联网精神、大数据意识,强化共创共享、共融共赢的创业创新战略思维和合作理念。突出新农村创业,强化女农民培训,打造女性电商人才"蓄水池"。全省农村妇女"网上行"技能培训,免费培训 2.5 万人,其中 1.3 万人获"现代女性网络技能初级证书";举办乡村旅游、巾帼农家乐负责人、农产品女经纪人电子商务创业高级研修班,750 名从事乡村旅游的女性经营管理者和省级示范农家乐负责人从中获益,1.5 万名农产品女经纪人接受了电子商务创业培训。

三、就业服务方式日益丰富

针对新形势下就业服务工作新趋势,江苏省着力打造高校毕业生"智慧就业",在全国首推省级高校毕业生就业信息服务平台,拓展了大学生找工作空间。省级高校毕业生就业信息服务平台,是省教育厅为加快公共就业服务信息化,投入专项经费、组织专门技术力量开发的。该信息系统顺应了"互联网+"的新趋势,覆盖手机 APP、就业网站、微博微信、移动短信等当今四大信息传播渠道,彻底解决了省内高校之间就业信息"孤岛"问题。据了解,该系统目前已在全省 90 所高校推广使用,覆盖 20 余万名毕业生,累计发布校园招聘会信息 226

场次、提供招聘岗位 16 万余个、定向推送就业信息 40 余万人次,受到了高校和学生的一致好评。明年,该系统将覆盖全省 120 余所高校,惠及近 100 万名在校大学生及毕业生。

与此同时,各市之间根据本市的具体情况,不断推出内容丰富、形式多样的就业服务举措,更好地开展就业工作。比如,宿迁市开起了就业招聘立体模式,采取了现场招聘与网上招聘结合的方式,"线上线下"双管齐下。今年以来,共举办"线上线下"招聘活动 200 余场,提供就业岗位 8000 余个,帮助 5000 余名求职者实现精准就业。同时,撤销宿迁市人才市场与原市就管中心劳动力市场职能,整合成立了宿迁市人力资源市场,明确为正科级事业单位。为提升人力资源服务水平,该市就按照职能、制度、服务、信息系统"四统一"原则,探索将原来独立运行的市人力资源市场和市人才市场进行整合,构建了新的市人力资源市场;南通市正式开通"就业直通车",方便市民就业,如皋已建成了覆盖市、镇、村"三级"的联动就业服务体系。"就业直通车",是如皋人社局在原有的人社服务平台上开发的手机客户端,求职者只要手机上安装"就业直通车"软件,就可以实现掌上就业"一点通"。这不仅方便了求职者,也简化了企业招聘的程序。自助服务系统一体机、手机客户端和实地招聘的有机配合,线上线下的密切互动,为就业者提供了便利的条件。

四、就业服务质量进一步提高

全省城乡从业人员 4758.5 万人,比上年末增加 2.33 万人,从业人数达到历史最多。就业增长,特别新增就业为人力资源就业服务的发展提供了空间。这可以从近两年的服务机构变化情况窥见一斑。2010—2015 年的六年内,江苏省人力资源服务机构总量波动较大,整体呈下降的趋势,机构总量从 4100 家逐步调整到 3000 家左右,下降约 28%;2014 年就业服务机构有近 930 家,而到了 2015 年,就业服务机构约为 890 家,服务机构从数量上来说略有减少,而服务的就业人数较去年有增加,可见就业服务质量有所提高。

在提供就业服务期间,充分利用现代化设备,多渠道、多层次"组合"发布招聘活动信息,连续在传统新闻媒体上进行了广泛宣传。通过微博、微信公众号、江苏省职业介绍服务网等网络渠道进行了充分发动,并通过街道、社区人社平台,向辖区内的援助对象进行宣传,加大宣传力度,提高就业服务质量,尽可能多的满足从业人员。

第二节　江苏省人力资源公共就业服务发展现状分析

公共就业服务是指为促进就业而进行的公共服务,公共就业服务是公共服务的一种,具有公共产品的属性,是以政府为主导,社会各方参与,通过就业服务机构,帮助劳动者获得就业岗位和提升就业能力,帮助用人单位寻找合格劳动力的一系列服务性工作的总称。公共就业服务实质是一个由主体、对象、内容、手段等要素构成的供给系统。公共就业服务的主体是以各级政府人力资源管理部门人才服务机构为主渠道、专业人才流动服务机构为辅助、民办人才中介组织为补充、各企业广泛参与的公共就业服务体系。公共就业服务的对象主要是劳动者,具体可以包括新失业者、长期失业者、新进入劳动市场者、企业富余人员、农村富余劳动力等。公共就业服务的内容主要是基本就业服务,国际劳工组织第 88 号公约第六条将其规定为:职业指导和职业介绍;促进劳动力跨职业、跨地域、暂时性跨地域和跨国流动;收集、分析与发布各种就业信息;协同管理失业保险和失业救济,实施帮助失业者的其他措施;协助其他组织编制促进就业的社会和经济计划等。公共就业服务的手段具体由固定场所的一站式服务,定期交流大会与电话、报纸、互联网等多媒体组成。本节将着重介绍江苏省重点人群的公共就业服务发展现状。

一、大学生就业服务工作得到不断加强

经济"新常态"下,大学生就业形势总体上应该是压力不减、潜力上升。全国宏观经济下行压力加大,也带来总体就业需求的下滑,江苏省也是如此,因此,大学生就业压力尚未有效缓解。从江苏省高校招生就业指导中心获悉,截至去年底,全省高校毕业生就业人数达53.4万。目前产业转型升级还不到位,所能提供的契合大学生预期的岗位相对不足,供求不大匹配。大学生就业一直存在结构性矛盾。劳动力市场发育不够,没有形成一个统一的大市场,而是碎片化的制度分割型市场。大学生的活动半径小,而且市场主要集中在大城市,其他地方不是不需要,也不是大学生不愿去,是供需双方互相找不到位。从流向来看,留在江苏就业的高校毕业生达40.1万人,占就业总人数75.1%。可见江苏现有的人才市场容纳不下所有的毕业生,大学生就业形势依然严峻。

针对这一情况,江苏省将"加强创业教育和就业指导"作为促进就业服务的重要内容,并用独立的篇幅对开展就业创业指导与服务、加强创业教育、建设创业基地、引导基层就业、强化公共服务等进行论述。同时,单独设立"大学生创业教育工程"专项,对实施创业教育提出总体规划,即:建设40所省级大学生创业教育示范校,建立30个省级创业实践基地及孵化基地、50个大学生创业教育示范基地。组织10万名大学生参与创业,1万名大学生自主创业,扶持100个创业团队,打造100名大学生创业成功典型。以此提高就业服务水平,缓解大学生就业压力。

二、女性群体就业服务工作得到改善

据数据显示,江苏省2015年女性就业群体达529.34万人,就业形势相当严峻,省人力资源和社会保障部门坚持把妇女作为促进就业创业的重点群体,不断改善女性群体的就业服务。采取扎实有效措施,控失业、促就业、抓创业,提高妇女经济参与率与贡献率,更好地服务经济社会发展大局。因此,各市都采取一系列措施优化就业政策与环境,提高服务质量。

在就业政策方面,不断完善就业援助制度,通过公益性岗位安置,提供岗位补贴、社保补贴、免费就业技能培训、完善小额担保贷款、创业扶持等一系列就业扶持政策,帮助有劳动能力、有就业愿望的妇女尽快实现就业。将就业援助与创建充分就业示范社区相结合,与基层平台建设相结合,与就业服务专项活动相结合,关注就业困难的女性群体,实施专业化和个性化的就业援助,扩大援助成效,为改善女性群体就业服务提供政策基础。

在就业环境方面,把消除性别歧视、促进平等就业作为工作重点,在全社会营造女性就业公平的范围。同时牵头组织开展"全省高校毕业生就业政策宣传月"和"全省高校毕业生就业促进月"活动,深入女大学生比较集中的高校,宣传政策、指导就业、提供岗位信息。开发高校毕业生就业见习岗位,积极引导未就业女大学生参加就业见习,努力提高女性群体就

业服务质量。

同时，各市以农村妇女转移劳动力、城市就业困难女性为重点服务对象，发挥"15分钟公共就业服务网"作用，在免费提供职业指导、岗位信息、政策咨询、档案代理等常规就业服务的同时，每年定期举办就业援助月、春风行动、民营企业招聘周、高校毕业生就业服务等六大专项活动，主动拓宽就业服务渠道，形成"迎三八·架金桥·妇女就业专场招聘"等妇女就业服务品牌；在构建终身职业培训体系中不断扩大妇女培训规模，提升妇女就业创业和职业转换能力。组织实施农民工职业技能提升计划和高校毕业生技能就业计划，确保新进入人力资源市场的妇女劳动者都有机会接受相应的职业培训；深入开展创业培训"进高校、进社区、进乡镇"活动，加快建设大学创业园等创业载体。制定公共就业培训师资培训计划，开展培训与就业岗位对接工作督查，重点在形成就业技能培训与企业岗位需求同步、与产业转型发展同步的新机制上下功夫，不断提高妇女劳动者的培训合格率、鉴定取证率和培训后就业率。

三、军人就业服务方式不断优化

2015年9月3日，中央军委主席习近平在中国抗日战争胜利纪念大阅兵上宣布，中国人民解放军将在现有军队员额基础上裁减30万，展现了中国维护和平的决心。同时退役军人的就业服务问题引起了许多人的关注。退役军人就业服务制度既是国家军事制度的重要组成部分，又是一项特殊的社会保障制度，是国家和社会对退役军人提供就业服务，加强退役士兵职业技能培训，提高退役士兵就业能力，是退役士兵服务工作的重要内容，是维护社会稳定，构建和谐社会的重要举措，具有重要的政治意义和深远的历史意义。

针对军队转业复员退伍军人、随军家属及子女的就业需求，江苏省大力开发岗位，突出岗位采集的针对性和适用性，丰富军人就业服务方式。在2015年"八一建军节"到来之际，为进一步做好双拥工作，积极为军队转业复员退伍军人、随军家属及子女提供更好的就业服务，省人社厅、省民政厅与省军区政治部于7月30日在省人力资源市场联合举办了"迎'八一'拥军爱民专场招聘活动"，共组织了数十家用人单位进场招聘，提供了1500多条岗位信息，吸引了近千人进场求职。

在扩展就业服务方式的过程中，主要从以下方面开展：一是深入企业宣传，注重岗位采集对口性与适用性，针对军嫂、警嫂期望稳定、体面就业的要求，采集了前台接待、治安辅助人员、行政人员、文秘等类型岗位，为援助对象提供更多的选择与机会；二是积极创新援助活动形式，将拥军爱民活动与开展全方位的就业服务等紧密结合，开展了职业指导、职业介绍、岗位发布、政策咨询、就业准入宣传、劳动保障代理等多项特色服务；三是认真总结历年联办活动有益经验，在加大推荐就业和跟踪服务的同时，引导年龄偏大的随军家属，多渠道利用新媒体和信息网络等方式进行求职。针对职业素质和能力与市场需求有差异的随军家属，引导其参加职业技能培训，帮助制订培训方案，选择最适合的培训项目。不断丰富就业服务方式，为军人就业提供更加优良的服务。

四、退役运动员就业服务质量工作得到提高

根据《中华人民共和国体育法》有关规定，为适应建立社会主义市场经济体制和体育事

业发展的需要,加强运动队伍建设,解决运动员后顾之忧,更好地调动广大运动员献身体育事业的积极性,促进运动技术水平的提高,地方各级人民政府和有关部门要高度重视退役运动员就业服务工作,充分发挥政府的主导作用,研究制定退役运动员就业服务工作的优惠政策措施,建立进出畅通机制;要根据本地区的实际情况,在不断完善退役运动员就业服务政策和办法的基础上,积极探索适应社会主义市场经济体制要求的退役运动员就业服务的新思路和新办法,拓宽就业服务渠道,并采取有力措施做好退役运动员就业服务工作。

退役运动员就业服务是运动员保障中最重要的工作,出口决定进口,需要不断完善。一方面要高度重视拓宽退役运动员就业服务渠道,不断完善退役运动员就业政策,全面提升运动员综合素质,继续强化职业转换培训;另一方面要增强责任,切实做好退役运动员就业服务工作。严格落实责任,强化协同配合,积极做好准备,切实抓好退役运动员就业服务各项工作的落实。

针对退役运动员从小半封闭式训练,文化知识和谋生技能上与正常接受学校教育的人相比处于劣势,对退役运动员进行职前培训在提供就业服务中就显得尤为重要。2015年,江苏省优秀运动队调整退役运动员188名,其中组织安置31名,自主择业157名,安置数量较去年有所减少。除了安置的少部分人员之外,江苏省在就业服务帮助上,今年共组织了2期退役运动员培训,培训班围绕运动员职业转换主题,突出心态调整主线,以职业能力为基础,以综合素质为重点,分3个阶段、5个模块进行培训。其中综合素质培训和足球教练培训是今年江苏省退役运动员职业转换培训工作的两大亮点。综合素质培训课程分为核心课程、重点课程、知识讲座及课外活动四个层次,主要是帮助退役运动员调整好心态,规划好今后职业发展方向,掌握今后走入职场、走入社会必备的一些素质和能力,掌握更多的综合知识,全面提升整体素质。足球教练培训是江苏今年新增加的一个培训模块,设置这个培训模块也是考虑到当前正在进行体育改革、出台振兴足球发展规划的利好政策,结合社会发展需求和退役运动员实际需要,为退役运动员就业寻找新的突破口。足球教练培训课程主要针对退役运动员转型业余足球教练和中小学足球教师所必备的一些足球专项知识和技能。

近年来,通过集中式、封闭式、系统化的职业转换培训,全省退役运动员的综合素质明显提高,再就业信心显著增强,就业竞争力和职业能力明显提升,年度就业率达90%以上,退役运动员就业服务质量有所提高。

第三节　江苏省人力资源经营性就业服务发展现状分析

经营性人力资源服务是商务服务业中的现代生产性居间服务,是以盈利为目的,通过市场经营手段获取资源而开展的各种专业化的人力资源服务,包括民营或者外企提供的人力资源管理咨询服务、招聘服务、劳务派遣服务、人力资源流程外包服务、培训公司、高级人才寻访服务、测评服务咨询公司、薪酬服务、福利服务九大人力资源服务细分行业。

一、江苏省经营性劳务派遣服务行业发展分析

劳务派遣是指由派遣机构与派遣员工签订劳动合同,然后向用工单位派出该员工,使其

在用工单位的工作场所内劳动,接受用工单位的指挥、监督,以完成劳动力和生产资料的结合的一种特殊用工方式,也是一种人力资源的配置方式,一种就业形式。一般来说,劳务派遣的具体运作程序是:用工单位根据工作实际需要,向劳务派遣机构提出所需人员的标准和工资待遇,由派遣机构通过市场方式搜寻合适的人选,把筛选出的合格人选送交用工单位,由用工单位确定最终人员;然后,用工单位与派遣机构签订劳务派遣协议,被聘人员与派遣机构签订劳动合同;最后,派遣机构将与自己建立劳动合同关系的员工派遣到用工单位进行工作。需要指出的是,由于派遣单位是此过程中派遣劳动者的劳动合同缔约方,是法定的唯一雇主,因而其对派遣劳动者负有完全的雇主责任,实际的用工单位基于劳务派遣协议的让渡,拥有对派遣劳动者的用工管理权并负连带责任。

(一)劳务派遣发展较快,规模不断扩大

2015 年,江苏省的劳务派遣服务取得了长足的进展,劳务派遣人员数量不断增加,规模不断扩大。据南京市人社局劳动关系处发布的针对劳务派遣工作的核验报告大数据显示,南京市取得《劳务派遣经营许可证》的单位有 621 家,核验合格率为 85.2%,14.8%的劳务派遣单位将被清洗出局。据南京市劳务派遣人力资源外包行业协会提交的数据报告显示,目前全市劳务派遣人员共有 200162 人,其中临时性岗位 26836 人、替代性岗位 21399 人、辅助性岗位 151927 人。劳务派遣工主要在国有企业 964 户,内资企业 2533 户,外资企业 313 户,机关事业单位 1373 户。

(二)劳务派遣行规不断完善

采用劳务派遣方式用工,企业不仅能免除员工劳动关系的束缚,分散劳动风险,同时也能合理有效地节约企业成本,简化管理上繁琐庞杂的程序。作为就业服务的重要内容之一,对其制度的完善就显得尤为重要。2015 年 4 月 29 日,南京市劳务派遣人力资源外包行业协会成立暨第一次会员大会在南京市人才大厦举行。会上,市人社局从"遵章守规,在加强劳务派遣人力资源外包行业自律上做表率;服务企业,在共谋劳务派遣人力资源外包行业发展上出实招;配合政府,在依法规范劳动用工构建和谐劳动关系上求突破"等三个方面对南京市劳务派遣人力资源外包行业协会提出了殷切希望。106 家会员审议了南京市劳务派遣人力资源外包行业协会章程、行业公约、收费办法等。

苏州市也在今年发布了中国首个《劳务派遣行业企业社会责任标准》(以下简称"标准")。标准共包含十个方面:总则、实施规范的招聘流程、不用童工及对未成年工的保护、创建自愿而有尊严的就业环境、提供职业卫生与安全健康保障、合理安排工作时间与休息休假、合理的薪酬并创造充分的职业发展机会、建立健全工会组织、营造公平的就业环境、逐步纳入管理体系等 50 条内容。该标准的制定与推行,将在"促进劳务派遣单位更加积极地履行社会责任"、"帮助劳务派遣单位形成核心竞争力"、"提升苏州高新区劳务派遣行业的发展水平"、"维护和促进和谐劳动关系"以及"推动两性被派遣劳动者平等就业"这些方面发挥重要作用。这些规定的出台,将对劳务派遣行业转型和发展提供了规范和依据,符合劳务派遣行业转型升级的大趋势,也将为就业服务质量的提升打好基础。

(三)劳务派遣监督工作不断加强

以往劳务派遣中被派遣的人员的合法权益经常受到侵害,对此,江苏省在今年采取了严格的监督工作。采取两手抓的方法,一手抓派遣公司。加强对劳务派遣公司的日常业

务监管,掌握其劳务派遣协议签订、用工退工、工资发放、社保参缴等派遣情况,在源头上对派遣行为进行规范;一手抓用工单位。加强对劳务派遣用工单位的监督指导,全面掌握用工数量、基本信息、变化调整、岗位分布等情况,指导企业合理规范的在三性岗位上使用劳务派遣工。

无锡市开展监督活动发现,市区 36 家劳务派遣用工大户都能按照规定制定了用工调整方案,目前已有 14 家用工单位将派遣用工比例降低到 10% 以内,其余 22 家单位正在按本单位制定的计划进行调整,并承诺在国家规定的期限内达到要求。泰兴市定期开展专项检查,对全市劳务派遣单位进行统一监督核验,规范用工管理,着力构建和谐劳动关系。结合劳动保障书面审查工作,围绕职工工资合理增长、参保缴纳社会保险、改善劳动条件、切实保障职工休息休假的权利、依法足额支付加班加点工资等方面进行了宣传规范,着力维护劳动者合法权益,构建劳务派遣监管的长效机制。

二、江苏省招聘外包服务行业发展分析

招聘外包,即用人企业将全部或部分招聘、甄选工作委托给第三方的专业人力资源公司,专业人力资源公司利用自己在人力资源、评价工具和流程管理方面的优势来完成招聘工作的一种方式。

目前,世界 500 强中的绝大多数企业都在使用"招聘外包"。在我国,随着企业对人力资源管理工作认识的不断加深以及人力资源中介机构的迅速发展,"招聘外包"这一当前国际流行的思潮逐渐被越来越多的企业所接受,外包服务的需求也将大幅增加。招聘流程外包(RPO)不仅能解放招聘官,确保招聘到真正适合企业的人才,为企业提供更高质量的候选人,而且能削减人才招聘中的时间成本,帮助企业提高人才招聘的投资回报率。

拿苏州市来说,在苏企业对一线操作工的需求正在变小,相应对中层、或者专业技术人员的需求正在逐渐扩大,企业对所招聘的人员有一定职业要求,这就需要有一个前期发觉、筛选人才的过程,但是如果借助猎头公司的力量,显然成本太高,企业自己做这部分工作,无形之中又会增加了人事的工作压力;另一方面,近几年苏州的互联网企业增多,企业发展速度加快,对中层员工的需求也会随之加大,而企业自身又不具备全程自己招聘该部分人员的资源和人力。在这种状况下,最好就要借助第三方平台,针对此情况,苏州市人才市场推出了 RPO+业务。RPO+是集传统招聘渠道优势于一体的一种个性化的增值服务,具体说来就是介于代理招聘和猎头招聘之间的招聘流程外包服务,内容包括帮助企业筛选简历减少人事工作量、按时推送优质候选人保障招聘质量,甚至还会像猎头公司那样,为受雇企业专门挖掘人才,RPO+相比猎头又节约招聘成本,还能有助于雇主品牌传播企业文化。国内首家招聘流程服务外包基地就在 2011 年落户苏州工业园区,现在已经发展至千人规模。今年,南通市 16 家重点服务外包公司进入南京高校进行校园招聘,主要面向南京各高校的南通籍生源,同时也吸引了不少有志于到南通发展的外地生源。招聘会共提供岗位近 600 个,涉及软件开发、系统运营、客户服务、检验测试等 10 多个领域。

今年来,这种由外包服务机构直接到高校进行招聘的方式已经越来越普及,特别是到 2015 年,越来越多的招聘外包服务公司的成立,截至 2015 年江苏省已有近千家此类企业。相当数量的企业选择通过这种方式来进行人才的招聘,不仅帮助了地区引进人才、留住人

才,而且由专门的招聘机构去寻找人才,节省了企业的人力物力,能够在充分了解企业状况的基础上,定制出适合企业情况和招聘难度的项目方案。

三、江苏省猎头服务行业发展分析

猎头(Headhunting)指的是发现、追踪、评价、甄选和提供高级人才的行为,专门提供此类服务的公司即为"猎头公司"。猎头公司位于人力资源管理服务业的"塔尖",与一般的企业招聘、人才推荐和职业介绍服务有着很大的不同,猎头追逐的目标始终盯在"高学历、高职位、高价位"三位一体的人身上,搜寻的是那些受教育程度高、实践经验丰富、业绩表现出色的专业人才和管理人才。

从发展来看,国内猎头市场起步比较晚,处于萌发期、成长期,而国外猎头行业经历几十年的发展,相对成熟很多;从就业人员素质来看,国内猎头顾问多半是半路出家,缺乏良好的操作技巧和专业知识。目前,国内猎头机构数量比较庞大,有人力资源服务资质的全国约有3200家,没有人力资源服务资质的算下来有1万多家,另外还有兼做猎头业务的企业,这样算下来全国大概有2万多家猎头机构。最好的猎头公司占有的市场份额也不到4%。再看江苏省内,猎头公司数量已有260多家,数量较去年有明显的上升。南京和苏州作为江苏省的一线城市,猎头服务发展较快,无锡、常州、镇江等其他城市也在平稳成长。据了解,猎头公司的人均生产率一年一般为20—30万元,有的甚至上百万元,业内差距非常大,顾问水平参差不齐。目前大多数猎头顾问的订单完成率在10%—30%之间,平均一个月为1—2单,而国际先进水平可以达到50%—70%,平均一个月4—5单,这样的"猎人"才是行业的未来。

随着猎头行业地位的日益突出,各地政府愈发重视猎头服务的发展,更将其视作区域人才竞争的"战略武器"。政府通过税收优惠、风险投资基金、政府补贴等优惠政策,支持并鼓励猎头公司到当地落户。作为引进高级人才的强大渠道,江苏省各市政府也是积极采取措施,促进本地猎头公司的发展,从而带动地方经济。南京市政府就在2015年初公布《关于加快推进人力资源服务业发展的实施意见》,放宽外资猎头的市场准入门槛,鼓励外资和港澳台人力资源服务企业来宁发展。《意见》明确,外资人力资源服务企业的控股比例最高可达70%,允许已在国内落户的合资企业在南京独资经营。《意见》提出建立人力资源服务"先照后证"的市场主体登记制度,相关企业可先申请营业执照后办理有关许可证,人力资源服务企业在工商部门首次注册登记之日起三年内,可免交登记类、管理类和证照类等行政事业性收费。无锡市人力资源市场近几年就陆续推出了"精英无锡"小型中高级人才洽谈会、猎头见面会等高层次人才招聘服务新模式。经过半年多的探索与发展,这种创新招聘服务模式得到历届参会企业与人才的一致好评,同时也吸引了越来越多优秀的企业和中高级人才的关注,逐渐形成了常态化的中高级人才招聘服务模式。江苏省现代服务业(常州)人力资源市场在该市天宁区揭牌成立,招引人才"猎头"服务公司入驻,入驻"猎头"引进年薪50万以上高端领军人才的,可再获财政猎聘费50%的补助。这种人才"猎头"集聚区建设在我省尚属首创。连云港市也通过猎头公司,启动实施"十大领域海内外引才行动计划",主要突出高端装备制造、新能源、新材料、节能环保、生物医药与生命健康、文化产业等十大领域。本次行动突出'高精尖缺',重点引进产业发展急需紧缺的高层次人才,尤其是处于国内外学术、技术和行业前沿、掌握关键核心技术的领军人才。引来更多的"凤凰"落户港城,推动全市经济建设发展。

江苏省政府与猎头公司的合作由来已久,早在 2011 年初,无锡新区管委会就与人才服务中心共同组建了"高杰人才咨询服务公司",由政府买单为企业"打猎"人才并提供培训。2012 年以来,苏州市已经连续多年通过当地的猎头公司招聘科技局、外事办等部门的公务员职位,取得了理想效果。在 2015 年,江苏多地通过猎头公司招聘公职人员,猎头公司商业环的运作机制、广泛的搜索途径、规范的测评流程以及隐蔽的网罗手法,能够使政府部门的人才引进更加公正、高效、安全。

第四节　江苏省人力资源就业服务发展问题分析

一、高端人才引进还不能满足经济发展的需要

江苏省作为沿海发达省,其外贸金融业虽然比较发达,但是实用性技能人才的队伍建设相比于上海、广东等地仍然存在明显不足,在很多行业没有出现拔尖的特色人才,高级人才不足,导致江苏省人力资源服务企业专业化程度不高,开发中高端服务和产品的能力比较弱,提供个性化、综合型服务的能力不足,与跨国人力资源企业在综合服务能力方面存在明显差距;同时缺乏技术含量高、信息集成度高、附加值高的高水平、专业化、具有国际竞争力的人力资源服务产品和项目;难以提供差异化服务、个性化服务、高端优质服务,也缺少一揽子服务和综合配套服务。有数据显示,目前江苏全省人才总量超过 1000 万人,比"十一五"末增长了 24.7%,其中高层次人才占 7.2%,所占比例略显不足。

江苏是全国高校数量最多的省份,但值得关注的是,全省高校毕业生中,高学历层次毕业生留在江苏就业的比例不高。约有半数的研究生离开江苏就业,且呈现出"学历越高毕业留江苏比例越低"的现象。其中相当一部分高学历层次毕业生流向了北京、上海、广东等一线城市。根据 2015 届毕业生的数据统计,48.4% 的博士和 58.1% 的硕士研究生毕业后选择离开江苏就业,比起高收入,一线城市的创新创业氛围、"落户"优惠更吸引高层次人才。同时,高学历毕业生留江苏的比例因专业、学科不同而有差异。文科生一般毕业后首选留着南京的高校事业单位,相比之下,理工类应用型专业的毕业生更多选择离开江苏。江苏和上海吸纳学校理工类毕业生的数量基本相当,其次是浙江、广东和北京。上海、北京等大城市聚集了大批央企、国企,就业机会更多,层次更高些,尤其对高精尖技术人才吸引力大。还有一个原因在于,对于高层次毕业生,到大都市工作能享受优惠政策。不少企业以"落户"为条件,吸引高端人才的加盟。

二、大学生就业指导和服务针对性不足

江苏省不少高校的就业指导多采用在毕业生班级中开展讲座、政策咨询、谈话等形式,有的干脆在毕业前由相关领导对学生进行一次总动员,就业服务指导略显不足。其次,在就业服务的过程中,忽视个性指导。就业指导多采取集中对全体毕业生进行政策解读、就业信

息发布、技巧指导，而针对毕业生个人的个性进行指导不足。再次，就业服务信息流通不畅，就导致毕业生必须更多地奔波于各种招聘会之间，同时对招聘信息的变化难以及时了解，进而不能全面了解市场需求，找到适合自身的工作，这样会影响就业服务的质量。

三、大学生对创业教育认识不到位

很多高校尚未把创业教育纳入学科专业教学体系中，创业教育被边缘化，成为就业指导的一项补充内容，或是以"创业大赛"的形式进行。有些高校的创业教育关注的只是少部分人的骄人业绩，学校设立的创业机构也都是为那些精英们准备的，大部分同学只能沦为"看客"。相关的学术研究和师资培训也十分缺乏，致使创业学生激情有余而内功不足，想创业的人多，选择创业的人少。加强创业意识的培养才是提升高校毕业生自主创业的有效途径，尽管江苏省已经加大对创业工作的扶持力度，但是还需有更长足的发展。

四、招聘外包服务流程还不够规范

外包公司对客户公司文化与背景的调查缺乏全面性，可能导致所招员工与企业文化的不相符；招聘实施开始前缺乏详尽的岗位分析，对所需人才的能力或素质理解不到位；招聘结束之后缺少客户公司的规范化反馈，导致外包服务商对服务效果认识模糊，难以从以往项目中总结经验并为服务改进做准备。及时、高效的过程监控是外包商精准提供招聘服务的必要保证，而在招聘外包服务中经常出现信息不对称问题。部分外包企业忽视沟通的重要性，沟通时间过长，用人单位对招聘情况与效果缺乏了解。

江苏省外包服务公司大多缺乏创新与进步意识，现阶段信息化技术的应用仅限于招聘渠道建设与人才筛选等对外服务，而服务商与客户端之间的信息化程度不足，尚未充分发挥网络技术的作用。外包公司在招聘渠道、招聘技巧、招聘流程等环节进步意识欠缺，许多外包公司招聘渠道单一，面向狭窄，只在特定地区存在一定影响力，招聘流程千篇一律，不能针对不同客户的企业文化与需求提供个性化的流程。同时，企业员工发展意识不足，由于国内外包服务公司发展水平有限，对员工的技能培养不足，员工对行业和岗位的理解不够深入，专业能力有待提升。

五、经营性就业服务内容和规模仍需扩大

与发达国家相比，我国人力资源服务行业尚处于初步发展阶段，经营性就业服务发展还要晚，其总体实力不强，行业规模偏小，国际竞争力较弱。江苏省经营性就业服务在全国虽处于前列，但从长远发展的角度来看，难以有效满足经济社会不断发展的需求，仍有很长一段路要走。

江苏省公共服务还不能充分满足日益增长的公共就业和人才服务需求，服务内容由于其性质的特殊性，可能涉及面不够广，这时候就需要经营性就业服务来补充完善，丰富就业服务的整体内容。而目前江苏省的经营性就业服务机构整体实力有待加强，服务形式单一、员工队伍稳定性较低、品牌化和信息化程度低、服务手段落后、侵权和恶意竞争等问题还需进一步规范。

第五节 江苏省人力资源就业服务发展对策

全省宏观就业统计指标及微观调查均显示,2015 年江苏总体就业形势基本稳定,未发生大面积裁员减员。但对潜在的就业压力要提高警惕,建议在兼顾经济长期发展和结构优化的同时,采取相关就业服务措施,优化人力资源就业服务质量。

一、健全和创新就业服务体系

健全规范就业服务体系。要把公共就业服务的相关产品,如档案管理、人事代理、毕业生就业服务等公共服务职能划入就业服务的重要内容。同时,把适合经营性就业服务的产品,如人才派遣、人才测评、人才网络服务等,实行企业化管理,以满足客户需求为目标,注重服务的多元化和专业化,增强经营性就业服务能力。要积极探索与相关部门建立协调机制,形成人力资源就业服务和社会保障部门、公务员管理部门等相关部门相互配合、相互支持的工作格局,不断提升就业服务质量和水平。整合政府所属人才市场和行业所属人才市场的相关业务块组,确保形成整体的力量和优质高效就业服务的链条,为客户提供优质高效的就业服务。

同时,创新就业服务的内容、形式、标准等,根据市场的需求进行自主决策并实施。针对市场层出不穷的就业需求,经营性机构就业服务不仅可以针对公共服务受众的附加需求进行产品开发,还可以将公共服务与经营性服务相结合,针对经济结构快速调整中就业结构性矛盾突出的问题,共同设计完整的契约式就业服务产品链,提供人才就业信息、职业推荐、人才测评、就业指导、个体诚信档案、诚信评价服务等,还可以建立高端人才数据库,开展高级人才推荐、薪酬管理、管理咨询业务,从而最大限度扩大就业服务覆盖面,提高就业服务层次,创新就业服务内容。

针对当前信息化新技术,可以广泛运用"互联网＋"技术,利用互联网这个载体,加强就业服务信息化建设,实现就业服务网上办理,推动就业服务与互联网的深入融合。比如在就业服务过程中,可以适时构建江苏省就业服务 APP,增加定制岗位信息推送功能,开展网站调查,了解青年人的就业状况、求职需求等。

二、完善就业服务管理机制

政府部门应该督促就业服务机构提高服务质量、缩短服务流程以及改进不合理的服务流程,规范化就业服务流程,做好及时沟通。同时,江苏省就业服务机构应积极选派专人与他省就业服务机构对接,学习优秀经验,建立就业服务管理机制,提高自身在就业服务中的能力。在提供就业服务的同时,应该及时与从业人员进行沟通,了解其需求。注意双方信息的及时沟通,一方面可以对人力资源就业服务机构产生很大的工作推动力,另一方面也可以减少因反馈的不及时带来低效的服务。同时,就业服务机构不应该一味地增加员工数量,这可能会造成社会资源的浪费,而应该在现有人员的基础性进行规范化培训,提高员工素质,提高服务机构服务水平,这对于江苏省就业服务机构的发展具有重要意义。

三、提高就业服务的服务水平

如果说"完善就业服务管理机制"是提高机构服务水平的重要措施,那么"提高就业服务的针对性和实效性"就是满足客户需求的重要手段。因此,在提供就业服务的同时,有必要通过思想教育、就业指导、形势分析等多种途径,引导客户客观认识就业形势,冷静分析自身条件,准确合理定位。充分利用网络搭建就业服务资源信息平台,及时发布就业信息、市场需求信息和就业政策信息,努力使供求信息及时对接。密切关注各地产业发展动态,及时捕捉信息,以人才市场为主要渠道和依托,针对不同从业群体以不同的形式进行就业服务。为了增强就业服务工作的实效性,可以面向政府、工商界人士聘请职业顾问为从业者就业提供专业化的指导,帮助其规划职业发展,提高求职技巧,调整就业预期,广辟就业渠道。

四、创新就业服务的模式

组织开展多渠道、多形式的就业服务活动,因为创业者的带动,将提供更多的就业岗位,所以扶持创业也是新型的就业服务。各地区、各有关部门要紧密结合地方的优势产业、特色经济,确定鼓励创业的产业指导目录,鼓励创业者进入多种产业或行业;同时将创业纳入正规教育体系中,提高创业能力,促进社会整体就业观的转变。同时,要加强信息服务、提供更多创业项目。建设专门的就业服务信息平台,通过网络、信息中心及时收集整理有价值的项目信息、创业信息提供给从业人员。

重视创业教育和创业能力的培养,是实施创业带动就业战略的关键和基础。加强对劳动者创业意识的培养,逐渐消除劳动者在就业和择业上的依赖性,加强在自主创业方面的思想准备。一是对创业人员进行类别划分并提供有针对性的就业服务。特别是针对再就业人员,要从其力所能及的角度出发,确保以解决生存性问题为落脚点和出发点,对他们谋求未来更好的生存和发展进行有效的职业指导;对大学毕业生要从其自身专业特长和优势方面开发潜能,帮助他们通过创业获得个人事业的发展。二是引入创业素质测评。政府在就业服务方面的投入和资金毕竟有限,引入创业人员素质测评,依测评结果和创业人员个人具体实际情况来确定创业人员所要进行的培训项目和内容,确保整体培训效果和效率,提高创业成功率,这样就间接提高了就业服务质量。

五、加强公共就业服务与经营性就业服务的协同

通过以经营性就业服务收益补助等措施进一步提高公共就业服务的人力投入和运作开支保障,丰富公共就业服务内涵,提高就业服务水平,更好满足社会需求。同时通过经营性就业服务扩大服务范围,积极参与市场竞争,主动寻找市场机遇满足就业需求,不断提高人员专业化能力,提高运营效率和经济效益,成为具有竞争力和持续发展的市场主体。

通过建立健全公共就业服务与经营性就业服务协同发展的大平台,人才市场的核心要素将逐步实现从市场预见能力较低到具备贴近客户需求的快速反应能力的转变,从提供单一就业解决方案到整体性人力资源解决方案的转变,从简单就业服务到专业就业服务、品牌营销的转变,为制订人才发展规划、完善人才发现培养、管理使用、流动配置、创新人才工作体制机制,构建和谐劳动关系,实现满足社会各方就业的需求。

第四章　江苏省人力资源培训服务发展分析

　　培训服务是指由政府部门、培训机构及培训院校等主体为机构和个体提供与知识、技能相关的培训活动。目前,培训服务已经成为江苏省人力资源服务业的重要组成部分,它能够使企业的培训与开发活动以更低的费用、更好的管理收获更佳的培训效果并且责任更清晰,能够改善组织绩效,增进组织核心竞争力,还有利于提升个人就业创业技能,提升岗位技能,为推动落实人才强省战略奠定良好的基础。

　　按照不同的维度,培训服务可以有多种分类方式。在本章内容中,我们按照技能类型划分,将培训服务分为就业技能培训,岗位技能培训和创业技能培训,就业创业培训对象主要为大学生群体、农民、就业困难人员、退役士兵等,以解决他们的就业问题,鼓励创业为目的;而岗位技能培训又分为专业技能培训和管理能力培训,培训对象主要为专业技术人才和管理人员,以提高他们的岗位技能,提升工作绩效为目的。培训载体主要有政府有关部门,培训机构,培训院校及培训基地,等等。

　　本章将对江苏省人力资源培训服务的发展现状进行分析,并针对其中存在的问题提出一些对策建议。具体第一、二、三节分别介绍江苏省就业技能培训服务、岗位技能培训服务、创业技能培训服务,最后一节介绍江苏省培训服务发展中存在的问题以及建议。

第一节　江苏省人力资源就业技能培训服务发展分析

　　就业技能培训是指帮助新成长劳动者,初次求职人员或其他劳动者提高就业能力而进行的必备职业知识,职业技能的培养和训练活动。近年来,在就业培训方面,江苏省一直坚持市场化、社会化方向,实行政府提供培训服务和政府购买培训成果相结合,市场配置培训资源与政府有效调控相结合,公共培训服务与社会培训服务相结合,免费培训与直补个人相结合的机制,致力于建立健全统一城乡、统一标准、直补个人、直补企业的培训机制,加快形成政府主导、依靠企业、充分发挥职业院校作用、社会培训机构积极参与的多元化培训格局,以满足城乡劳动者多样化培训需求和企业岗位用工需求。主要就业培训对象可分为高校和中职毕业生,农民工,就业困难人员及退役士兵。

一、毕业生就业培训服务

　　2015年江苏应届高校毕业生达55.2万人,比上年增加1.1万人,再创历史新高,就业形势也更为严峻。为了切实提高毕业生的就业技能,缓解就业压力,帮助尚未就业的毕业生尽快实现就业,政府部门组织开展了一系列活动,如实施就业见习计划,建立培训激励机制等,培训机构也根据毕业生的需求,开设了求职面试技巧方面的新型培训课程。

(一)就业见习计划

就业见习计划是指由政府部门牵头,发动用人单位提供实际工作岗位,组织离校未就业的高校毕业生在实际工作岗位上进行见习的实践性活动。2015年度,江苏省就业见习计划工作取得显著成效,共安排2.57万名未就业高校毕业生参加见习,2.36万人通过见习实现就业,其中见习期满留岗就业1.94万人,见习通过率高达92%,留岗就业率高达75%。就业见习计划的实施主要依托就业见习基地和培训机构,此外,为更好地推动就业见习计划的开展,江苏省将就业见习计划与信息技术结合,不断加强就业见习管理信息化建设。

1.就业见习基地

自实施就业见习计划以来,江苏省多市设立了就业见习基地,如连云港市、苏州市、扬州市等,且在全国首批高校毕业生就业见习国家级示范单位考核中江苏省有4家获得“好”的考核评估等级。下面我们重点对苏州市就业见习基地的建设与管理进行分析。

苏州市区高校毕业生及青年就业见习基地的建设与管理坚持政府主导、社会参与、体现公益、促进就业相结合的原则,实行见习基地自主申报、定期评估、优胜劣汰的动态管理机制。见习基地及见习岗位每年5月由市人社局联合中心等多家单位统一审核、认定,对于连续3年未申报见习岗位的见习基地将取消见习基地资格。截止到2015年,苏州市高校毕业生及青年就业见习基地达到了30家,共提供117个见习岗位,需求人数907人,较2014年增加了9家,见习岗位增加了43个,需求人数大幅提升。见习基地不仅负责做好见习学员见习期内的日常管理、教育和考勤工作,还要根据自身行业特点及企业文化,制定见习规章制度,根据见习岗位的要求和见习学员的实际情况,制定可行的带教计划和配备带教老师,确保在就业见习的过程中,见习学员能够真正提升就业技能,尽快实现就业。

2.就业见习委托机构

就业见习计划通常由政府主导,委托社会培训机构进行相关工作。以南京市为例,青年见习培训是由“南京市人力资源和社会保障局”、“南京市财政局”牵头,成立“南京市青年就业见习培训和职业资格培训工作办公室”(“见习办”),委托市内知名人力资源公司具体实施的一项针对未就业大中专毕业生的就业见习计划。南京盛汇人力资源有限公司在2006年度被南京市劳动和社会保障部门首次授予“职业介绍诚信单位”,后又多次被省、市人力资源和社会保障部门分别授予“省、市诚信人力资源服务机构”,此次受“见习办”委托,成为实施青年就业见习计划的指定单位。专门负责青年就业见习培训工作的宣传申报、培训指导、跟踪服务等一系列工作的落实与实施。

3.就业见习管理信息化建设

为进一步提高高校毕业生就业见习工作人员业务能力和管理能力,加快推进就业见习管理信息化建设,推动高校毕业生就业见习工作更好地开展,江苏省多市进行了就业见习管理信息化建设,如泰州市、苏州市等。2015年3月中旬,苏州市人才服务中心举办了全市高校毕业生就业见习信息管理系统演示培训会,专题部署了江苏高校毕业生实名制管理系统就业见习子系统的上线工作,目前苏州市的省级高校毕业生就业见习工作已经全部纳入信息化管理系统。此举不但减轻了高校毕业生和用人单位负担,节约了见习双选成本,还提升了见习工作效率。

通过就业见习计划的实施,帮助毕业生积累了工作经验,提升了就业素质,使毕业生的就业技能显著提高,有效缓解了严峻的就业形势。

(二)培训激励机制

为了鼓励企业对新录用的高校毕业生进行岗前就业技能培训,对新录用毕业年度高校毕业生并与其签订6个月以上期限劳动合同,且在劳动合同签订之日起6个月内由企业依托所属培训机构或政府认定的培训机构开展岗前就业技能培训,根据培训后继续履行劳动合同情况,按照当地确定的职业培训补贴标准的一定比例,政府部门对企业给予定额就业培训补贴。对小型微型企业新招用高校毕业生按规定开展岗前培训的,还可根据当地物价水平,适当提高培训费补贴标准。

为落实和完善见习补贴政策,高校毕业生见习期间,地方政府提供不低于当地最低工资标准60%的基本生活补助,并对见习人员见习期满留用率达50%以上的见习单位,按每留用1人补贴1000元的标准,给予一次性见习补贴。并将求职补贴调整为求职创业补贴,对象范围扩展到已获得国家助学贷款的毕业年度高校毕业生,补贴标准从2016年起提高到每人1500元。培训激励机制的建立,极大地提高了企业对毕业生进行岗前就业技能培训的积极性,从而缓解了毕业生的就业压力,有效促进了毕业生就业。

(三)新型就业培训

新型就业培训是指为了帮助求职者调整就业心态、做好职业规划、选择求职方法、简历制作技巧、面试技巧以及选择Offer的技巧而开展的相关培训。如今,毕业生面临的不再是先择业再就业还是先就业再择业的选择,而是如何择业如何就业。作为择业和就业的关键内容,职业生涯规划和面试技巧等在网络里比比皆是,但是充斥着大量粗制滥造的面试技巧分享,常常造成误导。面试求职不仅是技巧,更是一门系统的学科,是一门知识,系统地进行学习不仅可以让毕业生在面试中掌握更多的主动性,更可能带来意想不到的收获。少数培训机构已经开始重视这一点,开展了针对不同行业的毕业生面试技巧培训。

近年来,银行、金融机构成为越来越多的高校毕业生的就业首选,面对高标准的要求,很多高校毕业生对此感到茫然,因此江苏学信职业培训学院推出了针对银行和金融机构就业的"专项就业能力训练营",训练营分为网申简历大赛、模拟笔试大赛、模拟面试大赛三个板块,面试训练从高分印象建设、测评维度解读、面试官性格心理三个角度针对性训练。通过此次培训,大大增强了高校毕业生在面试中的主动性,提高了面试通过率,促进其高效就业。

二、农民工就业培训服务

随着江苏省产业结构的变化,第一产业需求的劳动力数量减少,大量失地农民面临着就业的问题,而农民劳动力文化素质低和职业技能缺乏是制约其向城镇就业转移的主要障碍。因此,对农民工进行就业技能培训尤为重要,对于解决好农业农村农民问题,加快新型城镇化和城乡发展一体化,推进大众创业万众创新,构建社会主义和谐社会,都具有重要意义。江苏省政府也出台了一系列相关政策,如2015年7月出台了《关于进一步加强为农民工服务工作的实施意见》,明确到2020年,江苏省农村劳动力转移就业比例达75%以上,有培训愿望的农民工免费接受基本技能职业培训覆盖率达100%。而农民工就业培训离不开广泛的培训宣传和激励机制,以引起农民工的重视,激发他们的积极性,培训内容应以产学结合为特点,这样才能做到"学以致用"。

（一）培训宣传

农民工由于缺乏一定的文化基础,对就业政策陌生,参加培训学习意识不浓、积极性不高,因此有必要通过宣传,促进他们对就业技能培训的了解,提高他们的培训意识和培训积极性。因此连云港市灌云县人社局为了提高农民工就业培训质量,从宣传入手,首先创新宣传方式,确保培训工作全覆盖,县就业训练中心及职业技能鉴定中心共同印制了职业技能培训及鉴定手册1万余份,免费发放至全县302个行政村,还运用"人力资源和社会保障网"、"新闻媒体"等,开展多形式、多渠道、全方位的立体宣传。其次是深入基层宣传,利用乡镇、村基层服务平台进行进村入户宣传,发放宣传资料,张贴招生公告,提供面对面的咨询。县里还加强典型宣传,推广经验成果,编辑了"技能改变人生"宣传册,在县人力资源和社会保障网上定期推介就业创业典型,充分发挥示范引导作用。通过一系列的宣传,全县农民工都了解了就业技能培训的重要性,重知识、重技能蔚然成风,实现了从"被动学习"到"主动学习"的可喜转变。

（二）产学结合

产学结合即指以市场需求为导向,增强培训针对性,建立培训与就业紧密衔接的机制,适应经济结构调整和企业岗位需求,及时调整培训课程和内容。农民就业培训的产学结合以实现就业为目标,根据产业发展和企业用工情况,组织开展灵活多样的订单式培训、定向培训,增强培训的针对性和有效性。根据县域经济发展人才需求,开展实用技能培训,促进农村劳动力就地就近转移就业;结合劳务输出开展专项培训,培育和扶持具有本地特色的劳务品牌,促进有组织的劳务输出。下面我们以江苏省农村劳动力转移就业工作示范县连云港市灌云县为例进行分析。

连云港市灌云县针对农村剩余劳动力就业技能缺乏、外出务工难这一现状,他们采取了一系列措施,如实行培训内容向一线倾斜,就业目光向县内转移,开设专业与当地产业相衔接,设置课程与企业需求相结合,培训内容与农民工就业需求相结合,采取定岗式、定向式培训,实行政府买单定单,企业及培训人员点单择岗的培训方法,大大增强了农民工就业培训的针对性。每年年初,他们都会对全县所有企业缺岗情况进行调查摸底,将缺岗情况整档成册。同时深入农村一线了解农民的生产生活需求,根据各类工种缺岗的情况和广大参培者的需求,拟出全年培训计划,向全县定点培训机构下达培训任务,发布培训招生公告。据该县就业训练中心和职业技能鉴定中心统计,2015年,全县各培训构相继开办叉车司机、焊工、维修电工、家政服务、厨师等职业技能培训班166班次,城乡劳动者职业技能培训7266人,职业技能鉴定取证人数4908人,新增农村劳动力转移1050人。灌云县这一举实现了"学非所用"到"学以致用"的转变,实现了产学结合,极大地调动了全民参与就业技能培训的积极性。

（三）培训激励机制

企业是市场最具活力的主体,应充分发挥企业培训促进就业的作用。各级政府也在不断完善企业与院校联合开展培训的激励机制,积极支持企业开展农民工培训,鼓励企业特别是劳动密集的大型企业与院校联合举办产学结合的农民工培训基地,鼓励中小企业依托职业学校、职业培训机构培训在岗农民工,鼓励有条件的企业为职业学校和培训机构提供实习场所和设备,鼓励有一定规模的企业举办农民工业余学校,对用人单位吸纳农民工并与其签订6个月以上期限劳动合同,在劳动合同签订之日起6个月内由用人单位组织到职业培训机构进行培训的,按照有关规定对用人单位给予职业培训补贴。并要求把农民工纳入职工教育培训计划,确保农民工享受和其他在岗职工同等的培训待遇,并根据企业发展和用工情况,重点加强农民工岗前培训、在岗技能提升培训和转岗培训。鼓励企业依托所属培训机构或委托所在地定点培训机构,结合岗位要求和工作需要,组织农民工参加技能提升培训。鼓励企业选送农民工参加脱产、半脱产的技能培训和职业教育。

为此,各市也陆续开展了农民工就业技能培训系列活动,徐州市总工会先后举办了春季职工学历教育补贴班、职工素质提升免费培训班,组织"春风援助月"专场招聘会15场,提供岗位近10000个,并利用"徐州工会学院"网上教育平台,集中开展农业转移人口职业技能提升行动,推行"定向式"就业培训模式,鼓励考证并推荐就业,探索打造"培训—持证—上岗"一体化培训工程,大大提高了农民工的就业技能及职业素质。

三、就业困难人员培训服务

就业困难人员可分为失业转岗人员、弱势群体和收容人员,这类人员在就业时面临着诸多困难,如技能的缺乏,自身缺陷,就业意识不强,等等。

（一）失业转岗人员培训

1. 失业人员培训

2015年,江苏省多地针对本地失业群体,大力开展技能培训以促进就业,其中南京市秦淮区人社局开展的培训工作起到了示范引领作用,从培训需求的调查到培训过程的管理,实现全程监管。

秦淮区人社局为了准确掌握全区失业人员培训情况,秦淮区人社局组织人员采取电话联系、逐户上门等方法,向8000余名登记失业人员发放了就业状况调查表,详细记录每位失业人员的就业、培训愿望,最后由区职培中心对调查情况进行汇总,拟出培训方案,为开展针对性的就业培训奠定了基础。为提高培训合格率,秦淮区职业技术培训中心着重抓好"培训生源的筛选,培训过程的管理,培训合格后的就业服务"三个环节,确保培训工作有序高质量地开展。在生源的选择上,街道社区按照有培训、就业愿望的标准去挑选学员,然后由区职培中心统一进行面试,把好生源关。在培训过程中,成立了由联合办学机构、街道等工作人员组成的培训管理小组,对培训学员进行全方位的管理,建立了考勤、奖惩等各项制度,通过评选"优秀学员"等激励措施,充分调动了学员参与培训的积极性。这一举措也取得了显著成效,根据统计,参加各类就业技能培训的6933名学员中已经有4853人次实现就业。

2. 转岗人员培训

转岗培训是指为转换工作岗位,使转岗人员掌握新岗位技术业务知识和工作技能,取得新岗位上岗资格所进行的培训。转岗培训的对象一般具有一定的工作经历和实践经验,但转移的工作岗位与原工作岗位差别较大,需要进行全面的培训,以掌握新知识、新技能。

以徐州市为例,为提升职工技能,适应企业发展及转岗需要,全面提升职工素质,江苏徐矿集团夹河矿经徐矿大学与徐州市总工会、徐州市劳动保障局等单位联系,于2015年1月专门为夹河矿职工开设了"民用机场用工培训班"、"电焊工取证培训班"、"物业管理、家政岗前培训班"等一系列定向培训,以提高职工转岗就业招聘竞岗能力。这次定向培训,主要是国内有关民用机场急需部分要害岗位用工人员,经培训和面试合格者,可与首都机场、上海浦东、虹桥机场等相应单位签订就业合同,从事上机前咨询、引导、讲解、接待、VIP 接待、安检、机场车辆调度等岗位工作。这一举措极大地帮助了转岗人员实现再就业。

(二)弱势群体

这里的弱势群体主要是指残疾人和就业困难妇女,他们在就业过程中处于劣势,或是由于自身缺陷,或是由于缺乏技能。

1. 残疾人

残疾人是特殊的一类弱势群体,他们由于身体缺陷,并不能从事常人所从事的一些职业,因此必须对这类人群开展针对性的培训,以更好地帮助他们实现自食其力。泗洪县在残疾人就业技能培训方面成绩显著。从 2012 年开始,泗洪县残联就创新思路,采取"三步走"对残疾人进行精准培训。第一步是对全县所有残疾人进行摸底,对有就业能力的残疾人进行分类归档;第二步是联系企业用工,登记为残疾人预订工作岗位;第三步是围绕企业岗位需求,"订单"式地开展培训,并把受训合格人员介绍到企业工作。据统计,近三年来,该县先后举办培训班 36 批次,培训 4357 名残疾人,帮助该县有就业能力的残疾人实现了自食其力。

除了机构组织开展针对残疾人的就业培训外,一些有想法,有志向的残疾人由于感同身受,深知残疾人就业的困难,也尽其所能,个人组织开展了系列培训。如盐城血友病患者黄栎在网上发布了"SOHO 助残就业"免费培训计划,旨在让罕见病患者、残疾人能学到相关专业技能,居家工作挣钱,该培训计划得到了许多同类人群响应。培训通过语音视频系统进行教学,除了黄栎本人担任教员外,还邀请了有多年从事公益教学经验的一家网站的讲师参与,进行专业授课。考虑到这些病人的身体因素,每天晚上 8 点培训 1 个小时。主要学习网络营销、网站推广技能、PS 动漫设计制作等。学成以后,在家有一台电脑就能挣钱,是一种自由、开放、弹性的工作方式,适合这一特殊人群的需要。除此之外,黄栎还和一些爱心企业联系商谈,为这些学员的培训后就业提供便利。

2. 就业困难妇女

就业困难妇女指年龄大、无技术且由于要照顾孩子、照顾家庭等原因,工作时间不宜过长的已婚妇女,这类人群往往很难找到一份合适的工作。为此,镇江市润州区宝塔路街道广东山庄社区组织辖区 30 多名妇女开展了就业技能培训活动,帮助她们提升技能拓宽就业渠道。此次培训主要涉及家政服务业,重点对新生儿护理、产妇护理、月子餐制作和婴幼儿辅食添加以及月嫂职业道德等内容进行培训。

(三)收教人员

1. 失足人员

失足人员由于缺乏就业技能,继而采取了不恰当的谋生方法,走上不正确的道路,因此有必要对这类群体开展集中就业技能培训,而这些教育培训工作通常由收容教育所负责实施。南通市收容教育所是江苏唯一的公安部一级收容教育所,这里的收教学员文化程度普遍较低,还有不少来自贫困地区、边远山区的文盲,为了让学员收容期满后能够谋生,劳动部门联合在所里建立了"劳动技能培训基地",每年开办多期培训班,先后举办了家政服务、美容美发、餐饮、插花、足疗、编织等系列培训,考虑到学员实际情况,以"夜大"的形式进行培训,还在所内开设了"特殊考场"。自 2003 年组建以来,先后解教 5000 多人,共有 230 名学员获得了由国家人社部颁发的职业资格证书,从这里走出去的学员,90% 以上过上了自食其力的生活。

2. 解戒人员

近年来,随着市场经济发展,社会就业形势变化,解戒人员回归社会后的适应问题日趋突出。其中,缺乏就业谋生本领、工作无着落已成为重新违法犯罪的重要原因。

(1)培训载体

全省戒毒系统针对这个日益凸显的问题,从提高戒毒人员回归就业谋生能力出发,大力推进职业技术教育,成立了省迈越职业技能鉴定所和戒毒人员职业技能培训中心,取得了培训工种的职业技能鉴定和考核发证的资格。全系统按照"全省统一管理,部门统筹规划,各所分步实施"的运行体制,每年下达具体工作指标,加强对戒毒人员就业技能培训的考核考评,促进了解戒人员就业技能教育的稳步协调发展。此外,他们还不断加大投入、积极强化教学保障,结合场所建设规划,先后在各戒毒所新建习艺楼、教学楼,建设各种规格的职业技能实训基地,完善各种教学设施设备,有效保障了职业技能教学需要。

(2)培训考核评价机制

与此同时,按照每人每年 200 元的经费标准,专门用于戒毒人员就业技能培训和考核工作,对参加培训鉴定的戒毒人员组织开展优质免费的专业培训和免费的职业技能鉴定,经考核合格后颁发国家认可的职业等级资格证书。为确保戒毒人员培训工作取得实效,江苏省戒毒系统还建立起培训考核评价机制,对各项培训进行全面考核,将戒毒人员的培训成绩与记分考核、等级处遇相结合。对取得等级证书的戒毒人员,在给予物质奖励的同时,还分别加相应的奖励分,切实提高学习积极性。

(3)产学结合

各戒毒所也按照"实用、实效"的原则,积极拓展就业技能培训途径,针对当前社会企业用工需求展开调研,同时结合戒毒人员的实际需求,设置了实用性强、社会需求量大的劳动技能培训项目,如中式烹饪、维修电工、电脑操作、插花、茶艺、美容美发等,并引导戒毒人员根据"菜单"自行选择。比如针对农村籍、无技术特长、文化水平低等三类戒毒人员,突出实用性原则,开设农业实用技术等简单易学的劳动技能培训项目,切实提高劳动技能教育的针对性;积极拓展办学途径,建立电脑操作、缝纫、烹饪、电子元器件装配等实习训练基地,切实加强实习指导。同时借力社会资源,开展横向办学。对专业性要求较强的培训项目,通过外聘社会院校专业教师和实习指导老师的方式开展培训和实习指导;对所内不具备培训能力的项目,采取挂靠社会培训机构的方法,开展联合办学。切实培养他们的劳动职业技能,有效增加回归社会后的就业机率,为戒毒人员顺利回归社会增加生活自信和就业底气。

四、退役士兵就业培训服务

自 2008 年来,江苏不断完善退役士兵培训制度,培训质量逐年提升。几年时间里,各级累计投入培训资金 21 亿多元,全省共培训合格退役士兵 17 万多人,为各地提供了一大批优质的人力资源。政府部门主要通过提供补助,创新培训模式等促进退役士兵的就业技能培训。

（一）培训补助

为提升退役士兵的就业技能，江苏省实行了退役士兵免试入学政策，凡是具有专科学历的，可以免试进入成人高校本科学习，具有高中或同等学力的，可以免试进入成人高校专科学习，每人每年补助 9000 元。参加业余或函授成人高等学历教育的，给予每人每年 5400 元补助。此外，江苏省还放宽了大学生退役士兵教育培训优惠政策，征集的大学生士兵在退役后复学的，除享受中央财政的学费资助外，还可以享受地方财政提供的每人每年 5000 元的生活补助，并由征集地人民政府参照当地退役士兵自主就业一次性经济补助金标准发放经济补助。

（二）培训模式

为有效提升退役士兵就业技能培训的质量，提高退役士兵参与就业的竞争能力，进一步适应市场就业需要，使退役士兵充分就业。江苏省主要从两方面抓好退役士兵就业技能培训工作。

江苏省坚持以市场为导向，积极与人才市场、用工单位进行沟通，掌握企业所需各类技术工种信息，着力开展以实用技能和市场需求职业为主，采取定向式、订单式培训，并结合退役士兵个人意愿按岗位需求采取点对点式等灵活多样培训模式，强化退役士兵实用技能培训工作。与此同时，鼓励培训学校根据该地各类大中型企业技能需求设置培训课程，邀请企业专家、专业技术工人为退役士兵进行就业技能培训。积极协调各类企业为退役士兵提供实习场所，优先聘用退役士兵，实现培训结业即就业。

此外，江苏省进一步建立健全了退役士兵培训工作机制，按照政府主导、企业参与、社会支持的原则。将退役士兵培训工作责任细化落实到民政、人社、教育、财政、发改、宣传、各大中型企业，使退役士兵培训工作在培训质量、人员安排、所需经费、政策宣传、用人信息等方面发挥作用，确保了退役士兵就业技能培训工作健康协调可持续发展。以扬州市宝应县为例，2015 年，该县退役士兵参与职业技能培训率近 85%。

第二节　　江苏省人力资源岗位技能培训服务发展分析

一、专业技能培训服务

专业技能培训是指对某专业领域的人员进行该领域所需专业知识和能力的培训，根据技能的等级，又可以分为初级专业技能培训和高级专业技能培训。专业技能人才是人才队伍的重要组成部分，是推动经济社会发展、促进产业转型升级的重要力量，加强专业技能人才队伍建设，对于实施人才强省战略、增强企业核心竞争力、提升企业创新能力等具有十分重要的意义。因此政府部门，企事业单位以及社会培训机构都对专业技能培训给予了高度重视。

（一）初级专业技能培训

初级专业技能培训是指为组织中的一线工作人员提供岗位所需的基本技能的培训。而提供这些培训的主体通常有政府公共部门,技工院校及企事业单位。

1. 政府公共部门

政府公共部门在专业技能培训体系中起着至关重要的引领作用,通过举办一系列活动如培训班、技能大赛等调动企业,技工院校开展专业技能培训的积极性。为进一步完善政策措施,健全服务体系,加强政府部门基层工作人员的德才素质和履职能力,更好发挥政府人才工作综合管理职能作用,政府部门发布了《2015年全省专业技术人员管理工作要点》和《2015年江苏省公务员培训工作要点》,提出加强和改进公务员"四类"培训,扎实抓好公务员宪法法律培训、基本能力培训、对口培训和基层公务员培训,进一步加强公务员思想道德建设、能力建设,切实加强公务员培训基础建设,加快推进公务员培训的法治化、科学化进程,全面促进公务员队伍德才素质和履职能力的提升,为实现"迈上新台阶、建设新江苏"提供坚实组织保证和人才支撑。

同时,为了提高技能人才地位,示范引领各行业企业广泛开展全员技术比武和岗位练兵,最大限度地激发广大劳动者的创造活力和技能成才的热情,鼓励人人争当技能状元、技能标兵和技术能手,政府有关部门在重点行业和新兴产业、特色产业领域集中组织开展职业技能大赛如全省公务员基本能力竞赛活动,智能楼宇(物联网技术应用)技能竞赛等,以强化基本知识、提高基本能力,以赛促学、以赛促训,全面提升广大劳动者的知识、技能水平,努力适应产业发展对专业技能人才的需要。

2. 技工院校

技工院校一直以来都是培养专业技术人才的摇篮,为经济持续健康发展提供人才保障。为进一步发挥技工院校在人才培养机制中的基础作用,江苏省人社厅2015年新批准成立一批技工院校,如南通市通州湾技工学校,南京万通汽修技工学校、连云港经济技术开发区技工学校等。技工院校众多,质量参差不齐,为加强职业培训院校办学质量评估督导,规范教学管理建设,提高技工院校整体办学水平。2015年度,省人社厅对在江苏省境内经省厅批准建立一年以上的技工院校组织开展了教学管理规范评估工作,为使评估工作更加公开公平公正,省、市级评估严格依据《江苏省技工院校教学管理规范评估细则》中的各项评分标准,分为学校自评,市级评估,省级评估,分技师学院、高级技工学校、技工学校三个层级,采用"听"、"看"、"查"、"评",即听取学校负责人自查情况汇报;察看学校教学、实训现场;查阅学校各类教学管理资料;专家按照评估依据逐项评议评分,形成综合评估意见的方式进行。评估结果确定江苏省南京技师学院、无锡技师学院、江苏省徐州技师学院、苏州技师学院等13所院校为省级检查"优秀"院校,给予通报表扬;确定南京五洲制冷技工学校、连云港市常青技工学校、淮安市商业技工学校等6所院校为省级检查"不合格"院校,督促整改。

3. 企事业单位

为进一步推进企业职工专业技能培训工作,创新技能人才培养模式,江苏省在徐州、无锡、常州、苏州、泰州五市开展企业新型学徒制试点工作,每个市选择1家大中型企业作为试点单位,每家企业选拔100人左右参加学徒制培训,培养对象为与企业签订6个月以上劳动合同的技能岗位新招用人员和新转岗人员,由企业与技工院校、企业培训中心等教育培训机构采取企校双师带徒、工学交替培养、脱产或半脱产培训等模式共同培养。新型学徒制,亮点在于"新型",吸收传统学徒制"面对面传承技艺"优势的同时,更强调工学一体、市场为主。

明确了企业的主体地位,由企业确定学徒对象、学徒岗位、培养目标、培训内容、考核办法,再与培训机构和劳动者签订合同,围绕岗位需求开展培训。开展学徒制培训的企业,还可按规定享受职业培训补贴,补贴数额一般为企业支付给培训机构培训费用的60%,每人每年补贴标准原则上控制在4000—6000元,补贴期限不超过两年。

当前江苏省进入转变经济发展方式、推动经济转型升级的重要时期,技能劳动者总量不足、整体素质不高等问题日益凸显。与此同时,劳动力供给与需求不匹配的结构性矛盾也越来越突出。在江苏省进入转变经济发展方式、推动经济转型升级的重要时期,实行企业新型学徒制,有利于发挥企业培训主体作用,集聚优质培训资源,提高劳动者职业技能和就业稳定性。由政府提供一定的职业培训补贴,可促进企业招用更多包括新生代农民工在内的青年劳动者,通过学徒制培训使其达到技能岗位要求,促进劳动者技能就业、技能成才。

(二)高级专业技能培训

高级专业技能培训旨在培养高技能人才,高技能人才是指在生产服务一线岗位领域中,掌握丰富的知识和高超精湛的操作技能,能够灵活运用自己的知识和技能的高级应用型人才。高技能人才是我国人才队伍的重要组成部分,是各行各业产业大军的优秀代表,是技术工人队伍的核心骨干,在加快产业优化升级、提高企业竞争力、推动技术创新和科技成果转化等方面具有不可替代的重要作用。因此,加快培养与产业发展需要对接的高技能人才成为重中之重。政府公共部门,职业培训院校等培训机构无疑是培养高技能人才的主力军,承担着培养高技能人才、满足企业用工需求的重要使命。

1. 政府公共部门

政府公共部门围绕江苏省传统产业、重点领域、战略性新兴产业和现代服务业,通过实施技能大赛,以及高级研修培训,高级技师岗位技能提升培训等活动,推动各地、各行业主管部门、各用人单位积极开展专业技术人才知识更新培训,在高技能人才培养中起着至关重要的引领作用。

(1)技能大赛

为加强江苏省高技能人才队伍建设,积极营造有利于高技能人才成长的社会氛围,推动各行业、企业广泛开展全员技术比武。政府部门组织开展了一系列技能大赛,如江苏技能状元大赛,高技能人才技能竞赛等,其中江苏技能状元大赛是江苏省职业技能大赛中规格最高、范围最广、表彰奖励力度最大的赛事活动,紧扣科学发展主题和转变经济发展方式主线,贴近全省产业发展的实际需要,坚持政府主导与社会参与、技能竞赛与教育培训、高技能与新技术、表彰奖励与广泛宣传相结合的办赛思路。旨在通过大赛全面提升劳动制技能素质,不断优化技能人才队伍结构,着力营造技能成长社会氛围。为了确保赛事程序规范严密,结果公平公正,采取了一系列措施,如科学制定大赛技术文件,精心选聘权威专家担任裁判长,成立仲裁委员会,对大赛实施全程监督等。并对大赛优胜者给予有力度的表彰奖励,树立典型,宣传典型,激发广大劳动者学习技能、提升技艺、提高创新能力的积极性,大力弘扬劳动光荣、技能宝贵、创造伟大的时代新风,使"崇尚一技之长、不唯学历凭能力"的观念深入人心。

(2)高级研修培训

高级研修培训是指针对全国相关行业领域高级专业技术人员,精心设置高级研修项目课程,邀请权威专家授课,采取主题报告、专题研讨、学术交流、现场教学等多种有效形式进行研修的一种培训方式,以高水平、小规模、重特色为主要特点。政府部门在 2015 年举办了一系列高级研修班,如智能制造与产业升级高级研修班,园艺类农技推广人员知识更新工程高级研修班,先进汽车技术发展方向及关键技术应用高级研修班,等等,进一步提高了技术骨干的操作技能,壮大了高技能人才队伍,为"迈上新台阶、建设新江苏"提供了强有力的高技能人才支撑。

（3）高级技师岗位技能提升培训

高级技师是高技能领军人才,是推动经济社会发展的宝贵人才资源,其知识保鲜、技能更新程度直接影响到高技能人才队伍的整体素质,关系到江苏省产业转型升级的大局,各市也高度重视,把高级技师岗位技能提升培训作为高技能人才队伍建设的重点,调动企业、单位内生动力,引导人才自我提高意识。因此,为提升高级技师岗位技能,政府公共部门组织开展了针对钳工、焊工、电工、数控和汽车维修等五个职业（工种）的高级技师岗位技能提升专题研修培训,培训对象涉及相关职业（工种）岗位一线的高级技师,国家和省级技能大师工作室领办人、全国技术能手,江苏技能状元以及具备同等职业资格和技能水平的境外引进高技能人才,培训采用岗位研修与集中培训相结合的形式,其中集中培训采取专题讲座、项目研讨、企业考察等形式,邀请知名专家和优秀实习指导教师讲解前沿理论,传授新技术、新工艺、新方法,组织课题攻关研讨,考察省内著名企业,进行现场技术观摩交流;而岗位研修是参训学员根据本职业（工种）确定的研修课题,立足岗位,复习相关理论知识,对课题进行实践性研究,提出问题及解决问题的办法,形成课题研修报告。

政府部门在高技能人才培养中采取的这一系列举措,有效推动了创新驱动战略的实施,进一步提升了专业技术人才的综合素质、专业能力和创新水平,为建设一支规模宏大、结构合理、具有国际竞争力的专业技术人才队伍做出了突出贡献。

2. 职业培训院校

职业培训院校也是培养高技能人才的主力军之一,其优势在于师资水平高,搭配合理;研修课题与企业技术攻关任务合二为一,能够最大限度地调动师生的积极性;校企深度合作,资源共享,优势互补,利益多赢。培训方式也丰富多样,包括在校企联合技术攻关中培养创新型高技能人才,利用技能大师工作室培养领军型高技能人才并鼓励大师以结对形式培养高技能人才,举办专题研修班培训高技能人才,利用技师工作室"团队式"培训文化创意类高技能人才,等等。2015 年 6 月,经单位申报、地市推荐、专家评审、实地考察和网上公示等程序,评定南京技师学院等 6 家单位为江苏省高技能人才专项公共实训基地建设单位,南京科技职业学院等 25 家单位为江苏省高技能人才培养示范基地,徐进法技能大师工作室等 10 个技能大师工作室为江苏省技能大师工作室,夏惠顺等 97 名技师为江苏省企业首席技师,江苏省常州技师学院"楼宇自动控制设备安装与维护"等 10 个专业为江苏省技工院校示范专业。

其中,江苏省常州技师学院是一所以培养高级技能人才为主、专门从事职业技术教育的综合性全日制公办职业院校。近年来,学院办学规模逐年扩大,办学层次不断提升,办学实力逐渐增强,办学水平稳步提高,逐步形成了适应地方产业升级经济发展要求的专业建设整体框架,明确了与企业需求契合度高的重点建设专业,不断加大新专业的开发力度,同时积极寻求国际合作办学,逐步探索出了一条新时期高技能人才培养之路。成为全国同类学校改革创新的示范、质量提高的示范和特色办学的典范,在全国职业教育改革发展中发挥着骨干、引领和辐射作用,在全国职业教育界享有很高的知名度,被誉为"技师的摇篮",其学员在世界技能大赛、全国技能大赛、全省技能状元大赛等大赛中均取得了优异的成绩。

二、管理能力培训服务

管理能力培训指的是对企业领导者及企业经营管理人员的培训,通过知识的传授,技能的增加或者态度的改变来改善管理绩效。管理能力培训主要涉及沟通协调能力,团队建设与管理能力,计划管理能力,压力管理能力,问题解决能力和执行力培训。管理能力培训有若干具体的方法,包括在职和脱产的各类学习和训练。案例研究法,角色扮演,行动学习等都是比较受欢迎的培训方式。按照层级的划分,管理能力培训又可分为中高层管理人员培训和领导者能力开发培训。

(一)中高层管理人员培训

中高层管理人员在组织中起着承上启下的关键作用,对组织的长足稳定发展至关重要。这里的组织又可分为政府部门和企事业单位,而政府部门的中高层管理人员又可以称之为干部。

1. 政府干部培训

干部培训是建设高素质干部队伍的先导性,基础性,战略性工程,在推进中国特色社会主义事业和党的建设新的伟大工程中具有不可替代的地位和作用。党的十七大以来,江苏省各级党委坚持大规模培训干部,大幅度提升干部素质,积极推进改革创新,着力增加教育培训的统筹性、针对性、实效性,干部教育培训事业取得新的重大进展,为推动科学发展,促进社会和谐提供了有力支撑。培训管理者是政府干部中比较特殊的一类,他们的管理能力关系着政府部门工作人员的培训质量,因此,提升培训管理者的管理能力尤为重要。

《2015年江苏省公务员培训工作要点》中也提出要进一步加强公务员培训基础建设,加强培训师资队伍和培训管理者队伍建设,为此,江苏省公务员局于2015年6月下旬举办了全省行政机关公务员培训管理研讨班,重点学习新常态下公务员培训工作的理念与方法,开设"新常态下公务员管理"、"现代公务员培训理念与公务员培训的评估与考核"、"培训开发管理与教学实务"、"培训者语言技巧与职业礼仪"、"领导干部的法治思维与法治方式"等培训课程,由省内外著名专家、教授授课。此次培训,有利于进一步加大公务员专门业务培训力度,更新教育培训工作理念,掌握培训开发管理与教学的相关实务,交流培训工作先进做法与经验,开拓培训管理者工作思路,提升培训管理者业务水平与工作能力。除此之外,为进一步提高公务员整体培训效果,南京人社局根据《2013—2017年全国干部教育培训规划》要求,于2015年9月、10月举办了两期全市公务员培训管理者培训班,采取脱产形式,重点学习新常态下教育培训工作的理念与方法,开设"教育培训精细化管理策略"、"体验式培训教学模式实例分析"、"提升干部培训水平的方式方法"、"干中学—创造性的学习方法"等培训课程,并由著名专家、教授授课。通过这些培训,极大地提高了培训管理者的综合素质和专业水平。

2. 企事业单位管理人员培训

企业经营是对人、才、物、信息等方面的一个集中管理。社会在发展,企业也在不断发展、变革,而在企业变革过程中,管理人员通常担当重要角色,管理人员是企业变革的组织者、推进者,为了企业的生存和发展,他们必须承担起运用新技术、改进企业组织运行机制、提高企业员工整体素质等一系列责任。因此,各行各业都越来越重视各单位管理人员的培训。

如在会计服务行业,为进一步提高会计服务行业改革与管理的工作能力,提高监管服务能力,提高事务所经营管理能力,财政部干部教育中心和会计司根据《2015 年财政部干部教育计划》安排,2015 年 11 月于江苏镇江联合举办了会计服务行业改革与管理培训班,培训对象培训内容分为两个单元,第一单元包括注册会计师行业的改革、发展与监管,会计师事务所涉外行政管理,审计档案管理办法的讲解,证券资格会计师事务所行政监管、分所管理情况的通报等,第二单元包括全国代理记账机构管理系统的讲解,全国代理记账机构管理系统上机操作等。通过此次培训,大大促进了会计和注册会计师行业更好更快的发展。在电力领域,为进一步提高企业中层管理人员的专业素质和职业技能,实施人才强企战略,全面提升中层管理人员的执行能力和领导水平,大丰市供电公司组织全体中层管理人员进行集中培训,旨在通过培训不断提高中层管理人员的业务技术能力、判断决策能力、绩效管理能力和团队创新能力。此次培训,针对中层管理人员的工作性质与需要,就中层管理人员如何提高管理水平和执行力进行了精心准备和安排。培训内容包括"两个条例"的讲解,财务会计管理、高绩效团队打造的基础理论、知识和方法。此次培训达到了更新管理理念、拓展管理思维、提升管理能力的目的,对促进中层管理人员使用好手中的权力、预防职务犯罪起到了积极作用。

（二）领导者能力开发培训

当今世界正发生飞速变化,引领这些变化的正是领导者。在经济全球化的背景下,切实有效地提升与开发领导者能力,是企业保持持续竞争优势的决定性因素。提供领导者能力开发培训的主体通常有政府部门和培训机构。

1. 政府部门

政府部门对领导者培训的目的主要是帮助领导者深入了解有关政策及知识,提高他们理解国家政策及相关知识的能力。由于江苏省部分企业领导者对知识产权不够了解,意识淡薄,因此为切实提高江苏省企业高管的知识产权意识,推动企业转型发展,在江苏省知识产权局统一部署下,2015 年江苏省企业总裁和知识产权总监培训班于各市陆续成功举办,培训班围绕知识产权优势企业、知识产权密集型产业培育和发展,引导企业总裁和知识产权总监从战略意识、战略管理、知识产权业务能力、国际市场知识产权意识和规则运用能力等方面进行素质训练和能力提升,旨在培养一批拥有战略眼光和国际视野的企业知识产权高层管理者。培训内容包括知识产权与企业发展、国家和江苏省企业知识产权工作举措政策解读、企业知识产权规范化管理、企业知识产权纠纷处理、企业知识产权风险防范、企业知识产权管理的保障条件建设、企业知识产权运营、优秀企业知识产权管理经验介绍等。此外,在医药领域,江苏省人社厅于 2015 年 8 月在江苏泰州组织了江苏省医药企业总裁高级研修班,全省近百家医药龙头企业的 113 名总裁,高管积极参与,本次研修班主要围绕中国医药行业现状分析、医药政策解读以及药品监管、研发等方面展开,旨在培养一批有专业知识、前瞻性战略思维的医药行业高级管理人才,搭建人脉平台,推动医药行业的健康繁荣发展。

2. 培训机构

由于领导者能力开发培训的重要性日益突显，培训机构也将其纳入重点业务，并邀请名师，开展相关培训课程。

紫荆伟业高层管理教育中心（EDP）是江苏紫荆伟业教育咨询有限公司旗下的核心机构，致力于为企业高层管理人员提供补充性和前瞻性的专业知识培训，旨在通过精细化、菜单式的课程体系着力帮助学习者提高某一项或某几项技能，强调培训的灵活性、实用性与专业性。为顺应互联网时代的新潮流，它开设了传统企业互联网转型总裁培训班，并邀请了著名企业的董事长、总经理等高管以及著名大学教授专家前来讲授，培训对象主要面向各类型企业的董事长、总经理等高层管理人员，旨在通过培训帮助传统企业高管更好地适应互联网时代。

第三节　江苏省人力资源创业技能培训服务发展分析

创业培训是对法定劳动年龄内、有创业愿望和培训需求的各类城乡劳动者，开展从事个体经营、创办微型小型企业的基础知识和创业能力的培训。主要创业培训项目有创业意识培训、专项创业培训、创业模拟实训、网络创业培训、创业实习和创业者能力提升培训等。创业培训是培育劳动者创新精神、提高劳动者创业能力、实现个人发展和创造自身价值的重要途径，是激发劳动者创造力、推动大众创业万众创新、实现创业带动就业的重要手段。近年来，江苏省创业培训工作取得显著成效，政策措施逐步健全，培训方式不断创新，培训规模持续扩大，已有数百万劳动者在参加创业培训后实现自主创业，为促进就业和经济社会发展发挥了重要作用，仅2015年就开展创业培训25.35万人。

为大力提升劳动者创业能力，全面推动大众创业、万众创新，江苏省人社厅于2015年12月出台了《关于进一步推进创业培训工作的指导意见》，提出要建立政府激励引导、社会广泛参与、劳动者自主选择的创业培训工作新机制，面向有创业意愿和创业培训需求的劳动者大规模开展创业培训，大幅度提高创业培训质量，使有创业意愿和创业培训需求的劳动者都有机会获得创业培训服务，增强创业带动就业的效应，逐步建立起培训主体多元化、培训模式多样化、培训内容多层次，能够有效覆盖创业活动不同阶段的创业培训体系，突出对留学回国人员、大学生、农民、军人及其家属，以及特殊群体的创业培训工作。

一、留学回国人员创业培训服务

政府有关部门高度重视留学回国人员创业工作，并将其纳入促进就业创业工作的总体规划，努力形成政策扶持、创业培训、创业服务"三位一体"的工作机制，为留学回国人员创业提供有力支持，激发在苏留学回国人员的创新活力，以创新引领创业，以创业带动就业。为进一步做好留学回国人员创业培训工作，江苏省人力资源和社会保障厅出台了《关于做好留学回国人员以创业带动就业工作的通知》，提出凡是符合政策规定条件的留学回国人员，纳入大学生创业引领计划并予适当倾斜，优先推荐参加各类创业培训活动并给予创业培训补贴。

　　江苏省将抓好留学回国人员的创业培训,提高他们的创业能力作为工作重点,并为此采取了一系列举措。如符合条件的留学回国人员可免费参加 SYB(创办你的企业)等创业培训,享受相关扶持政策。参加 IYB(改善你的企业)培训并取得合格证书的符合条件的留学回国人员在有偿培训的基础上,对培训机构给予培训补贴。要求针对留学回国人员的创业培训要具有针对性、实用性和指导性,建立由政府主管业务部门负责人、留学回国人员创业成功人士、经济学家、投融资专家等人员组成的创业导师队伍,从政策解读、市场分析、物色战略合作伙伴等方面为留学回国人员提供创业辅导。参加 SYB(创办你的企业)创业培训合格,在该地市区办理营业执照并缴纳社会保险的留学回国人员,还可申请享受社会保险补贴。充分利用“国际精英海外创业大赛”、“国际性专业会议”、“燃情创业”创新创业大赛等系列平台的作用,通过常态化的举办创业项目对接活动帮助有意在江苏省创业的留学回国人员推介项目,激发留学回国人员创业积极性。

二、大学生创业培训服务

　　2015 年 12 月江苏省大学生就业创业指导专家会议在南京召开,提出要进一步建设就创业培训工作体系。按照“师资专家化、课程模块化、对象全面化、方式多样化”的要求,着力打造就创业指导培训师资、课程、活动、平台的“四优”发展格局。2015 年,江苏省从这四个方面入手,做了一系列工作,尤其是师资培训和电子商务创业培训。因为电子商务已普遍应用于各行业、各领域,对经济社会的发展起到了积极而有力的补充作用,尤其是丰富了零售行业的产业模式,较好地带动了就业和创业。

(一)师资培训

　　2015 年,江苏省在创业实训师资队伍建设和创业指导师资建设上做出了一系列努力。如由南通市人社局主办,江苏工程职业技术学院承办的南通市 2015 年首期创业模拟实训师资培训班于 2015 年 7 月在江苏工程职业技术学院开班,来自各大院校及创业培训相关部门的 30 名老师报名参加了为期 5 天的创业模拟实训师资班。这次培训进一步引领了大学生创业就业,加强了创业实训师资队伍建设,推动了创业促就业工作。此外,在创业指导师资建设上,省高校招生就业指导服务中心围绕“进一步健全就创业培训与指导体系”这一总目标,遵循“就业与创业并重”“就业扶持与帮助学生成长并重”“理论指导与实际服务并重”的工作思路,加强以职业发展和就创业能力提升为核心的课程模块研发,加强以打造本土化就创业指导专家团队为核心的师资队伍建设,加强以 91job 高校就业信息化服务系统为核心的省校工作载体应用,努力开创一个全新的就创业培训指导工作局面。2015 年 6 月江苏省本、专科高校就创业指导骨干教师业务培训班分别在江苏师范大学和苏州经贸职业技术学院顺利举行。来自全省 143 所本专科院校的就业工作部门负责人和从事就创业教育的骨干教师共 148 人参加了培训,培训内容包括就业研究专题报告、示范课程展示、教学教法探索、互动交流等模块。此外,南京市也于 11 月开展了全省高校就创业指导工作人员职业资格培训和鉴定工作,主要培训对象涉及各高校毕业生就创业工作部门及院(系)相关工作人员。这一系列的创业师资培训是推进江苏省就创业工作师资队伍建设的重要举措,为师资专家化做出了进一步的努力。

(二)电子商务创业培训

　　随着“互联网＋”蓬勃发展,电子商务创业作为“互联网＋”的重要内容之一,扮演了先锋角色,也为"大众创业、万众创新"提供了新工具。电商创业由于门槛低、占用资源少、成功率高等优点,得到大学生的青睐,网络创业已经成为大学生重要的创业方式。江苏省政府于2015年12月发布了《关于大力发展电子商务加快培育经济新动力的实施意见》,意见中明确提出要大力支持大学生开展电子商务创业,加大对大学生的电商培训力度,以提高大学生的创业技能。

江苏省人社局依托省级大学生创业园为大学生电商创业提供完善的创业扶持政策,开展电商创业培训和模拟实训,搭建高效电商创业服务平台,建立大学生创业就业对接机制,形成大学生电商创业场地零租金、创业零风险、创业服务零距离的"三零"新模式,让每一位有创业意愿和能力的大学生都能享受政策扶持、创业服务并实现成功创业,激发大学生电子商务创新动力、创造潜力和创业活力。通过创业培训,帮助大学生充实创业想法,掌握创业理论知识,了解创业政策,进一步直观学习创业实战技能。此外,江苏食品药品学院财贸学院开展了"淮安青年电商创业'三个一'行动"之大学生电商创业培训,市场营销专业群、已经从事或有意向从事电商创业的青年学生等200余人参加了此次培训,通过此次培训,他们对电商创业流程和基础知识有了深入了解,极大地提高了他们的创业技能。

三、农民创业培训服务

2015年江苏省在对农民群体的创业培训工作上取得显著成效,农民参加培训的积极性大幅提高,共有1.37万农民参加了创业能力培训,其中1.04万人通过自谋职业和创办企业实现了成功创业。

(一)激励机制

为鼓励和支持农民创业致富,提高农民创业技能,政府部门推出了一系列优惠政策,即江苏农民创业可享受与城市人一样的800元至1200元的一次性创业培训补贴、租金补贴、规费减免、小额担保贷款及贴息。此外,江苏省还在各县(市、区)、乡镇(街道)建立农民创业指导服务中心,并在有条件的村建立农民创业指导站、创业培训机构,有创业意愿和创业条件的适龄农民,包括返乡创业农民工、就地创业和进城创业农民、农村退役士兵,以及省辖市规定的农村其他创业人员,都可根据本人意愿和当地确定的培训项目到创业服务机构参加培训。对创业培训后仍没有创业想法、不选择创业项目或创业培训不合格的学员,创业机构将推荐其参加职业技能培训。县级以上农民创业指导服务中心还将邀请企业家、创业成功人员、专家学者及政府相关部门人员组建专家志愿团,向社会征集各类独立经营、连锁经营、合伙经营、合作加盟等适合农民特点的创业项目,免费推介给有创业意愿和参加创业培训的农民,并对创业者实施一年的跟踪服务。

(二)电子商务创业培训

为顺应农业现代化建设和"互联网+"经济发展趋势,加快推进农村电子商务创业就业,把发展农村电子商务促进创业就业纳入各地创业就业发展规划,促进农村一二三产融合和农村居民增收致富,省人社厅出台了《关于支持农村电子商务创业就业工作的意见》,提出要加强农村电子商务人才培养,将电子商务培训纳入全省职业培训总体规划,组织实施电子商务培训专项计划,鼓励城乡劳动者参加电子商务就业技能培训,大力推广"创业培训+电子商务"培训模式,提升学员电子商务就业创业能力,对培训合格并成功创业的,给予创业培训补贴。为激发农民群体参与电子商务培训的积极性,多市举办了农村电商创业创新大赛,旨在打造"互联网＋农业"交流互动平台,集合优秀农村电商导师团队,着力塑造一批处于领先地位,具有巨大发展潜力的创新型农村电商项目,扶持一批农村电商创业创新人才,同时培育培养农村电商从业人员,推动"网货下乡"和"农产品进城",促进农业经济和互联网产生叠加效应,推动江苏省发展成为在全国具有重要地位和重大影响力的互联网经济发展高地。

例如江苏省东台市于2015年5月举办首期电商网络创业培训班,来自东台市安丰镇的100多名农民和商户参与了此次培训,本次培训首次将创业培训和电子商务培训结合起来,采取理论教学与实践训练相结合的教学方法,通过如何选择电商创业项目、评估电商市场环境、组建电商创业团队和如何进行网上开店、进货与销售等实战操作,使学员掌握电子商务的基础知识和基本技能的同时,了解并掌握创业的基本方法与程序,综合运用所学的电子商务和创业知识进行电商创业。培训班还特邀该市森虎商贸和南通流行色纺织品有限公司等电子商务创业成功并具有实战经验的人士为村民现身说法,以激发大家投入电商创业的热情。培训结束后,为参培学员建立微信群、QQ群,聘请相关专业人士入群为进行电商创业的学员提供咨询、答疑等服务。东台市人社局表示将根据全市电商行业的发展趋势,定期组织全市有电商创业意愿的人员进行培训,全面提升其电子商务创业技能,为全市电子商务的发展提供强有力的人才支撑。

四、其他群体创业培训服务

(一)解戒人员

近年来,全省戒毒场所定期邀请地方劳动部门、职业中介机构来所开展就业指导,提供最新就业信息;邀请用工企业来所举办招聘会,开办创业意识培训。自2005年以来,每年举办SYB创业意识培训,促进戒毒人员解戒回归后的就业和自主创业。省戒毒管理局与光华慈善基金会联合共建,在全系统开展创业意识培训,目前已有35名民警取得创业认证教师资格,576名戒毒人员接受了创业教育培训。省方强戒毒所利用"互联网＋"思维,开设"电子商务发展之路""网络创意营销""新经济时代的营销发展""创新思维与竞争超越""创业人生"等课程,引导戒毒人员了解电子商务发展趋势、创业实务、营销策略等,促进他们与社会生活顺利衔接。

(二)妇女

近年来,政府部门着力为城乡妇女参与经济社会发展营造环境、创造条件、提供服务,积极引导城乡妇女踊跃投身大众创业、万众创新热潮,坚持以培训为先导,将培训作为增强妇女素质、提升妇女技能、开阔妇女思路、促进妇女创业就业的务实举措,丰富培训形式、拓展培训课程、优化培训师资,紧跟互联网＋时代要求,引导妇女树立开放包容的互联网精神、大数据意识,强化共创共享、共融共赢的创业创新战略思维和合作理念。突出新农村创业,强化女农民培训,打造女性电商人才"蓄水池"。全省农村妇女"网上行"技能培训,免费培训2.5万人,其中1.3万人获"现代女性网络技能初级证书";举办乡村旅游、巾帼农家乐负责人、农产品女经纪人电子商务创业高级研修班,750名从事乡村旅游的女性经营管理者和省级示范农家乐负责人从中获益,1.5万名农产品女经纪人接受了电子商务创业培训。

五、创业培训载体分析

创业培训依托于一系列培训载体,主要有培训基地,培训定点机构及创业指导站等,创业基地建设又可按服务对象和基地规模分类。依托于这些培训载体实施创业培训,有利于实现专业化培训,提升培训质量与培训效率,为实施创新驱动战略打好坚实基础。

(一)创业基地建设种类

1. 按服务对象分类

创业基地建设按服务对象分类,可分为生物医药领域、通讯领域和科技领域等。下面我们分别对这三类创业基地建设做简要介绍。

由江苏省营养学会设立,依托南京生物医药谷共建的"营养与健康——创新创业服务基地"是落实省科协"提升学会服务科技创新能力计划"的具体举措。基地的主要职责是建立创新创业导师队伍;培训创新和创业技术人才;搭建创新创业信息支持平台;加强创业孵化服务能力建设;支持有意愿、有能力的科研人员创新创业;鼓励大学生会员创新创业。

中国电信江苏创业基地也于2015年正式建立,据悉,中国电信创业基地江苏基地将构建四大服务平台——孵化企业的标准设施平台、创新产品的增值资源平台、人才新军的专业培养平台和创业团队的特区体制平台,为创业者提供全方位的创业服务,培养移动互联网新军,做创业创新的"后台服务器"。江苏基地的成立,既是天翼创投全国孵化战略实行的关键一步,也是天翼创投全国性优质资源与江苏区域性优质资源的融合点,为互联网创业人才的培养提供了便利。

江苏科技创新创业学院依托于扬州市科技干部进修学院(扬州市科技局直属事业单位)现有场地资源和培训资源,由江苏省高新技术创业服务中心和扬州市科技局共建,是江苏科技创业培训服务平台的主要培训基地,立足于江苏省,辐射全国,承接科技创业培训服务平台的面向孵化器内科技创业者和创业企业的部分培训工作,以提高平台的支持功能,扩大科技创业培训的覆盖面和影响力,促进科技型企业创新创业发展。自2014年成立以来,一直为扬州市科技产业综合体、孵化器内创业者和科技创业企业提供分层次、体系化培训等服务。同时,也在不断积极探索创业培训的长效运行机制,以创业发展需求为导向,促进创业培训与政策咨询、金融创投的对接结合,提高培训综合效应。

2. 按基地规模分类

(1)市级创业培训实训基地

为进一步健全城乡均等的公共创业服务体系,更大力度地推动大众创业,经自主申报、主管部门推荐、专家评审、社会公示,认定南京市思齐职业培训学校、南京创业者培训服务中心为2015年度市级创业培训基地,钟山职业技术学院、南京立业金陵电子商务职业培训学校、汇爱坊——南京助残公益实体店为2015年度市级创业实训基地,并提出要求,希望市级创业培训基地、创业实训基地健全完善各项管理制度,全面落实创业政策,努力提升创业服务水平,创新工作方法,提高工作实效,发挥好市级创业培训基地、创业实训基地的示范引领作用。要进一步健全创业项目动态服务跟踪机制,指导入选项目及时录入南京市创业服务综合平台,逐个跟踪入选项目的实施情况,引导符合条件且有需求的项目团队到创业基地接受服务,帮助项目实施单位成功开业、合法经营、可持续发展,不断提高创业成功率和带动就业率。

（2）省级创业培训实训基地

继全省开展省级创业培训实训基地创建工作以来，多市都成功创建省级创业培训实训基地，部分培训实训基地还被评为省级创业示范基地。下面以常州市为例，对省级创业培训实训基地做简要介绍。

江苏省常州市金坛区成功创建江苏省级创业培训实训基地，并获得省级创业示范基地一次性补助资金 30 万元。2015 年，江苏省常州市金坛区创业培训工作成效显著，扶持创业1211 人，创业带动就业 6055 人。主要通过"三步走"做好创业培训工作，第一步是完善创业培训政策，该区先后出台了《关于开展"城乡百千万创业工程"活动的意见》《金坛市创业培训管理和经费补贴办法》和《金坛市创业补贴实施办法》等一系列促进就业创业的政策措施，进一步落实了就业创业专项补贴资金和完善了管理办法，鼓励文化程度不高、无一技之长的富余劳动力参加创业培训。第二步是组建专家咨询团。积极组织开展创业知识讲座，进行创业成功经验介绍，实地参观创业企业，有针对性地开展创业服务工作。组建一支由资深创业指导师以及创业成功人士在内的创业指导专家队伍，进行讲座授课及咨询指导等活动，面对面解决创业者在创业过程中遇到的各种问题，为创业者成功创业保驾护航。第三步是宣传到位。通过深入走访调查，摸清各社区内有创业培训需求的对象底数，进行实名登记认定，紧紧围绕其需求，有针对性地开展创业培训的宣传工作，制定针对性强、切实可行的培训方案。

（二）网络创业培训定点机构

为进一步推进网络（电商）创业培训工作，实现培训专业化，多地建立了网络创业培训定点机构，以徐州市为例。徐州市根据规定，经过机构自愿申报、择优推荐、专家复审、公示等程序，确定徐州市职业技术培训中心等 12 家培训机构为徐州市首批网络（电商）创业培训定点机构，学员参加网络（电商）创业培训可申请创业培训补贴，补贴标准为 1000 元/人。经认定的网络（电商）创业培训定点机构，承担政府补贴的网络（电商）创业培训任务，并主动接受当地劳动就业管理机构管理，开展培训时，将培训学员信息录入培训管理系统，实行系统指纹考勤管理，建设与网络（电商）创业培训要求相适应、满足城乡劳动者需求的网络（电商）创业培训服务体系。此外，徐州市引进了网络（电商）创业培训软件平台，免费提供给各县（市）区和市直相关培训机构使用。

（三）创业就业指导站

为鼓励更多大学生创业，实现创业带动就业，多地设立了就业创业指导站，为大学生提供创业指导服务。如昆山市高校就业创业指导站，南京中医药大学大学生就业创业指导站，苏州市高校创业就业指导站，等等。下面以苏州市高校创业就业指导站为例对江苏省创业就业指导站做简要介绍。

自 2010 年 10 月苏州首家"苏州市高校创业就业指导站"在苏州农业职业技术学院建立以来，苏州市人社部门已与 26 所在苏高校合作建立了高校就业创业指导站，覆盖范围从"211 工程"本科院校到高职高专类学校等多个层次结构。五年来，以苏州市劳动就业管理服务中心（苏州市创业指导中心）、市人才中心和各高校就业创业指导站工作人员为主体，苏州建立了一支涵盖院校领导、创业实训教师、大学生就业创业导师和高校创业园管理者等人员的高校就业创业指导队伍。利用校地各方优势资源,通过开展各种活动,保障大学生实现就业创业,帮助大学生走好迈向社会的第一步。截至目前,面向在苏高校大学生提供的免费创业模拟实训项目已培训了超过 13000 名学员;精心打造的公益性讲座"创业大讲堂"走进高校累计开展 11 期,覆盖大学生近 3000 人。

第四节　江苏省人力资源培训服务发展中的问题与建议

一、江苏省人力资源培训服务发展中存在的问题

(一)农民工就业培训管理体制结构松散,培训资源整合力度不够

农民工是就业培训对象中的特殊群体,江苏省作为农业大省,农民工基数大,且普遍教育程度较低,培训难度较大,涉及农民工培训工作的部门也较多,如农业、教育、科技、劳动、民政、工会、共青团等。2015 年,江苏省多个部门组织开展了不同形式的农民工就业技能培训,如江苏省盐城市大丰区总工会通过"四举措"开展农民工就业技能培训,江苏省南京市高淳区固城镇科协对返乡农民工开展"菜单式"科普培训,江苏省南京市江宁禄口街道劳保所对缺乏就业技能的农民工开展"中式面点师"培训,等等。而这些组织开展农民工就业技能培训的部门通常没有太多联系和交流,这就容易造成培训体系管理松散,导致培训资源处于割裂状态,各部门间缺乏统一规划与协调,不能够集中资源进行项目运作。

另一方面,办学资源整合力度不够。省、市、县、乡镇各级已经建成了数量相对可观的培训基地,但总体来看,办学资源纵向和横向上缺乏有效整合,不能够形成整体网络效应。高水平、高标准、具有真正示范意义的农村劳动力转移就业工作示范县还比较稀少,江苏省农村劳动力转移就业工作示范县仅有四个,分别为宿迁市宿豫县、淮安市盱眙县、盐城市阜宁县、连云港市灌南县,并且这些示范县还没有能够真正产生高质量培训的辐射效应和带动作用,大多数县、乡镇的培训质量普遍较低。

(二)培训院校校企合作深度不够,相关法律制度有待完善

职业培训院校作为培养技能人才的主力军之一,主要依靠校企合作模式来发挥作用。从江苏省的发展现状来看,由于校企双方缺乏利益契合度,培训院校难以获得更多企业的支持,企业参与教师培训的动力不足,各培训单位的培训条件和水平参差不齐,管理难度大,很多培训院校的校企合作流于形式,普遍存在合作浅、周期短等问题。且目前江苏省培训院校校企合作还没有专门的、专业的法律条款对此做出明确的设置和规定。省内部分职业院校出台了校企合作相关规章制度,如《南京工业职业技术学院校企合作管理办法》、《南京工业职业技术学院校企合作发展基金管理细则》、《无锡商业职业技术学院校企合作管理办法》等,制度中搭建了校企合作的规章制度和组织框架,但保障校企合作运行的相关优惠政策尚未涉及。

(三)培训形式不够多样化,个性化培训服务有待加强

培训是受训者因培训者施加影响而引起的行为、能力和心理倾向的持久性的积极变化,而不仅仅是知识、信息的传递,否则培训及培训机构存在的必要性和重要性会大打折扣。目

前，江苏省主要培训机构还普遍存在着培训就是向受训者讲授新知识、新政策的传统理念和做法且培训形式单一，还停留在课堂授课的阶段。如果培训讲师有较好的知识储备和表达能力，能够有效地调动学员听课、思考和讨论的积极性，可能会取得较好的培训效果。但这种形式并不是对所有群体都适用，部分受训群体如农民工，弱势群体等，他们可能更适用于模拟训练、角色扮演等偏实践操作的培训形式。培训内容上，培训机构所开展的培训普遍集中于技能培训，缺乏针对不同群体的个性化培训服务，如针对毕业生的就业面试新型就业培训，针对农民工群体的素质提升培训，针对已创业人群的后续培训，等等。

（四）培训服务质量不能满足市场需求

人力资源培训服务已经成为江苏省未来经济发展的重要增长点，但是和江苏省经济转型对各类各级人才的需求而言，江苏省现有的培训服务业所能提供的产品远远不能在规模和质量上满足市场需求。这表现在：一是培训服务市场的集中度不高，品牌效应低。虽然江苏省内培训机构众多，仅南京市登记在册的社会培训类机构就达 2000 余家。但权威培训机构数量较少，培训机构质量良莠不齐，优秀品牌知名度不高。二是培训服务市场的监管不足。由于培训机构登记、审批机关不同，在资质和管理问题上存在一些空白地带。此外，行业准入门槛低导致鱼龙混杂，屡现教育培训机构卷款跑路的现象，培训服务的标准化建设、诚信建设等还远远跟不上市场的需求，培训服务的科学化、标准化、规范化和精细化发展还亟待加强。

二、江苏省人力资源培训服务发展建议

（一）健全相关规章制度，完善培训保障制度

制度是组织健康运行的保障，完善的规章制度有助于加速实现组织目标，统一资源分配，避免资源浪费。鉴于农民工就业培训涉及部门众多，政府部门应制定相关规章制度，统筹协调各部门的培训工作，加强各部门沟通交流，从而整合培训资源，提高资源利用率，避免资源浪费。此外，政府部门还应制定培训院校校企合作运营方面的规章制度，并出台相关优惠政策，让企业看到双方合作的利益契合点，深化企业对校企合作的认识，从而提升企业参与校企合作的积极性，激发校企合作的潜力活力。明确校企双方的"双主体"地位，明确并细化合作各方在合作中的责任和义务，以促进校企深度合作，保障校企合作的健康发展。只有完善了这些规章制度，培训服务质量才能得到保证，江苏省的培训服务行业才能更好地发展。

（二）丰富培训内容及形式，加强培训宣传

政府部门应鼓励培训机构及培训院校针对不同群体开设培训课程，如针对毕业生开设求职面试，职业生涯规划等新型就业培训；针对大学生群体开设市场意识，管理技巧等创业技能培训；针对农民工群体开设素质提升培训，等等。并针对不同群体采取不同的培训形式，做到灵活多样，从而提高培训效率及培训质量。

此外，政府机构应充分利用广播、电视、报刊、网络等多种新闻媒体和宣传途径加强培训宣传引导，对培训成效显著的培训案例加以宣传，对培训质量较高的培训机构、培训院校及示范基地予以嘉奖并广泛宣传，从而发挥这些高质量培训的辐射效应和带动作用，示范引领其他培训主体更好地开展培训。如关于校企合作，政府部门可以搭建信息分享平台，充分发

挥新媒体宣传途径,广泛宣传校企合作的最新政策及成功合作典型,以吸引优质企业参与合作;行业企业可以在平台上宣传专业领域的最新动态,促进校企双方有效对接。同时,将校企合作运行得好的单位的经验进行总结,如将南京工业职业技术学院、无锡职业技术学院等学校校企合作模式进行总结,树立典型,发挥校企合作"领头羊"的示范引领作用。

(三)加强培训行业监管,打造品牌机构

政府机构应加强培训服务市场的监管力度,加快培训服务标准化建设、诚信建设,将准入门槛、运营监管与培训质量检查相结合,实现全程无缝监管,并对优秀培训机构进行奖励表彰,重点发展,打造品牌权威机构,提高在全国的影响力。此外,还可成立培训行业协会,对各类社会培训机构实施全行业自律管理,推进规范化管理进程。只有实施了严格的监管,才能避免培训管理体制结构松散,进一步提高培训资源整合力度;同时保证培训院校校企合作的深入开展,提高培训质量,从而使培训服务质量达到市场需求。

第五章　江苏省人力资源咨询服务发展分析

第一节　人力资源咨询服务概述

一、人力资源咨询定义

企业人力资源咨询主要围绕人员招聘、绩效考核、薪酬体系和职业生涯规划等方面展开。政府人力资源咨询主要包括宏观意义上的区域人才规划、人才引进、人才聚集咨询等。鉴于人力资源是一种活的资源，是组织生存和发展的主体，因此必须坚持"以人为本"的指导思想，把人的因素即人的能力的充分发挥、人的潜能的充分开发、人的积极性的充分调动放在首位。

人力资源咨询的管理理论和方法涉及到管理学、心理学、组织行为学、系统工程学及信息管理学等多学科知识，属于技术性很强的管理工作，因此对咨询师的素质要求较高。

二、人力资源咨询分类

人力资源咨询从业务内容来看主要概括为以下三类：首先是关于组织设计、人力资源规划以及岗位设计的基础业务咨询。其次是关于劳动关系的人力资源法务咨询、薪酬绩效咨询、人才测评咨询等具体业务咨询，本节将人才测评也归为一种具体业务咨询，是因为一些企事业单位和个人自身不具备专业的测评水平和测评手段，需要向有专业能力和相关经验的外部机构和专家进行测评咨询。人才测评作为一种科学的"识人"、"用人"工具越来越受到重视，越来越多的企业把人才测评作为人力资源管理决策的重要依据。除了专注于测评的专业测评机构外，其他的人力资源服务机构如咨询公司也开始涉足此领域。最后，还有关于区域人才规划、人才引进等有关政府人力咨询。

三、人力资源咨询作用

在我国现阶段，关于人力资源咨询是否真的有价值的争论还很激烈。为此，我们有必要在此探讨一下人力资源咨询的价值和作用。人力资源咨询服务对企业的作用主要体现在以下几个方面：

（一）人力资源咨询能够全面发现企业存在的人力资源管理相关问题

人力资源咨询走过的企业较多、见识较广，且具有较强的理论功底，掌握了各种管理论断工具，能够更好地发现企业存在的问题以及未来可能存在的问题。

（二）人力资源咨询能够解决这些问题，制定切合实际的方案并帮助实施

人力资源咨询机构就像企业的医生，在为企业解决各种人力资源管理问题时具有一定的优势：一是人力资源咨询顾问具有为多家企业解决管理问题的经验，且具有系统化的管理方法，能够更好地为企业提出解决问题的办法和方案。二是人力资源管理方案往往涉及多方利益，人力资源管理咨询顾问作为独立的第三方，没有利益纠葛，更加有利于人力资源管理解决方案的推行和实施。

企业对管理咨询价值的理解，往往集中于方案本身的可操作性。咨询机构在承接咨询项目时，被"拷问"最多的问题往往也是能否形成具有可操作性的方案。咨询机构要提供高价值的"行动建议"，必须充分考虑企业的实际状况，充分考虑执行的需要，明确方案实施的前提条件、过程控制措施以及风险的预估和预控，甚至包括经济性分析。作为咨询采购方和最终执行者的企业，必须尽早、深度参与到方案设计中去，确保理解方案的假设条件、设计原理和预期成果，掌握实施方案所需要使用的工具和方法。

（三）人力资源咨询能够为企业提供人力资源管理决策支持

管理咨询的决策支持价值主要体现在降低决策风险、减小人事动荡、系统专业表述、统一中高层思想以及预防风险等四个方面。

（四）人力资源咨询能够帮助企业构建科学、系统的战略性人力资源管理体系

近年来，战略性人力资源管理体系逐渐受到企业界的欢迎，企业家希望因此能够给企业永恒的发展动力。构建人力资源管理体系主要包括整体性原则、关联性原则、适应性原则和动态性原则。

（五）人力资源咨询能够为企业管理者更新管理理念

更新理念贯穿于人力资源咨询活动的始终，是人力资源管理咨询最重要、最基础的价值，企业经营管理，尤其是对人的管理，与管理者的管理理念有高度的相关性，观念更新得越到位，其价值实现的程度就越高。

第二节　江苏省人力资源咨询服务现状

在江苏的管理咨询市场中有两个细分的市场发展较快。一是由国内众多小型咨询公司和科研机构、大学或政府部门提供的咨询服务构成。在这个细分市场中，管理咨询服务的收费较低，咨询机构通常没有明确的业务定位和固定客户群体，但是对当地企业的情况较为了解。对于绝大多数江苏企业来说，外购国际大型管理咨询公司的高价服务，财力难以承受。所以，发展面向江苏企业的管理咨询业重点应放在中、低价位管理咨询市场上。二是高收费市场，占有支配地位的企业基本上是进入中国的国外著名管理咨询公司，其客户主要是大型企业，尤其是国外大型跨国公司。

江苏省人力资源咨询业务供给主体多元化，包括本土中小型咨询公司、政府服务部门、外资咨询公司和个体业主。这里的个体业主包括所有尚未注册企业而从事人力资源咨询活动的个人或群体，如高校里的教研人员、科研机构的研究人员以及独立从业的专家。

在这种主体多元化的趋势中，本土的咨询公司茁壮成长，如南京智域咨询、南京东方智业、江苏领航等。智域咨询目前拥有长期服务的企业 60 家,为 200 余家企业提供过专项智力服务,拥有 1000 多家有合作服务的企业客户关系基础。2015 年,公司全面承接南京 8 大国资投资平台的 4 家,全面与新工、东南、交通、南钢、中建材等大型国有企业展开深度合作,还成立了智域咨询国有企业发展研究院和企业战略智库。南京东方智业成立于 1996 年,由国内有丰富理论和实践经验的管理专家及职业咨询顾问队伍组成,在全国有相当的影响力和知名度。公司成立 19 年来,已成功为 500 多家企业提供战略、组织、人力资源、企业文化等综合管理咨询服务。江苏领航每年为千余家企事业单位,近十万人才提供高品质人力资源服务,业务涉及人才外包、人才培训、人才招聘、人才测评与组织优化五大体系,服务范围立足江苏,覆盖长三角地区,辐射全国。

江苏作为教育资源的聚集地,大学众多,师资雄厚,拥有两所 985 高校,11 所 211 高校,是很多管理咨询专家学者的培养地。拥有这种优势资源,江苏学院派人力资源咨询队伍逐渐形成气候,以南京大学全资设立的非公司企业——江苏南大人力资源事务所为代表。学院派咨询机构主要指由某所院校人力资源类专家教授牵头,从事独立咨询或成立一个咨询机构为企业提供服务。具体形式为导师带领自己的研究生为政府、企业设计管理者咨询方案,甚至有些老师因为咨询业务量比较大,创办独立的咨询公司接受业务。例如南京大学商学院杨东涛教授主持企业管理咨询项目 40 多个,为 RAE Systems(Shanghai)、平安保险、江苏仪征化纤、深圳中集集团、苏州高新开发区、江苏三笑集团、长江引航中心、江苏恒瑞医药等企业、政府、事业单位提供人力资源管理咨询服务。南京商学院成志明教授作为中企联管理咨询委员会副主任、江苏省企业管理咨询协会名誉会长,也是南京东方智业管理顾问公司创始人、首席顾问,参与主持了该公司多个人力资源咨询项目。另外南京大学商学院和东南大学经管院还是南京智域咨询公司的决策委员会成员,校企合作融洽,共同发展江苏人力资源咨询业。南京师范大学商学院也提供人事管理咨询服务,项目对象涉及国家机关、事业单位、大型国企、外资企业、民营企业等单位,如国家电网、先声药业、苏宁电器雨润集团、康缘药业和新东方等,此外,商学院还有相当多的专家教授受聘为中共江苏省委研究室、江苏省人民政府政策研究室、省委组织部等政府部门的特约研究员或咨询专家,或担任著名企业的高级顾问和独立董事。还有依托于南京博学科技进修学院(南博商学院)的南京润万物企业管理咨询有限公司,擅长企业文化和人力资源管理咨询,为客户设计专业的管理咨询方案和提供有价值的企业文化建设意见。学院派咨询队伍倡导了人力资源管理理念,整合了专家资源,服务了咨询企业的成长,分享了市场利益,逐步在江苏人力资源咨询行业独树一帜。

人力资源咨询从业务内容来看主要可以概括为以下三类:关于组织架构、岗位设计、人力资源规划的企业基础业务咨询;关于招聘、绩效、薪酬、员工关系等的企业具体业务咨询;政府人力咨询。

一、基础业务咨询服务现状

人力资源基础业务咨询一般包括组织设计、人力资源规划和岗位设计等。在组织设计咨询方面,咨询服务一般包括企业组织管理诊断、管控模式分析、组织架构分析、权责体系分析、部门职责梳理、岗位管理体系设计。进行人力资源规划咨询时,咨询机构一般提供人力资源现状调查、人力资源总体规划、职位编制规划、人员配置规划、人员需求规划、人员招聘规划、培训开发规划、人力资源管理政策调整规划、人工成本规划等。岗位设计咨询的主要内容包括跨部门、跨岗位无边界职能梳理、定岗定编设计与数理和工作关系的设计等。

江苏省人力资源基础业务中人力资源规划和岗位设计咨询需求较大,对组织设计的咨询相对较小。由于市场需求方面的原因,在江苏本土管理咨询类公司中,南京新纪元咨询、南京智域咨询、南京东方智业管理顾问有限公司、江苏领航人才等都热衷于提供专业的基础业务咨询服务,如新纪元咨询2015年8月与中国十七冶集团工程设计公司的管理咨询项目,就是围绕人力资源规划展开。2015年6月至2015年11月期间新纪元咨询致力于邳州市广播电视台的人力资源管理咨询项目,为其完成岗位定编、工作岗位描述书、部门三定设计等制度汇编。南京宁众人力资源咨询服务有限公司、南京智域咨询、南京东方智业也在人力资源规划咨询方面有所涉及。江苏领航人力资源服务有限公司能为客户企业提供的基础业务咨询比较丰富,包括人力资源规划、组织结构设计、定岗定编、岗位价值评估等。

为何人力资源基础服务市场空间较大?就人力资源规划而言,由于HR规划是为了更好地保证未来组织任务和满足环境对组织的要求,是为企业战略目标服务的,涉及到公司未来2—3年的人员安排,规划时所需的信息量大,涉及面广,且具有一定的难度,企业并不一定能准确把握好方向,故向外部专家和咨询机构进行求助和咨询,寻求高品质和专业化的解决方案,成为他们的首要选择。岗位设计需要根据组织业务目标需要,兼顾个人的需要规定某个岗位的任务、责任、权力,涉及到企业业务目标的落实、员工能力和数量的匹配,整个过程比较繁琐,工作量庞大,而且岗位设计的成败对于岗位价值评估、薪酬体系完善、员工职位管理及发展通道体系的建立健全都负有至关重要的责任,是连接组织宏观战略规划和微观管理的重要纽带,是企业发展过程中的关键环节,也涉及企业员工的利益。企业完全自主解决这类问题难度较大,所以对外的咨询需求比较大。从2015年人力资源服务机构所提供的实际情况来看,也是如此。如2015年6月新纪元咨询与江苏雄成液压器材制造有限公司签约管理系统变革咨询项目,双方就人力资源规划进行了深度沟通。2015年10月卓智咨询受江苏菲常购网络科技有限公司邀请,将参与江苏菲常购的战略规划、人力资源等方面的管理咨询方案。2015年11月为满足创业环保集团战略发展的需要,承接其2016—2020年战略规划(含人力资源)咨询项目,为其未来发展保架护航。2015年,东方智业启动江苏金智教育信息股份有限公司管理咨询项目,帮助金智教育明确管理总部与业务单元之间的职能、职责、岗位职权划分,建立业务单元管控模式,并辅导实施,为金智教育的持续健康发展提供坚实的管理保障。

公司的组织结构设计一般包括企业总部的定位、设计;管理层次和汇报体系;下属公司与总部的关系、结构及划分;决策、预算和监控的部门划分。企业在进行组织设计时,具有一定的历史传承性,对内部人员安排、组织架构建设等需要根据具体实际情况平衡各方利益后进行。公司通常会在以下三种情况进行组织设计咨询:新建的企业需要进行组织结构设计;原有组织结构出现较大的问题或企业的目标发生变化,对应的组织结构需要进行重新评价和设计;组织结构需要进行局部的调整和完善。对于设立初期的江苏本土企业来说,虽然有一定的组织设计咨询需求,但是由于资金受限、咨询意识缺乏、咨询市场良莠不齐等因素,不少公司最终不会进行组织设计咨询。另外,江苏的大部分企业正处于发展上升期,组织设计和重构事关企业基石的变动,投入成本较大,并且预期回报较小或者在短期内不会实现。企业的组织架构是一个企业的管理枢纽,是企业资源整合和执行力组织的必备条件,贸然改动,风险较大,导致这类企业也不会轻易选择对组织架构进行改动。因此,江苏省对组织设计的咨询需求一般出现的是第三种情况,只对组织结构进行局部调整和完善。总体来说,组织设计咨询的需求较少。一般企业不会仅仅咨询组织设计,而是将组织设计咨询作为辅助咨询,以咨询其他方面为主。如2015年1月9日,南京智域咨询负责的栖霞区土地储备中心(南京交通土地发展有限公司)人力资源管理咨询项目圆满落地,该项目的核心是优化企业的薪酬绩效体系。但是咨询公司也为其提供了组织设计方案,协助企业进行岗位配置和人员调整,坚定不移地推进流程化的规范管理,内部流程得到显而易见的优化。

二、具体业务咨询服务现状

人力资源具体业务咨询覆盖了人力资源产业链的多个环节,在其本身的发展中,结合企业在不同环节的需求,衍生出了专业化的细化咨询类别。专业化人力资源具体业务咨询衍生于人力资源产业各个链条环节的客户需求,从雇佣生命周期的角度而言形成了专业化的细分业态,比如在招聘阶段实施的招聘咨询、雇员管理阶段的绩效薪酬咨询、雇员退出阶段的转职咨询或养老咨询等。

人力资源具体业务咨询以法务咨询、绩效薪酬咨询和人才测评为主,少数涉及到员工选聘、激励计划、与人力资源相关的财税咨询和人力资源成本控制咨询等。

(一) 人力资源法务咨询

人力资源法务咨询的服务项目一般涵盖:① 政策法规咨询;② 劳动法律咨询,包括起草和修改劳动合同、起草和修改补充协议、起草和修改员工手册等;③ 劳动争议咨询,包括起草法律文书、书面法律意见、劳动仲裁代理、诉讼代理(不涉及财产纠纷)、委托裁判等;④ 书面管理系统,包括建立劳动合同管理文件体系。目前江苏大部分公司还停留在简单的政策法规咨询阶段,及时发布并通知公司客户政策法规变化。也有不少公司能提供劳动法律咨询和劳动争议咨询,这就需要公司拥有多名在职或者兼职法务专业人员,有着丰富的法律工作经验。但是,极少有公司能提供劳动合同管理体系设计。

目前市场上提供人力资源法务咨询服务的机构数量繁多,主要分为三大类:第一类是专业的律师事务所。律师事务所有处理企业劳动法律事务的专业人员,为企业提供人力资源法务咨询服务。

第二类是人力资源服务机构,如各地的综合性人力资源服务机构或人才中心,其中的专业法务人员在长期的派遣和代理服务中积累了大量处理企业劳动人事关系法律纠纷和问题的经验,具备人力资源法律咨询服务的能力,并面向企业提供人力资源法务咨询服务。2015年,江苏人力资源和社会保障厅评定出20家"江苏省人力资源服务骨干企业",这些企业均为综合性人力资源企业,主要业务为派遣、外包和招聘等,有五家企业涉及到人力资源法务咨询业务。无锡政和人力资源有限公司服务法务咨询服务内容较为有限,主要是政策法规咨询。南京宁众人力资源咨询服务有限公司可以为企业起草、修改、审核劳动人事管理制度;协助企业调解、处理劳动争议;协助企业处理工伤、死亡事故。徐州市外事服务有限责任公司主要提供包括与人力资源相关的劳动法规、社保政策及相关服务、工伤生育理赔、公积金政策及相关服务、企业劳动纠纷及诉讼等咨询。常州方圆外企服务有限公司可以修改制定劳动法律文书（员工手册、劳动合同、各类通知书及协议等）、劳动用工合规审查、劳资纠纷处理（仲裁、诉讼、谈判）。北京外企人力资源服务苏州有限公司凭借完善的全国法律服务、一站式专业服务、庞大数据支撑、优势资源和正规调查渠道的服务优势给予客户专业的法律解读与风险提示和严谨的员工关系问题解决方案。

第三类为各大法律咨询网站，例如法律快车网，目前该网站律师已覆盖全江苏。截至2015年底，该网站关于工伤赔偿（包括工伤赔偿协议、工伤赔偿标准等）的咨询条数最多，已近100万。其次，关于劳动合同知识、劳动合同期限、劳动争议、工伤鉴定标准和工伤保险的咨询数量也较多，均累计超过20万次，约为劳动保障、劳动仲裁和工资福利咨询数量的双倍，相应地，这几方面的相关律师也较多。相较于其他人力资源法务咨询，关于劳动关系、集体合同、劳动保险、劳务派遣等方面的咨询存在显著差距，咨询数均仅为一万左右。再如无锡中铠信息咨询服务有限公司运营有法律王公共法律服务平台，并于2015年上半年正式推出了律兜APP和律兜微信服务号，将法律服务和律师装进了客户的口袋，打开律兜产品，找到劳动维权模块，描述和发布自己遇到的问题，等候专业律师接单，最后实现一对一的咨询，打破了传统法律服务的价格门槛和服务模式，为普通民众和中小企业提供标准化的专业法律服务，实现法律服务零距离。目前，不少律师事务所和私人律师为了寻找案源，纷纷加盟各大法律网站，形成了战略合作，例如江苏朗宁律师事务所、江苏钟山明镜律师事务所、江苏金匮律师事务所等。

（二）绩效薪酬咨询

绩效薪酬咨询主要服务内容为编制行业薪酬报告、薪酬规划制定、绩效考核体系设计、薪酬管理体系设计等。

员工绩效考评是对员工的工作表现检查、度量、改进和激励的管理制度，直接影响薪酬调整、奖金发放及培训开发、职务升降等员工切身利益。劳动报酬直接关系到员工基本需要，也直接关系到企业人力资源的成本，在管理时，经常出现理论发展与企业实际操作严重脱节，将严重影响报酬的激励作用。绩效薪酬管理作为人力资源管理的核心，同时也是难度最大的管理工作，因此，企业对绩效薪酬体系的咨询需求较迫切。大部分人力资源咨询公司对绩效薪酬咨询业务都有所涉及。例如南京智域咨询、南京东方智业、南京卓智咨询、江苏领航人力资源服务有限公司旗下"领航咨询"、北京外企人力资源服务江苏有限公司、无锡政和人力资源有限公司、昆山人力资源市场集团公司下设咨询培训部等。

管理咨询类公司发展较早，已形成相当的业务规模，具有一定实力，将人力资源整合进企业管理体系，发展出人力资源管理咨询模块，其中，又以绩效薪酬咨询业务为主。

江苏本土的管理咨询企业对本地市场有更好的了解，并且坐拥江苏优质的人才资源，比外地企业更容易扎根，取得项目主持权。如南京智域咨询，2015年完成主要咨询项目15个，其中1/3属于绩效薪酬咨询项目。如紫金（高新）特区薪酬规划，解决了南京紫金（高新）创业特别社区因为沿用事业单位的管理模式和传统计划经济时代的薪酬模式，使得员工积极性和主创性得不到充分发挥的问题，建议紫金（高新）特区导入市场化机制，与市场经济接轨，完成了薪酬顶层设计和总体规划。栖霞区土储中心人力资源管理咨询项目，智域咨询为栖霞区土地储备中心提供薪酬体系、绩效考核体系的设计。2015年初，中心正式实施新的绩效考核方案，希望能做到组织与员工目标的同步实现，内部管理效率逐步提升。南京市民政公共服务绩效评价项目,对南京市民政公共服务绩效评价进行了实证设计,提供了一套颇具参考意义的指标体系。此外,南京智域咨询还承接了南京长江隧道公司绩效咨询项目、主题为"如何打破级别,建立基于岗位价值的薪酬体系"的新工集团首期人力资源沙龙等项目。

再如南京东方智业管理顾问有限公司,2015年主要承接14个项目,其中6个项目都围绕薪酬绩效展开。卫岗乳业管理咨询项目,以"员工职业发展通道设计"、"薪酬体系调整"为主题,东方智业最终协助卫岗乳业完成本次人力资源管理优化工作。江苏金智教育信息股份有限公司管理咨询项目,主要工作内容为设计管理总部对业务单元的考核激励体系。2015年10月12日,某工程设计股份有限公司管理咨询项目正式启动,咨询课题为"建立公司董事、监事、高级管理人员的选聘与薪酬考核方案",对于推动公司科学管理的进程起到引领和带动作用。东方智业还对河西建发公司的薪酬体系进行系统梳理、规划、设计,建立了一套科学、合理、奖勤罚懒的薪酬体系并辅导实施。11月和12月东方智业还分别启动了某资产管理公司咨询项目、恒顺集团管理咨询项目。

卓智咨询团队2015年9月在南京公司总经理黄忠海的带领下奔赴农业银行惠州分行实施管理咨询和培训服务,此次合作是中国农业银行对卓智咨询品牌高度认可的基础上的再一次合作,受到中国农行和卓智咨询双方领导的高度重视。

另外,还有一部分的全国性的公司在江苏内的子公司由于品牌效应、操作规范等,赢得了很多政府部门的和资金较充裕企业的青睐。例如北京外企德科人力资源服务江苏有限公司,已陆续在无锡、常州、南通、镇江、泰州、扬州、宿迁七个城市设立分公司,同时,与省内12家同行业服务机构保持长期稳定的合作关系,通过"一地签约,全国服务"为客户提供最优化的绩效薪酬解决方案。诺姆四达在苏州、无锡等地设有分支机构,以帮助一流组织建立真正的人才竞争优势为使命,提供绩效体系构建、薪酬体系构建等服务。

（三）人才测评咨询

人才测评是通过一系列科学的手段和方法对人的基本素质及其绩效进行测量和评定的活动,并将测量与评定结果应用在组织发展与人才管理等企业管理领域。一些企业自身不具备专业的测评水平和测评手段,也缺乏相应的测评人才,因此需要向有专业能力和相关经验的外部机构和专家进行测评咨询,提升评价过程的透明度和公信力,进一步保证测评信度和效度,为员工的评价、选拔晋升和培养提供智力支持。人才测评的咨询需求应运而生,注意到这部分市场,除了专业的人才测评机构,部分咨询公司也开始提供人才测评咨询服务。

1. 测评机构

人才测评是人力资源服务业中的重要业务板块,同时又是人力资源服务产品的核心与高端技术支持。江苏人才测评市场化、产业化相比其他板块起步要晚,规模要小,但增速较高。产业集中度较低,未出现业界一致认可的行业领导者,国际测评机构与本土测评公司各有千秋,并存竞生。江苏人力资源服务市场中测评公司主要分为三类:第一类,政府测评机构,主要服务于大型国有企业和政府部门,也搭建公共人才测评服务平台,比如江苏软件产业公共服务平台中的人才测评模块,其测评内容既包括素质测评,也包括技能测评,测评内容涵盖广泛。第二类,以SHL、托马斯国际、善择、光辉国际、美世为代表的国际中高端咨询公司进入江苏市场,主要服务于外资企业。第三类,本土测评机构,大部分为综合性人力资源公司,如江苏领航人才、中智江苏、江苏谋士在仁人才管理咨询股份有限公司、南京智域咨询、无锡政和人力资源有限公司、徐州市外事服务有限责任公司等,基于现有客户的人才测评需求,开始向测评领域业务延伸,服务对象主要集中在民营中小型企业。国内人才测评巨头诺姆四达在苏州、无锡成立分公司,是我国目前测评设施最全、规模最大的人才测评基地之一。博尔捷人力资源集团为企业员工提供人才素质五星测评,在江苏南京、苏州、南通、盐城等地都设有分公司,2015年4月常州分公司登记注册,截至2015年底,博尔捷在全国40个城市设立了50多家分子公司,服务遍及120座大中城市。部分江苏本地人才服务机构也上线了人才测评系统,如江苏人才热线中心的人才测评模块、江苏领航人才的领航测评模块和中智江苏的人才评鉴中心等。此外,江苏省部分大型企业一般也会自建人才测评系统,其以人才测评软件为基础,搭建在企业的网站上,求职者应聘时需要参与其系统的人才测评。

2. 测评项目

现在,人才测评在企业得到了广泛的应用,从招聘、选拔晋升、团队建设、培训诊断等多方面都需要借助人才测评的相关技术。江苏省人力测评咨询主要服务于个人职业生涯规划、招聘选拔、胜任力评估和员工心理健康测评,在其他方面如员工乐业度、敬业度、公务员测评、服务质量测评也有所涉及。

(1) 个人职业生涯规划

人才测评在个人职业生涯规划的自我评价、目标确定和能力提升这三个主要阶段发挥重要作用,主要需求主体为初入职场新人。测评运用人格测验进行自我评价,常见的人格测验包括16PF人格检验、"大五"人格测验、EPQ人格测验和MBTI人格测验等,如江苏领航的人才评价中心就是利用这几种测评工具让个人自我评价。个人想要设置个人职业目标时,可以进行职业兴趣与态度测试,了解自己的职业兴趣、职业价值观和职业能力倾向,通常应用的测试方法包括霍兰德职业兴趣量表、职业价值观测验、一般能力倾向成套测验和特殊能力测验。最后运用测评中心技术提升职业能力。测评中心技术是基于情境的综合测评方法,它是将被测试者置于模拟的工作环境中,通过观察被测试者的行为表现评价其能力以及预测其潜能。

南京智域咨询、镇江人才服务中心和江苏谋士在仁人才管理咨询股份有限公司等主要是在人才市场上为企业或者个人提供职业倾向测评、基本能力测评等,旨在为求职对象提供一定的引导。中智(江苏)人才评鉴中心帮助员工进行职业生涯规划时,提供三类测评:一是基本认知能力测评(职业定向类),考察个人从事职业活动的能力倾向;二是职业性向测评,职业性向反映了职业(工作活动)特点和个体特点之间的匹配关系,是人们职业选择的重要依据和指南;三是工作风格测评,从职业选择的角度开发的工作风格测验,主要目的在于帮助求职者了解自己的人格类型偏好和特征以及适合的职业。智联人才测评(江苏)借助智联招聘网面向全国,同时依托国内外顶级人才测评专家和专业机构形成了科学、系统、完善的测评产品和服务体系,推出了以任职测评、在职测评、竞职测评以及个人测评为基本骨架的人才测评体系。江苏还有一部分公司提供的人才测评服务相对简单,如无锡政和人力资源集团仅仅涉及了员工素质测评,江苏英才网2015年只发布了"测一测你处理危机的应急能力"、"性格测试决定你的旅行目的地"和"孤岛生存:你是职场中的哪类人?"等五个职业性格小测试。

（2）招聘选拔

招聘已成为许多企业的常规工作，超量的简历接受、繁重的简历筛选、事务性的面试通知，而面试工作的专业与难度又怕选了差的漏了好的，校园招聘人数多、工作量大、任务急，但却还可能导致用人部门不满意，领导不认可。招聘筛选测评可帮助企业进行科学、高效的招聘。因此在招聘选拔阶段人才评价咨询的需求很大，相应此阶段提供的测评服务也较为丰富。例如中智江苏自我编制评价中心测评题库、编制人才测评应用手册并构建个性化招聘测评网络平台，除了提供上述基本认知能力测验外，针对招聘提供个性特征调查表和个人行为风格测验。个性特征调查表是根据美国心理学家高夫编制的"加利福尼亚心理调查表"（CPI）修订而成的。个人行为风格测验是基于中国人的文化特征，在16PF基础上修订而成的。江苏领航的人才评价中心在社会/校园人才甄选评价方面，提供定制化笔试、职业兴趣测评结构化面试、个性特质测评岗位胜任度测评、基础认知能力测试、通用岗位能力测评。博尔捷的"五星测评"系统中大学生测评和个性测评模块也对招聘选拔有所帮助。对大学生素质的综合考量主要从被测试者的逻辑思维、言语理解、资料分析、数字和图形推理能力展开。

（3）胜任力

在众多人才测评技术中，胜任力测评是企业最为常用的测评工具。胜任力测评主要是测评一个人是否有相应的能力，来完成其所在岗位的工作要求。例如中智江苏经济技术合作有限公司建立企业岗位胜任能力模型，包括四个方面：① 中智驭情测验，是一套有关情绪胜任能力的能力测评和培训系统。② Belbin团队角色分析测验，对每位竞聘人员的团队角色偏好作出判断，同时也可以分析被测试者团队角色的平衡关系对整个团队的影响。③ 工作风格测试，从职业选择的角度开发的工作风格测验，主要目的在于为被测试者了解自己的人格类型偏好和特征以及适合的职业提供一种简洁的测评工具。④ 管理人才综合素质测评系统是中智人才评鉴中心的特色和优势工具，它可以方便地在企业内部局域网内运行，在为近30万测试用户实践中受到严格的检验，获得很高的评价。中智人才评鉴中心的专业服务，能够提升企业在应届毕业生心目中的形象，使企业获得广告效应。

"江苏领航"的人力测评业务得到深入发展，提供了较多的胜任力测评。领航引进美国PDP人才测评系统，该人才测评体系包括三个中心：健心中心、组织评价中心和人才评价中心，其中人才评价中心可以采用管理风格测评、管理述职、管理技能测验、情景模拟、管理潜能测评、角色扮演、大五人格测评、公文筐测验、九型人格测评、无领导小组讨论盘点管理干部能力素质。

在考验员工胜任力上，博尔捷应用自主研发的"五星模型"进行人岗匹配测试。模型分为高层、中层、基层三个层级，涵盖生产类、研发类、营销类、采购与供应链类、人事行政类、财务类等六大通用职能。比如研发类中层，通过团队建设、卓越执行、赢得信任、沟通协调和知识管理这五个维度的25个分项指标进行评价考量。

（4）心理健康测评

目前，员工因为承受不住生活工作双重压力而轻生的现象屡见不鲜，这就导致不少企业期待员工有一定的心理抗压能力，也越来越关注员工的心理健康。因此，企业需要在招聘过程中或者定期请专门的测评机构协助其进行员工心理健康测评。在进行心理测评时，主要两类机构,一类为专业的心理咨询公司,如南京晓然心理咨询、南京心之路心理咨询有限公司等,还有一类则为察觉到这部分市场需求的人力资源服务公司,例如南京智域咨询,可以提供文化健康测评、员工满意测评。"江苏领航"健心中心也能够进行职业心理健康扫描,包括心理健康度测评、职业倦怠感测量等。博尔捷应用了国际著名人力资源管理大师忻榕教授的五星理论,形成了博尔捷五星测评系统,它包含了胜任力测评、个性测评、一般能力测评、心理健康测评等系列测评产品。心理健康测评通过问卷、投射实验了解测试者的心理健康水平,采用文献分析法、工作分析法、行为事件访谈法、专家小组讨论法、问卷调查法等研究方法,再根据职能、职级等构建各岗位模型,进行信效度检验,最后制定常模,应用投射测验技术、迫选测验技术、内隐评价技术、情景评价技术进行量表开发。

还有不少学校为保证学生身心健康成长,也需要进行心理健康测评,如南京特殊教育师范学院,自2015级新生到校报到开始,便分批次、有步骤地组织2056名新生进行了心理健康测评工作。该校采用症状自评量表(SCL-90)、大学生人格问卷(UPI)两个量表,对大学生生活、性格、心理健康等方面进行测量,学生通过自己的学号和密码,进行系统登陆测试,操作高效便捷,结果保密性强。为了保证此项工作高效率、高质量的完成,普查开始前,学校请教有关专家,提前制定工作方案,做好组织协调等准备工作。同时,编制测试工作操作流程,对2015级新生班辅导员、校心理健康协会、2014级心理委员等工作人员做了业务培训。

(5)其他项目

随着社会的发展变化及测评行业转向服务的深化,人才测评将与组织的人才管理高度融合,如干部选拔与考核、管理团队匹配、潜力人才发掘、后备人才梯队建设、领导力发展等服务也将逐渐被企业重视。"江苏领航"的组织评价中心,对员工乐业度、敬业度、组织氛围进行调查、诊断,提供优化调整建议。通过调查,帮助决策人提升组织掌控力,全面了解员工乐业度、敬业度、组织氛围方面的情况。博尔捷还可进行政府公务员测评,该测评包含基层公务员、科级干部、处级干部和厅局级干部的测评。比如,处级干部的测评从班子建设、公共服务能力、人际能力、意志品质和思维与创新这五个维度的25个分项指标进行评价考量。徐州市外事服务有限责任公司的人才测评方式较为特殊,相对而言,该公司更注重实地调查,测评数据来源更为可信。利用专业化的技术工具和手段,通过专业神秘人暗访及非现场回访、调取录像、截图等监测措施,对委托客户所属各服务网点的服务环境、服务设施,员工的职业形象、业务能力、服务纪律、服务流程、服务效果及无客户服务状况下的行为举止进行全面的监测,充分采集第一手真实资料;然后对照规范服务标准进行逐条分析、对比、评价,分别从各个不同方面对服务网点及员工个人进行多层次、多维度量化评判;最后,利用文字、图表等表现形式,形成《服务质量测评报告》,为委托客户实施奖惩规定及制定"改进工作、提高服务质量"措施提供可靠依据。

3.测评模式

现今,大数据在机器学习、分析和数据预测上开始发挥越来越不可替代的作用,在人力资源领域也不例外。大数据可能会变革HR对于人才筛选、离职预测的传统方式,变成组织绩效的风向标。

人才测评是人才招聘、任用、发展的一个"质量规格"。在大数据时代,每个人的结果和过程评价的数据价值日趋突显,对人才管理各个环节的作用也越来越重要。人才测评作为一种人才评价的通用技术,未来可以帮助雇主企业更快速地找到候选人,以及快速地识别"高潜员工"、"高危员工",用数据来驱动"薪酬变革"。这些变化已经悄然在新兴公司中发生,而且被接纳程度也非常迅速。

实力雄厚的云平台,可以通过数据和匹配搜索,于数分钟内在海量数据中找到匹配度最接近"高绩效基因"的 5%—10% 的候选人推荐给企业方。这种大数据预测的方法,不仅智能、便捷,能够更快地聚焦人才,也去除了许多主观因素,使最有可能适合企业的候选人以最快的速度抵达岗位,极大地"绿化"了整个选人流程。比如说 BIT 通过智能地分析并对比录用人员和非录用人员、绩效优秀和绩效低下的人员素质差异,进行定量分析,同时积累人才数据,从而形成自身用人特点的"人才画像",让企业在庞大的候选人库里锁定合适的人才。

就集团企业而言,其分支机构遍布全国甚至世界各地。如何在人才选拔评价方面有统一的平台和标准,并提升效率则是一个难题。基于互联网的在线测评服务将是一个有效的解决方案。从整个测评行业来看,未来的商业竞争正逐步演变为平台和数据的竞争,能够聚焦于测评领域的核心优势和持续积累的数据,则可升级人才管理的创新服务,也必将为企业带来更大的价值。人才在线测评服务新模式渐成首选。因此,在线测评服务将是未来企业人才测评活动的必然选择,特别是在招聘筛选和中初级人才的测评方面更受青睐。目前,提供在线测评的企业包括中智江苏的在线智能评价中心、江苏领航的人才评价中心、智联测评(江苏)等。

4. 测评特征

企业使用人才测评技术主要用于社会招聘、内部后备人才选拔、领导力评估与发展、校园招聘,以及内部晋升竞聘,由于人才测评与评鉴结果的应用与人力资源管理关系紧密,在市场上,人才测评服务往往和招聘、培训等服务结合在一起,作为单独的服务项目或与其他服务并行,所以江苏人才测评咨询服务一些特征例如区域性与季节性特征都和招聘与培训的特性相关。

江苏省人才测评咨询服务的季节性主要与招聘周期与季节性相关,以大学生毕业季以及春节过后为主。在校园招聘阶段,人才测评的应用率较高;同时由于春节后用人需求较高,因此春节后一段时间人才测评应用更为频繁与广泛。培训行业的区域性表现十分明显,因此依托于培训行业的人才测评咨询服务也表现出区域性的特征;经济发达区域如苏南地区发展快、市场活跃、需求旺,经济欠发达地区如苏北发展相对缓慢。因此,整体表现为苏南地区的人才测评发展快于并优于苏北苏中地区。

三、政府人力咨询服务现状

政府人力咨询主要包括宏观意义上的区域人才规划咨询、政府人才引进、人才聚集咨询等。近年来,随着我国人才强国战略的实施,江苏各地对人才规划的编制和实施越来越重视,推动了政府人力资询的发展。许多地区在终期评估的同时,还开展人才规划的中期评估,可以说,区域人才规划评估已经成为当前各地组织人事部门的一项重要工作和研究课题。例如江苏的"十三五"人才发展规划,提出"到 2020 年,实现企业经营管理人才、战略性新兴产业及现代服务业等产业人才超 320 万人,社工人才 30 万人,农村人才超 300 万人"等目标,还编制了战略性新兴产业人才、现代服务业人才、文化人才等 20 个专项人才发展规划。区域人才规划工作量庞大,关系到全省中长期的发展,需要谨慎制定,必然需要向社会咨询机构和专家征求意见。

人才引进就是指因工作需要,当地的单位录用一个外省市的在职的,且就业至少达到一定年限的人员,学历高于当地人才引进的最低要求的人才来当地就业。截至2015年底,江苏全省各地强化招才引智力度,以"双创计划"为引领,实施近百项引才计划,引进海内外高层次人才2万多人,人才国际化水平明显提升。坚持"引进一个人才,发展一个企业,带动一个产业",并对引进人才提供项目申报、医疗、落户、社会保险、居留和出入境、住房、子女就读、配偶就业等配套服务。人才聚集是人才流动中的特殊现象,符合质量指标的人才在区域范围内实现数量上的集中,并且通过彼此之间经验、能力的相互协调,从而实现聚集效应,为该地区的发展做出贡献。这既是人才个体寻求工作、生活最大满意度的一个过程,也是市场优化配置人才资源的结果。

政府和开发区进行人力咨询,目的是防止人才外流和引进人才促进当地产业和经济发展,博尔捷人力资源集团便专注于此。在江苏,博尔捷的业务主要分布在南京、苏州、南通、盐城等地,并且专注于为政府和开发区提供咨询服务,为开发区提供开发区人才战略健康指数(I-TSAI),研发出"开发区人才竞争力五星模型",五星模型根据迈克尔·波特的"五力竞争模型",结合硅谷模式而形成。这五星分别为:人才发展载体——开发建设组织机构、企业(创新企业)、科研院所、孵化器(科技创新企业)、专业性产业园;人才扶持政策——货币奖励、住房安居、荣誉奖励、培训政策、出入境;人才服务平台——高阶人才数据库、人才招募、公共服务、市场服务、"千人计划"服务;人才发展环境——居住、商业、文化娱乐、法律、子女教育;知识共享机制——行业论坛、指数研究、教育培训、合作联盟、技术平台。

截至2015年,博尔捷主要承接以下四个江苏政府咨询项目:(1)苏州工业园区城铁综合商务区项目,建议苏州城铁综合商务区着重发展总部经济、金融产业和文化产业,发布三大产业人才和税收政策对标报告并且制定了人才吸引实施方案。(2)苏通科技产业园人才战略咨询项目,建立苏通科技产业园上海工作站,组织千人计划、双创人才等落户苏通科技产业园,成功引入五名千人计划及项目落地。(3)国家级如皋经济开发区项目,推动建立如皋人力资源服务产业园和如皋高端人才创业创新园。(4)国家级连云港经济开发区项目,制定了连云港经开区三年人才回归计划、连云港籍人才回归计划、连云港经开区中高级人才培训、连云港经开区企业薪酬报告、连云港人才规划及组织架构优化、绩效考核、薪酬设计,服务围绕制定人才吸引实施方案和人才回归计划展开。

第三节　江苏人力资源咨询服务发展中的问题与建议

一、江苏人力资源咨询服务发展问题

(一)社会咨询意识不成熟,业务规模偏小

西方管理思想和管理理论的发展基本成熟,企业崇尚科学化管理,对现代管理咨询理念接受的很早。对比之下,中国对市场经济的敏锐性欠缺,咨询意识不够强,并且实行对外开

放较晚,政府、企业界的思想理念比较陈旧,人们并没充分认识到咨询带来的作用,大多决策凭借自己的经验形成。江苏一些中小企业,尤其是家族式企业,还依靠传统的人力资源管理办法来进行人才开发与管理工作,人事管理工作中行政色彩严重,管理人员的想法与意志往往就决定了本单位的人事工作,通常不会选择对外咨询。另外,江苏人才测评工作还处于起步阶段,人才统一分配、统一调拨的思想在一些企事业单位中仍然存在。人才招聘工作仍以笔试卷面成绩和面试考核成绩为主,缺乏统一的人才测评工作。总体来说,人力资源咨询理念在江苏省范围内整体影响力度不够,绝大多数中小企业并没有意识到人力资源咨询的重要性。

从江苏各人力资源咨询项目来看,江苏人力资源管理咨询服务的需求主体主要是政府、国有企业和大型民营企业,中小企业的服务需求未被充分开发,外资企业的需求市场还未能抢占,业务规模偏小。这与江苏人力资源管理咨询服务的供给能力有很大关系,也与某些企业崇洋媚外,对本土咨询企业不屑,盲目相信国外咨询公司有关。

（二）涉及业务相对宽泛,公司自身定位不明

江苏的人力资源咨询机构,由于认识模糊,并没有长远打算,多数缺少核心专长,为了揽业务,根本不考虑自身的实力。一些人力资源服务公司如无锡政和人力资源集团、南通市百帮服务有限公司等声称能提供关于猎聘、派遣、外包和人力资源咨询等多个方面的服务,还有一些管理咨询类公司,例如东方智业、南京卓智咨询等可以从事关于战略、组织、营销、生产运营、财务、供应链、企业文化、重组和兼并等多个模块的业务,公司涉及的业务范围较为宽泛,定位不明,未能形成企业专长和服务特色,好像只要企业有需要,咨询公司理所当然地能解决,通过查资料、请专家,最后咨询方案便新鲜出炉。咨询结果却像蜻蜓点水,收效甚微。

（三）专业人才匮乏,从业人员素质有待提高

对于人力资源管理咨询等知识型和智力型业务而言,人的因素显得特别重要和关键。江苏人力资源管理咨询业务普遍发展历史较短,人力资源咨询队伍整体素质不高,有些从业人员是从人事部门分流出来的低素质冗余人员,缺乏专业的咨询知识。另外,目前国内高校尚没有咨询测评专业,后续的人才培养储备也是一个很严峻的问题。人力资源管理咨询是技术含量较高的专业服务领域,需要有一整套的理论和技术体系,必须要有系统的训练和一定的实践经验才能胜任。目前江苏人力资源管理咨询的从业人员中,有一些是长年从事人力资源管理工作转做人才测评或人力资源管理咨询,有一些则是高校教师、科研机构研究人员或者学者,前者缺乏系统的专业理论知识,而后者则对先进的管理理念和实践方式不敏感,多为人力资源管理咨询和人才测评门外汉。大部分从业人员对于这些高端服务业务还处于感性认识阶段,很多人在还没有弄明白这些高端服务业务的内涵特征和经营模式时,就贸然地进入了这个领域,他们既没有国际同行几十年的从业经验,也不是科班出身的专业人才,整体素质偏低,真正具备咨询顾问资质的人才高度奇缺,成为江苏人力资源高端服务业务难以发展壮大的重要制约因素。

（四）技术平台落后,缺乏核心竞争力

江苏人力资源咨询服务业相对北上广起步晚,缺少信息产业的支持,咨询网络平台不成气候。主要表现为以下几个方面:

（1）大部分江苏人力资源咨询企业还未建立自己的公司网站,甚至在 2015 年被评为

"骨干企业"的20家企业中,也有包括江苏谋士在仁人才管理咨询股份有限公司、无锡慧博人力资源服务有限公司、无锡政和人力资源有限公司等近一半的公司没有自己的网站。虽然江苏部分人力资源咨询企业已经建立起自己的网站,但是大多还只是停留在只有公司介绍、公司联系方式、业务简介等基础层面,没有实时更新公司的新闻资讯、成功案例介绍和合作伙伴等,也没有实质的完善的服务咨询网上跟踪和售后服务。有些咨询公司的案例库过于贫乏,只有一些咨询诊断方案,而这些诊断方案还是千篇一律,顶多将客户的名称改动一下,在知识积累方面比较薄弱,不注重案例库建设。

(2)江苏省推出的人力资源法务在线咨询网站起步较晚,数量较少,服务还不够深入和全面。由广州快律网络技术有限公司创办的法律快车网和江苏无锡中铠信息服务咨询有限公司开发的律兜网都是采用注册律师的形式,因此我们可以做个比较。法律快车网提供的相关劳动知识和相关法规,内容更全面,分类更细致明确,有些用户自行阅读完就能解决问题,有利于法律的普及,也为律师处理更多有价值和有难度的咨询个案提供了空间。法律快车网还根据律师各自擅长领域进行了分类,使得用户解决问题有很强的针对性,并与南京律师网形成了战略合作,所有律师都能找到联系方式、所属机构、执业证号和案例介绍等,对于用户来说是一个更方便、快捷、可靠的选择。而律兜网信息不够全面,既没有丰富的劳动法规内容查询,形式也很单一,只能与律师进行一对一的咨询,有时一些律师的回答还并不能实际解决问题,律师的质量没有严格的规范,也无法向用户证明其可信度,用户和律师不能较好地匹配。在匹配问题上,一方面涉及到大数据的处理,一方面也与服务模式有关。另外,目前律兜宣传力度还远远不够,App用户还很少,每位律师的有效用户评价也很少,没有在顾客之间形成一定的口碑。由上海法和信息科技有限公司成立的"赢了网"同样成立较晚,2014年10月才上线,却发展突飞猛进,2015年7月还拿到了腾讯的融资,充分利用了腾讯的资源支持,QQ钱包、QQ浏览器、腾讯新闻客户端、天天快报等都有"赢了网"的入口。由此可见,江苏的人力资源法务咨询在产品服务需要进一步改进的基础上,还需要加大宣传力度,拓宽咨询服务销售渠道。

(3)江苏省的人才测评系统开发和技术平台搭建明显落后于北上广等地,市场上真正推出在线测试服务的网站很少,做得好的样板几乎没有,大部分企业处于同一个发展水平线上,主要以传统测评模式为主,测评技术落后。大多企业直接使用外来测评工具,本土化程度不高,例如江苏领航引进美国的PDP系统,信度和效度可能出现不准确的情况,因为符合中国人的常模和样本尚未建立,也没有把中国人的智力、思维模式、工作环境真正的考虑进去。对于江苏本土企业来说,完全引进外国已有的测评技术反而可能降低测评结果的可信度,同时也不能提供相对独特的测评服务,不能形成核心竞争力。少部分企业使用自己研发的测评工具,例如中智江苏有自身开发的人才评鉴中心,但个中优劣无从判断,社会上出现许多滥用、误用测评工具的现象。信息技术的处理落后已经成为江苏人力资源咨询业的桎梏。

二、江苏人力资源咨询服务发展建议

(一)加强咨询机构案例库建设

案例库内容一般包括调查问卷、诊断方案、诊断表格、诊断工具等。一般来说,每个企业都有其独特的一面,但在咨询过程中,有些咨询活动具有一定的相似性。如果每一个咨询项目都要白手起家,另起炉灶,既浪费时间,也影响了咨询师的精力,导致咨询师无法全力研究客户最关键的问题。如果建立了完善的案例库,则可以为咨询师提供帮助,使咨询师脱身于常规性的工作。

(二)大力培育需求主体的高端服务需求

一是要通过举办学习讲座、组织调研、开展研讨、进行培训等形式多样的活动,引导社会各界正确认识发展人力资源管理咨询业务的重要意义,使社会大众更多地认识到其作用,提升社会认知度,为人力资源管理咨询业务的大力发展创造良好的社会环境。二是要结合其他人力资源服务工作实践,面向各类用人单位和各类人才,大力宣传先进的人力资源管理理念,传播人力资源管理知识,增强各类用人单位和人才的现代人力资源管理意识,培养、创造企业和人才的服务需求。三是借鉴北京、上海等地的经验做法,组织开展服务产品展示推介活动,通过机构展示、产品推介、企业对接等形式,向用人单位、各类人才展示推介人力资源管理咨询服务机构的业务特色和高端服务产品,促进用人单位、各类人才与服务机构的供需对接,搭建高端人才、企业 HR 经理和服务机构三方合作交流平台。

(三)明确定位,发展核心能力

公司定位必须要以客户企业的需求为核心,必须从思想上解决企业对自身经验的依赖和对人力资源咨询的不解情绪,挖掘出广阔的市场空间。目前,省内多数的人力资源咨询公司应该在中小企业中开拓市场,集中优势资源,快速培植专业能力。

人力资源管理咨询服务机构要及时了解国内外行业发展现状,拥有长远的战略眼光和明确的市场定位,每年必须有明确的经营目标、市场策略以及客户结构策略,集中优势服务领域,充分发挥自己的优势,坚持走差异化、特色化发展之路,为客户提供更多个性化的增值服务,努力创建自己的服务品牌。尤其是实力相对薄弱的咨询公司,只有在较小的业务范围内,深入钻研,才能在日益激烈的咨询市场竞争中脱颖而出。

(四)强化人力资源管理咨询业务的专业人才培养

首先,在建立人力资源管理咨询服务业从业人员职业资格准入制度的基础上,按照国际惯例,参照国际标准,结合江苏实际,逐步探索建立人力资源管理咨询领域的从业人员职业资格认证制度和专业培训制度,提高从业人员的进入门槛。

其次,建立更加开放的人才平台,加强人力资源管理咨询专业人才的引进力度,对于特别突出的行业领军型人才,将其纳入江苏中介服务领军人才政策扶持范围,给予一定的政府补贴。另外,鼓励高校开设相应的专业课程,加强专业人才培养力度。加强与优秀企业和重点科研院校的合作交流,建立人力资源专家顾问库,充分整合全省行业知识资源,定期开展业务研讨和学术交流活动,促进行业间服务技术和服务经验交流,提升全省的整体服务水平。

(五)加强人力资源咨询业务的信息化建设

随着网络技术的广泛应用,企业将在"电子商务"时代背景下竞争和发展,企业的人力资源管理要建立在企业网络化的组织结构上,信息技术将更加广泛地在人力资源工作领域中得到应用,人力资源管理咨询领域也将在新技术的影响下实现服务模式创新。人力资源管理咨询人才不仅要具备人力资源管理理论基础和管理实践经验,还要精通 IT 技术、网络技术及其应用。为企业提供的人力资源解决方案中也要注意考虑到企业的人力资源管理信息化建设情况,同时,人力资源管理咨询机构应借助于网络技术,加强咨询工具库建设、顾问专家库建设、咨询项目管理以及业务流程管理,实现运营管理网络化,以提高工作效率,提升服务水平。

三、江苏人力资源咨询服务发展趋势

未来重要的发展趋势包括:人力资源咨询产业化步骤加快、由泛化向专业化发展、咨询技术手段进一步现代化、个性化服务能力与质量提升。

（一）产业化进程加快

激烈的人才市场竞争催生对高质量人才的选拔与合理雇佣的需求,一方面促进人力资源咨询行业的快速发展,另一方面,未来人力资源咨询也需要适应市场的需求加快产业化进程。外地的咨询机构不断涌入江苏市场,一方面刺激本土咨询市场的开发,另一方面也激发咨询供给主体进一步创新、发展与竞争。外来与本土公司之间的战略合作、优势互补,再随着市场规范性的提高,整个市场呈现出良性竞争的态势,也正是这种竞争让整个人力资源咨询服务机构、产品甚至是服务质量得到质的飞跃。

（二）咨询技术手段进一步现代化

现阶段咨询工具多但权威工具少,因此,未来对于高质量的人力资源咨询工具的开发以及对于现代技术手段的运用将是发展的重要方向之一。

（三）由泛化向专业化发展

江苏人力资源咨询的服务机构多但是专业机构较少,未来人力资源咨询市场的发展将由泛化向专业化发展。一方面投入产品研发提升人力资源咨询机构的专业水平,另一方面提升人力资源咨询机构在实践方面的效用,改变研究仅仅停留在理论层面,难以得到广泛应用的局面,最终实现产品创新、服务能力提升、多元且专业的发展局面。

（四）提升个性化服务能力与质量

随着咨询服务的实施,寻求咨询服务的企业提出了更多的个性化需求,满足差异化需求的个性化咨询服务已经成为人力资源咨询市场的重要竞争力,服务上将不断提高个性化服务的能力和质量。

第六章　江苏省主要城市人力资源服务业指数分析

　　人力资源服务业是现代服务业的重要形态之一,具有高科技含量、高附加值、高人力资本和高成长性的特点,对其它产业具有较强的带动性。目前,人力资源服务业在欧美等发达国家已经取得快速的发展,对经济增长做出了较大的贡献,这一特点也在国内逐步显现。本章节试着通过对江苏省内各重点城市的人力资源服务业发展进行指标量化分析,揭示其发展的现状,提出相应的对策建议,为江苏省人力资源服务业的高质高速发展提供参考。

第一节　人力资源服务业评价体系研究背景及意义

　　人力资源是我国实施国家创新驱动战略,促进经济社会发展至关重要的战略资源。人力资源服务业是国家确定的鼓励类发展行业和重点加快发展的现代服务业。大力发展人力资源服务业,有利于建设完善现代人力资源市场体系,促进人力资源开发配置和科学管理,进一步增强我国人力资源和人才资源优势;有利于发挥市场在人力资源配置中的决定性作用,完善促进就业创业体制机制,增强劳动、知识、技术、管理、资本的活力,实现更高质量的就业;有利于提升人力资源管理和利用水平,推动经济发展方式转变,促进我国经济转型升级,从根本上提高各类生产要素的配置效率。因此,及时掌握人力资源服务业的发展现状和未来走向,探索人力资源服务业的发展规律和态势,是进一步加快实施就业优先战略和人才强国战略的迫切要求。

一、研究背景

　　近年来,我国人力资源服务业呈现良好发展势头,多元化、多层次的人力资源市场服务体系初步形成,人力资源服务业城乡布局进一步合理,公共服务体系逐步完善,市场化服务机构投资主体日益多元化,产业集聚特点凸显,全国各地形成了一批人力资源服务产业集聚区域和人力资源服务知名品牌,整体服务能力和服务质量不断提升。

　　为贯彻落实《国务院关于加快发展生产性服务业促进产业结构调整升级的指导意见》(国发〔2014〕26号),加快重点领域生产性服务业发展,进一步推动江苏产业结构调整和经济转型升级,结合本省实际,江苏省发布了《关于加快发展生产性服务业促进产业结构调整升级的实施意见》(苏政发〔2015〕41号)文件,文件指出要促进重点产业提档升级,突出抓好规模实力优、带动作用强的科技服务、信息技术服务、金融服务、现代物流、商务服务、服务外包等六大重点服务产业。同时,立足江苏实际,培育壮大成长潜力大、市场前景广的电子商务、节能环保服务、检验检测、售后服务、人力资源服务、品牌和标准化等六个服务业细分领域和行业。

随着人力资源服务越来越受到政府的关注,在省人力资源社会保障厅的带领下,大力开发为以产业引导、政策扶持和环境营造为重点,推进人力资源服务创新,满足不同层次、不同群体需求的各类人力资源服务产品。提高人力资源服务水平,促进人力资源服务供求对接,引导各类企业通过专业化人力资源服务提升人力资源管理开发和使用水平,提升劳动者素质和人力资源配置效率。加快形成一批具有国际竞争力的综合型、专业型人力资源服务机构。支持中国苏州人力资源服务产业园等重点园区建设,加快人力资源服务产业集聚。统筹利用高等院校、科研院所、职业院校、社会培训机构和企业等各种培训资源,强化生产性服务业所需的创新型、应用型、复合型、技术技能型人才开发培训。加快推广中关村科技园区股权激励试点经验,调动科研人员创新进取的积极性。营造尊重人才、有利于优秀人才脱颖而出和充分发挥作用的社会环境。围绕江苏省构建现代产业体系发展目标,加快培养造就一支门类齐全、技艺精湛、素质优良的技能人才队伍。

在江苏省委、省政府的指导下,无论是人力资源产业园建设还是人力资源服务业标准化建设的大力推进等,江苏省多个重点城市在这些方面都取得了可喜可贺的成绩。2015 年,全省人力资源社会保障系统认真贯彻中央和省委、省政府决策部署,紧紧围绕"迈上新台阶、建设新江苏"的新要求,坚持民生为本、人才优先工作主线,突出重点,统筹兼顾,积极进取,克难奋进,圆满完成全年各项目标任务:城镇新增就业 139.84 万人,帮助城镇失业人员再就业 77.74 万人;支持 19.54 万人成功自主创业并带动就业 74.34 万人,其中,引领大学生创业 2.58 万人,扶持农村劳动力创业 6.36 万人;开展创业培训 25.35 万人,组织 151.05 万人参加企业职工岗位技能提升培训,66.45 万人参加城乡劳动者就业技能培训等。

但是,也可以发现目前的人力资源服务业还部分存在行业规模偏小、地区分布不均匀、市场体系不完善、服务供给不足、服务产品同质化倾向较重、国际竞争力较弱、扶持政策不够等问题,难以有效满足当地经济的快速发展对人力资源整体素质不断增长的需求。解决上述问题,除了深化人力资源市场改革和创新人才配置的体制机制外,对人力资源服务业整体效能发展程度的实时评估尤为重要。

目前,我国无论是在学术理论领域还是在政策实践领域,都还没有建立完整的人力资源服务业效能评价指标体系标准。在《中国人力资源服务业蓝皮书 2014》中,对人力资源多角度测评,选取全国 31 个省级行政单位 2005—2012 年数据,建立回归方程,实证研究了人力资源服务业影响因素的区位差异,进而建立了评价人力资源服务规模、发展速度、发展潜力的状况评价指标进行评价。

在发布的《江苏省人力资源分服务业发展研究报告 2015》中,先是使用聚类分析方法,对各市人力资源服务业发展状况进行分类;其次用主成分分析,选取特征值大于 1 的主成分,再根据主成分各自的权重通过加总得到一个综合的主成分,根据综合主成分的得分为江苏省各市的人力资源服务业发展状况排序。

二、研究意义

人力资源服务业的发展需要经历不同的阶段,为了清晰地获悉或者解决人力资源服务业在发展各个阶段的不同问题,在衡量人力资源服务业的发展状况和整体效能,除了通过宏观数据和抽样数据外,最重要的方式还是应该构建人力资源服务业效能评价指标体系。

(一)为江苏省制定有效的人力资源服务业产业政策提供依据

近几年,随着人才观念的加强和对人才重视程度的提升,江苏省各市人力资源服务业逐步升级优化,但是确实与北京、上海等一线城市还有些差距,也存在着各种不容忽视的问题。人力资源服务业的发展态势、发展需求以及存在的问题都是值得关注的。人力资源服务业的发展面临着一个不容忽视的问题,即政府的扶持和调控具有很大的难度。行业持久而稳定的发展离不开政府的有效调控和指引,人力资源服务业同样如此,政府需要从宏观上进行把握、了解和控制与协调行业的运作与发展,提高政府管理的科学性和有效性。人力资源服务业作为一个新兴行业,虽然江苏在其发展上在全国来说是居于前列的,但是为了向更高层次的目标发起冲击,政府还需要制定相应的政策,统筹各市人力资源服务业的发展,从而促使整个行业一步步走向繁荣。

(二)帮助省内各人力资源服务机构把握行业发展动向

为引导人力资源服务业健康快速发展,人社部与国家发改委、财政部于年底联合发布了《关于加快发展人力资源服务业的意见》,并针对人力资源服务业提出目标:2020年,建立健全专业化、信息化、产业化、国际化的人力资源服务体系,推进公共服务与经营性服务分离改革,市场经营性服务逐步壮大,高端服务业务快速发展,服务社会就业创业与人力资源开发配置能力明显提升。省内各市人力资源服务机构在近年来的经济结构转型的人才需求调整和供应方面起到了很多积极的作用,从2008年以来也基本较好地完成了历年来的人才引入、留存、培养等各个方面的任务,但是就整个新兴产业来说,江苏的人力资源服务机构普遍视野比较局限,很难从全国甚至全球的角度上去进行人才战略的规划,并且只能在政府的指挥棒下运作。在此目标下,人力资源服务机构可以借鉴人力资源服务评价体系的评估架构或者结果,综合考虑各地发展状况,结合自身发展现状,制定合适的发展策略。

(三)为人力资源服务行业协会监管提供数据基础

江苏省各级人力资源服务行业协会发展至今,取得了优异的成绩,协会在全省范围内积极发挥其行业指导、行业服务、行业自律、行业监督的作用,规范协调江苏省服务业的健康有序发展,极大缓解了江苏省的就业问题,为江苏省经济社会的和谐发展提供了人才上的支持和保障。在全省十三市中,江苏省在原有的服务机构的基础上,已经建立起了盐城市、南通市、苏州市、徐州市等多家人力资源服务行业协会,南京市、无锡市、连云港市等地区也开始进入筹划准备阶段。在省内初步形成了覆盖苏南、苏中、苏北地区,包括江苏省级、苏州市、南通市、盐城市、徐州市等地区的覆盖全省的人力资源服务行业协会新体系。那么,进行各个重点城市的人力资源服务业指数分析可以帮助各级行业协会更出色地做好监管工作。

第二节　江苏省重点城市人力资源服务业评价指数体系构建

一、人力资源服务业评价指数体系的理论来源

江苏省从全国范围内看是人力资源大省,也是人力资源强省,但是还有进一步提升的空

间。加强省内人力资源开发是提高江苏竞争力,强化现代化的根本保障。人力资源服务业是为劳动者就业和职业发展,为组织人力资源开发和管理提供社会化和专业化服务的产业部门。人力资源服务业的发展对促进江苏省人力资源开发效率、提升人力资源开发水平具有重要的促进和保障作用。

人力资源服务业发展指标是服务业发展评价指标体系的重要组成部分,是研究人力资源服务业发展的重要基础性工具。根据江苏省人力资源服务业发展的特点,我们通过对相关基础理论的梳理和分析,以人力资源市场理论、人力资本理论、波特的钻石模型理论依据产业组织理论等为依据,构建了人力资源服务业发展指标体系的基础理论框架。

(一)人力资源市场理论

人力资源市场理论,即劳动力市场理论,该理论主要研究人力资源的商品属性问题,以及人力资源市场的性质、特点、转化及运行调控机制等问题。但是传统劳动力市场理论无法很好地解释劳动者收入差距的不断扩大和劳动力市场中存在的各种歧视现象,而劳动力市场分割理论强调了劳动力市场的分割属性、强调制度和社会性因素对劳动报酬和就业的重要影响。

劳动力市场分割理论的观点认为城市中就业不稳定要归因于劳动力特征与工作特征之间的不匹配,拓宽了劳动力市场分析、研究范畴,解释了二级市场离职率高的原因,分析了家庭和社会对劳动力就业的影响。在江苏苏北相对落后的城镇,劳动力市场分割现象严重,但其产生原因更复杂,劳动力市场处于非常严重的分割状态,这种分割主要存在于城市劳动者和农村进城民工之间、本地劳动者与外来劳动者、不同地区以及不同行业劳动者之间的劳动条件和收入水平差距悬殊。同时,劳动力市场分割理论认为完善的、公平的劳动力市场不可能自发形成。劳动力市场的非竞争性、不平等性是一种常态,我们不能指望通过市场化来消除它。因此,从一定程度上说,劳动力市场不能完全靠市场本身来自我完善,需要有更多的政府干预和规制。

就江苏省内的苏南、苏中、苏北三大区域,人力资源市场理论可以支持我们解决部分地区的劳动力市场分割问题,消除就业歧视,消除隔离体制,规范劳动关系等,为人力资源服务业功能和作用提供重要理论依据。

(二)人力资本理论

人力资本理论主要包括:(1)人力资源是一切资源中最主要的资源,人力资本理论是经济学的核心问题。(2)在经济增长中,人力资本的作用大于物质资本的作用。人力资本投资与国民收入成正比,比物质资源增长速度快。(3)人力资本的核心是提高人口质量,教育投资是人力投资的主要部分。不应当把人力资本的再生产仅仅视为一种消费,而应视同为一种投资,这种投资的经济效益远大于物质投资的经济效益。教育是提高人力资本最基本的主要手段,所以也可以把人力投资视为教育投资问题。生产力三要素之一的人力资源显然还可以进一步分解为具有不同技术知识程度的人力资源。高技术知识程度的人力带来的产出明显高于技术程度低的人力。(4)教育投资应以市场供求关系为依据,以人力价格的浮动为衡量符号。

人力资本理论对人力资源服务业的发展产生了重要的推动作用。人力资本理论突破了传统理论中的资本只是物质资本的束缚,将资本划分为人力资本和物质资本。这样就可以从全新的视角来研究经济理论和实践。该理论认为物质资本指现有物质产品上的资本,包括厂房、机器、设备、原材料、土地、货币和其他有价证券等,而人力资本则是体现在人身上的资本,即对生产者进行普通教育、职业培训等支出和其在接受教育的机会成本等价值在生产者身上的凝结,它表现在蕴含于人身中的各种生产知识、劳动与管理技能和健康素质的存量总和。按照这种观点,人类在经济活动过程中,一方面不间断地把大量的资源投入生产,制造各种适合市场需求的商品;另一方面以各种形式来发展和提高人的智力、体力与道德素质等,以期形成更高的生产能力。

(三)竞争优势理论

竞争优势理论又叫"钻石模型"理论,是由美国哈佛商学院著名的战略管理学家迈克尔·波特提出的。波特的钻石模型用于分析一个国家某种产业为什么会在国际上有较强的竞争力。波特认为,决定一个国家的某种产业竞争力的有四个因素:(1)生产要素——包括人力资源、天然资源、知识资源、资本资源、基础设施;(2)需求条件——主要是本国市场的需求;(3)相关产业和支持产业的表现——这些产业和相关上游产业是否有国际竞争力;(4)企业的战略、结构、竞争对手的表现。

与古典经济学相比,竞争优势理论重点强调产业在产业发展中的客观态势,人力资源服务行业作为服务产业的重要分支,客观评价人力资源服务行业的发展状态,分析行业发展的趋势以及建议,竞争优势理论能够为人力资源服务行业的升级发展提供理论指导。

(四)产业组织理论

产业组织理论研究了市场在不完全竞争条件下的企业行为和市场构造,研究产业内企业关系结构的状况、性质及其发展规律的应用经济理论。该理论的核心问题是:在保护市场机制竞争活力的同时充分利用"规模经济",即:(1)某一产业的产业组织性质是否保持了该产业内的企业有足够的竞争压力以改善经营、提高技术、降低成本。(2)是否充分利用规模经济使该产业的单位成本处于最低水平。该理论的目的在于寻找最有利于资源合理分配的市场秩序,寻找充分发挥价格机制功能的现实条件。每个企业都追求规模经济,而每个产业的市场规模都不是无限的,这样,有限的市场规模和企业追求规模经济所产生的市场行为都会使市场结构趋向垄断。因而,为了获得理想的市场效果,需要国家通过制定产业组织政策干预产业的市场结构和市场行为,通过降低卖者的集中度、减少进入壁垒、弱化产品差别化趋势、控制市场结构和通过反托拉斯法控制市场行为等抑制垄断的弊端,维护合理和适度的竞争秩序。

随着江苏省人力资源服务业优化升级发展,整个人力资源服务行业的发展与政府以及相关组织的监管息息相关,产业组织理论指导了人力资源服务行业的监督管理体制的实施与标准化措施的推行。

二、江苏城市人力资源服务业指数指标体系构建的原则

(一)科学性原则

在理论研究基础上,提取出重要的、具有本质特征和代表性强的指标因素,使指标体系科学、严谨、清晰、完整,能反映被评价对象的发展规律和根本属性,体现人力资源服务业建设进程及发展的水平和特征。

（二）综合性原则

在指标体系构建上以相对少的层次和指标来较全面系统地反映多方面评价对象的内容。为了保证评价指标体系的总体最优,既要避免指标体系过于庞杂,又要避免由于指标过于单一而影响测评的质量。

（三）可操作性和可比性原则

在设计指标体系时,为保证指数能够计算,需要每个指标有数据来源、能够获取,并便于收集整理和可持续动态监测,从而达到测评结果具有纵向和横向可比性;同时尽可能采用国际通用或者相对成熟的指标,各指标须涵义准确,统计口径、统计方法科学统一,使所选指标易于理解和应用。

（四）导向性原则

任何一种指标体系的设置,在实施中都将起到引导和导向作用。该指数的分析,一方面不仅要引导城市加强现代信息技术的基础设施建设,更要重视智能应用和效果,推动数字城市到智慧城市的提升;另一方面要监测地区间的发展差距,重视缩小地区差距,引导社会经济全面稳定发展。

三、江苏城市人力资源服务业指数指标的统计方法

（一）技术路线

针对江苏省内各重点城市的人力资源服务行业进行测评,最先考虑的就是省内人力资源服务业的发展现状,同时结合人力资源服务行业的产业特点,设计适用于评价人力资源服务行业的指标体系。为了满足指标体系的科学性、合理性、可比性、可操作性,整个指标体系的建立离不开相关理论的有力支撑,确立整个评估体系的二层评估指标。进而通过层次分析法确定二级指标的权重,构建模糊的综合评价模型,确定一级指标权重,通过计算隶属度向量,对江苏省各重点城市的人力资源服务业发展环境进行评分及排名,最后提出发展对策及建议(如图 6-1)。

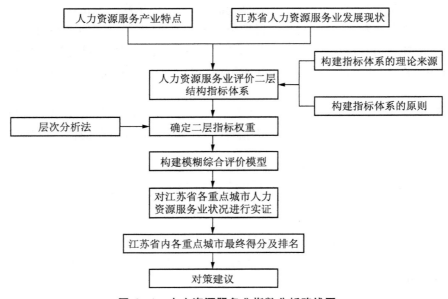

图 6-1 人力资源服务业指数分析路线图

（二）研究方法

1. 文献研究法

对相关文献进行搜集、整理、分析。资料来源有书籍、论文、期刊、政府出版物、报纸、杂志以及网站等，作为理论与实证分析的基础。在全面搜集有关人力资源服务业文献资料的基础上，经过归纳整理、分析鉴别，对一定时期内某个学科或专题的研究成果和进展进行系统、全面的叙述和评论。文献综述法的运用可以在对历史和当前研究成果的深入分析的基础上，指出当前的水平、动态、应当解决的问题和未来的发展方向，提出自己的观点、意见和建议，并结合江苏本地的实际发展需要，制定一套切实可行的评价指标体系。对各种研究成果进行评述，为当前的研究提供基础或条件。对于具体科研工作而言，一个成功的文献综述，能够以其严密的分析评价和有根据的趋势预测，为新课题的确立提供了强有力的支持和论证，在某种意义上，它起着总结过去、指导提出新课题和推动理论与实践新发展的作用。

2. 因子分析法

因子分析的基本目的就是用少数几个因子去描述许多指标或因素之间的联系，即将相关比较密切的几个变量归在同一类中，每一类变量就成为一个因子，以较少的几个因子反映原资料的大部分信息。用因子分析法对人力资源服务业评价指标体系进行了细化，并确定了指标体系中三级指标对于二级指标的权重。主成分分析主要是一种探索性的技术，在分析者进行多元数据分析之前，用它来分析数据，让自己对数据有一个大致的了解，这是非常有必要的。主成分分析一般很少单独使用，在此和聚类分析一起使用，聚类分析是直接比较各事物之间的性质，将性质相近的归为一类，将性质差别较大的归入不同的类的分析技术。在此，通过主成分分析和聚类分析细化评价人力资源服务业现状的指标。

3. 层次分析法

所谓层次分析法，是指将一个复杂的多目标决策问题作为一个系统，将目标分解为多个目标或准则，进而分解为多指标（或准则、约束）的若干层次，通过定性指标模糊量化方法算出层次单排序（权数）和总排序，以此作为目标（多指标）、多方案优化决策的系统方法。层次分析法是将决策问题按总目标、各层子目标、评价准则直至具体的备投方案的顺序分解为不同的层次结构，然后得用求解判断矩阵特征向量的办法，求得每一层次的各元素对上一层次某元素的优先权重，最后再加权和的方法递阶归并各备择方案对总目标的最终权重，此最终权重最大者即为最优方案。这里所谓"优先权重"是一种相对的量度，它表明各备择方案在某一特点的评价准则或子目标，标下优越程度的相对量度，以及各子目标对上一层目标而言重要程度的相对量度。层次分析法比较适合于具有分层交错评价指标的目标系统，而且目标值又难于定量描述的决策问题。其用法是构造判断矩阵，求出其最大特征值。及其所对应的特征向量 W，归一化后，即为某一层次指标对于上一层次某相关指标的相对重要性权值。

4. 模糊综合评价法

该综合评价法根据模糊数学的隶属度理论把定性评价转化为定量评价，即用模糊数学对受到多种因素制约的事物或对象做出一个总体的评价。它具有结果清晰，系统性强的特点，能较好地解决模糊的、难以量化的问题，适合各种非确定性问题的解决。模糊综合评价法的一般步骤有：(1) 模糊综合评价指标的构建。模糊综合评价指标体系是进行综合评价的基础，评价指标的选取是否适宜，将直接影响综合评价的准确性。进行评价指标的构建应广泛涉猎与该评价指标系统行业资料或者相关的法律法规。(2)采用构建好权重向量。通过专家经验法或者 AHP 层次分析法构建好权重向量。(3)构建评价矩阵。建立适合的隶属函数从而构建好评价矩阵。(4)评价矩阵和权重的合成。采用适合的合成因子对其进行合成,并对结果向量进行解释。

第三节　江苏省人力资源服务业指数的测算与评价分析

一、江苏城市人力资源服务业指数指标体系的架构

从人力资源服务业和产业竞争力的相关理论出发,结合江苏省各市人力资源服务业发展的实际情况,同时考虑数据的可获得性和有效性,对所建立的指标体系逐步细分,建立一个完整的评价指标体系。本章选择了外部环境、发展状况、发展潜力 3 个一级指标来评价江苏省各市人力资源服务业竞争力,并将这各个一级指标细化为 11 个二级指标。如表 6-1 所示:

表 6-1　人力资源服务业指标架构

	一级指标	二级指标
人力资源服务业指数指标体系	外部环境(W1)	人均 GDP(E11)
		城镇居民人均消费支出(E12)
		民众关注度(E13)
	发展状况(W2)	人力资源服务业占总产值的比重(E21)
		人力资源服务业从业机构数(E22)
		人力资源服务营业收入增长率(E23)
		第三产业占 GDP 比重(E24)
		第三产业就业增长率(E25)
	发展潜力(W3)	人均固定资产投资额(E31)
		城镇化率(E32)
		每万人高等学校学生数(E33)

(一)外部环境指标的设定

测定某一行业的发展状况离不开对外部环境的测量。身处经济大环境中,单个行业的发展离不开当地的经济基础。衡量江苏人力资源服务行业发展的外部环境,通过以下三个指标来体现:

1. 人均 GDP

GDP 是指一个国家(或地区)所有常住单位在一定时期内生产活动的最终成果。国内生产总值有三种表现形态,即价值形态、收入形态和产品形态。在实际核算中,国内生产总值有三种计算方法,即生产法、收入法和支出法。我国从 1992 年开始通过生产法实现对国内生产总值的季度核算,即测算该季度各行业增加值,然后求和得到当季国内生产总值。人

均GDP是一个国家(或地区)的人均生产活动最终成果的拥有量,它作为目前国际通用的经济社会发展总量指标,人均GDP能反映一个国家或地区的经济实力和富裕程度。富裕程度高的国家和地区,发展能力就比较强。

2. 城镇居民人均消费支出(元)

城镇居民消费支出是指城镇居民个人和家庭用于生活消费以及集体用于个人消费的全部支出,包括购买商品支出以及享受文化服务和生活服务等非商品支出。集体用于个人的消费指集体向个人提供的物品和劳务的支出,不包括各种非消费性的支出。其形式是通过居民平均每人全年消费支出指标来综合反映城镇居民生活消费水平。

3. 民众关注度

该指标是根据百度搜索指数,从而获得每个地区居民搜索"人力资源服务"的指数。一个行业的发展离不开民众对于该行业的关心与支持。通过对搜索指数的收集,可以简单地将民众对于人力资源服务业行业的关注量化为指数,方便测量,满足了可操作性的特点。

(二) 发展状况指标的设定

人力资源服务行业的相关数据很难测量,为了满足可操作性,考虑到成本的原因,我们将衡量各市的发展状况的指标设定为以下几个:

1. 人力资源服务业产值占总产值的比重

通过产值占总产值的比较,我们可以清晰地通过数据知道人力资源服务在市场中的地位,测量人力资源服务业对整个经济的贡献程度。进而,通过各个地级市的指标的对比分析,比较各个市的行业发展差异。在实际测算中,人力资源服务业是现代服务业的组成部分,而再做细分则是属于租赁与商务服务业,租赁与商务服务业人均生产总值一定程度上反应了各地人力资源服务业的实际发展情况,因而关于人力资源服务业人均生产总值的计算上,数据模糊的部分市参照租赁与商务服务业发展情况进行了估算。

2. 人力资源服务业从业机构数

从业机构的数量直接反应了行业发展的规模大小。在此,人力资源服务业从业机构数目的差异在地区间有点大,苏南、苏中和苏北城市的发展差异相对来说比较大。鉴于,2015年,在省委省政府的指导下,对从业机构的监管有了强度有了明显的增强,以及通过资本手段的运作,所以从业机构总体来说比2014年明显减少。

3. 人力资源服务营业收入增长率

营业收入的增长率的具体数值是通过各个地区第三产业营业收入的增长率经过测算后得到的。人力资源服务业属于第三产业的一部分,第三产业营业收入与人力资源服务业营业收入的增长率有着密切的关系。同时,营业收入的增长率能够反映行业的发展状况。

4. 第三产业占GDP比重

第三产业的发展是衡量一个国家或地区产业结构和社会化水平的重要标志。随着经济的发展,三次产业比例呈现"倒金字塔"结构状态是经济发展的必然趋势。第三产业占GDP比重衡量着一个经济发展的层次和阶段性特征。

5. 第三产业就业增长率

人力资源服务业对地区经济的关键影响之一在于它可以增加区域内人口就业的数量,产生这种作用的原因不仅在于规模和实力逐渐壮大的人力资源服务业本身就可以吸收越来越多的从业人员,而且,作为一个有效而又合理的媒介人力资源服务业在为用人单位提供其所需要人才的同时,也帮助了那些需要工作机会的人们找到合适的组织或企业实现其初次就业或者再就业,正是这种高效的中介服务极大地增加了区域内人口的就业数量。

(三) 发展潜力指标的设定

发展潜力是衡量一个国家或地区实施发展战略成功程度的基本标志,是发展战略实施中着力培育的各种能力的总和。在本章中,通过以下三个指标来测算江苏各个重点城市的发展潜力:

1. 人均固定资产投资额

固定资产投资是建造和购置固定资产的经济活动,即固定资产再生产活动。固定资产再生产活动包括固定资产更新(局部更新和全部更新)、改建、扩建、新建等。人均固定资产投资额就是指固定资产投资活动中人均支出额。固定资产投资是重要的投资活动,投资活动是经济增长的推动力,固定资产的形成是经济后续发展的重要支撑力量,因此该指标不仅反映了经济发展的现状,而且还体现着支持经济发展能力的强弱。

2. 城镇化率(%)

城镇化率即一个地区城镇常住人口占该地区常住总人口的比例。城镇人口包括设区市的城市人口、镇区及镇政府所在地村委会(居委会)的人口、通过道路建筑物与镇区连接的村委会的人口。常住人口是当地的户籍人口+外来半年以上的人口一外出半年以上的人口。随着经济的发展,带动了各地的城市化进程,反之,城市化进程不断影响经济的发展。

3. 每万人高等学校学生数

该指标衡量一个国家或地区高等教育的普及程度,但在一定程度上反应教育事业的发展情况,反映当地人口受文化教育的结构和水平,从而使衡量人口素质的一项指标。智力水平的发展在现今的社会发展中起到了越来越重要的作用,衡量高等学校的学生数可以从中发现发展经济的教育支持的水平。

二、江苏主要城市人力资源服务业发展指数的测算

层次分析法是通过对求解问题的本质、内在联系等进行深入的分析后,再将问题分解为几种不同的组成因素;然后,把这些因素进行归类,建成一个具有描述系统功能或特征且内部独立的递阶层次结构。随后再按一定的合理法则,将经验判断数量化,进而通过同一层次因素相对重要性的比较,给出相应的比例标度判断矩阵;最后利用数学方法确定下层相关因素对上层因素的相对重要程度的次序。利用层次分析法确定权重系数的主要步骤为:

(一) 数据标准化

通过查阅 2015 年江苏省统计年鉴以及相关的各个市人力资源和社会保障公报,将得到的数据进行计算得到所建模型需要的数据(如表 6-2)。鉴于,在统计分析中,各个指标的量纲不同,所以需要通过无量纲化处理,在此,通过反复计算,使用 min-max 标准化方法是对原始数据进行线性变换后得到的效果更符合实际。设 $minA$ 和 $maxA$ 分别为属性 A 的最小值和最大值,将 A 的一个原始值 x 通过 min-max 标准化映射成在区间[0,1]中的值 x',其公式为:

新数据＝(原数据－最小值)/(最大值－最小值)

表 6－2　江苏省各市人力资源服务业评价指标标准化数据

城市	外部环境			发展状况					发展潜力		
	人均GDP	城镇居民人均消费支出	民众关注度	人力资源服务业占总产值的比重	人力资源服务业从业机构数	人力资源服务业营业收入增长率	第三产业占GDP比重	第三产业就业增长率	人均固定资产投资额	城镇化率(％)	每万人高等学校学生数
南京	0.86444	0.89266	1	0.52997	1	0.58991	1	0.22845	0.82423	1	1
无锡	0.95784	0.94636	0.78261	0.83152	0.6008	0.50549	0.85678	0.17385	0.93863	0.92629	0.17948
徐州	0.44996	0.51847	0.59058	0.39591	0.34677	0.25645	0.8068	0.54056	0.61708	0.75061	0.20952
常州	0.82092	0.81443	0.52536	1	0.40726	0.50562	0.86374	0.33572	0.90327	0.85995	0.27228
苏州	1	1	0.97826	0.74951	0.95565	0.40671	0.8713	0.2345	0.70211	0.92015	0.20508
南通	0.6162	0.76053	0.57971	0.69432	0.69153	0.50391	0.79907	0.40482	0.74836	0.7715	0.12496
连云港	0.35417	0.55431	0.69565	0.46318	0.20565	0.34296	0.74204	0.01608	0.5824	0.72113	0.08749
淮安	0.41302	0.5096	0.25362	0.77287	0.32258	0.30023	0.8013	0.07679	0.56672	0.71499	0.14125
盐城	0.42647	0.53119	0.29348	0.29084	0.33871	1	0.73412	0.52125	0.58282	0.73833	0.0985
扬州	0.65578	0.63528	0.39855	0.94486	0.37903	0.26071	0.7657	0.27212	0.79624	0.7715	0.14622
镇江	0.80724	0.73417	0.57971	0.54985	0.30645	0.42501	0.81825	0.40617	1	0.83415	0.24236
泰州	0.5814	0.67472	0.28986	0.71959	0.24798	0.62948	0.78434	0.5448	0.72478	0.75676	0.12271
宿迁	0.32079	0.46551	0.15942	0.37571	0.17944	0.08655	0.68662	1	0.47389	0.68182	0.0522

(二)构造判断矩阵,计算二级指标权重

递进层次结构一旦建立,就基本确定了上、下层间的隶属关系。上一层次的某一目标对下一层次的目标,存在着一种支配关系。以一定的标度法则,两两比较各个层次间的相对重要程度,确定其标度值。通过这种方式构造的阶矩阵称为判断矩阵。

对同一层次中的各元素相对于上一准则层的重要性进行"两两比较"时,需要对它们的相对重要性给予量化,并建立判断矩阵 A,即:

$$A = \begin{bmatrix} a_{11} & a_{12} & \cdots & \cdots & a_{1n} \\ a_{21} & a_{22} & \cdots & \cdots & a_{2n} \\ \vdots & \vdots & \ddots & & \vdots \\ \vdots & \vdots & & \ddots & \vdots \\ a_{n1} & a_{n2} & \cdots & \cdots & a_{nn} \end{bmatrix}$$

其中,判断矩阵必须满足如下性质:

$$a_{ij} = \begin{cases} 1/a_{ij} & i \neq j \\ 1 & i = j \end{cases}$$

进行因子比较时,AHP法提供了设计范围为 1—9 的重要性标度准则。见表 6－3。

表 6 - 3　AHP 法重要性标度表

定义(比较因数 i 与 j)	重要性标度
同等重要	1
稍微重要	3
较强重要	5
强烈重要	7
极端重要	9
两相邻判断的中间值	2,4,6,8

　　以人力资源服务业指数指标指数为总目标,即相对于总目标而言的外部环境,发展状况以及发展潜力对人力资源服务业指数之间的相对重要性,构造判断矩阵,如表 6 - 4、6 - 5、6 - 6 所示。

表 6 - 4　二级指标外部环境(W1)判断矩阵

因素	E11	E12	E13	权重
E11	1	2	3	0.53
E12	1/2	1	2	0.31
E13	1/3	1/2	1	0.16

　　通过计算可得:权重向量 $A1$ 为(0.53 0.31 0.16)

表 6 - 5　二级指标发展状况(W2)判断矩阵

因素	E21	E22	E23	E24	E25	权重
E21	1	3	1/2	1/2	2	0.22
E22	1/3	1	2	2	1/2	0.180
E23	2	1/2	1	1/3	3	0.2
E24	2	1/2	3	1	1/2	0.22
E25	1/2	2	1/3	2	1	0.180

　　通过计算可得:权重向量 $A2$ 为(0.22 0.18 0.2 0.22 0.18)

表 6 - 6　二级指标发展潜力(W3)判断矩阵

因素	E31	E32	E33	权重
E31	1	1/2	3	0.37
E32	2	1	3	0.49
E33	1/3	1/3	1	0.14

　　通过计算可得:权重向量 $A3$ 为(0.37 0.49 0.14)

(三)确定二级指标权重

　　经过计算,可以得出外部环境、发展状况和发展潜力的隶属度矩阵,计算结果矩阵用表表示,如表 6 - 7、6 - 8 和 6 - 9。

表 6 - 7　隶属度矩阵(W1)R1

	南京	无锡	徐州	常州	苏州	南通	连云港	淮安	盐城	扬州	镇江	泰州	宿迁
E11	0.1045498299954242	0.11584522120101043	0.0544208358253324	0.0992856662573300	0.1209448244486589	0.0745264022139568	0.0428352520251547	0.0499520474500214	0.0515790721623946	0.0793136946112659	0.0976312148097292	0.0703177254566109	0.0387982135463300
E12	0.0987764008486654	0.1047184779794444	0.0573702036014969	0.09011916114276627	0.1106534509990287	0.0841557592320787	0.0613363280653060	0.0563893341104473	0.0587777538086550	0.0702956468585522	0.0812380278837030	0.0746598053187293	0.0515098637799725
E13	0.140315200813421	0.108981189628876 50	0.0828673106253177	0.0737163192679207	0.137264870360956	0.0813421453990849	0.0976105744789019	0.0355871886120997	0.0411794611082867	0.0559227249618709	0.0813421453990849	0.0406710726995425	0.0223369089984 7483

表 6 - 8　隶属度矩阵(W2)R2

	南京	无锡	徐州	常州	苏州	南通	连云港	淮安	盐城	扬州	镇江	泰州	宿迁
E21	0.0637128178479130	0.09996500932844113	0.0475962131346825	0.1202193367803819	0.0901059445714209	0.0834702941836309	0.05556828712936230	0.0929137879928285	0.0349644088025511	0.1135905444796633	0.0661020730863102	0.0865084554556595	0.0451681277465180
E22	0.1671722227839569	0.100438153016515	0.0579710144927536	0.06808223379507921	0.1597573330637007	0.115604988203573	0.0343781597573306	0.0539265251095383	0.0566228513650152	0.06333636670037075	0.0512301988540613	0.0414560161779575	0.0299962629521807
E23	0.101480908753207	0.0869583064362265	0.0441163645569583	0.0869809090177273	0.0699650468689316	0.0866633271749 1958	0.0589979692005668						

编号							
E23	淮安 0.0516474746145386	盐城 0.172027060517200	扬州 0.0448494120030871	镇江 0.0731135765848563	泰州 0.108288411233603	宿迁 0.01488822294956015	
E24	南京 0.0949663280295385	无锡 0.0813650690864824	徐州 0.0766186546112021	常州 0.0820263068082374	苏州 0.0827432533287029	南通 0.0758484858713798	连云港 0.0704691567555391
E24	淮安 0.0760966324524918	盐城 0.0697165574847810	扬州 0.0727156384470026	镇江 0.0777058455965262	泰州 0.0744863439969305	宿迁 0.0652053535710855	
E25	南京 0.0480431774617705	无锡 0.0365614303552373	徐州 0.1136787611699884	常州 0.0706013829667452	苏州 0.0493160996288521	南通 0.0851326446649861	连云港 0.00338233621148333
E25	淮安 0.0161498337209414	盐城 0.109619041197691	扬州 0.0572265850406358	镇江 0.08541178540923396	泰州 0.1145717775214149	宿迁 0.2102990077742285	

表 6 - 9　隶属度矩阵(W3)R3

编号							
E31	南京 0.0871228089905308	无锡 0.0992155565516565	徐州 0.0652270263879752	常州 0.0954777116394264	苏州 0.0742151402284714	南通 0.0791035876989999	连云港 0.0615600978363507
E31	淮安 0.0599034470814046	盐城 0.0616050533309870	扬州 0.0841643621325318	镇江 0.105702523724613	泰州 0.0766108204489606	宿迁 0.0500912639480920	
E32	南京 0.0957196613358420	无锡 0.0886641580432738	徐州 0.0718485418626529	常州 0.0823142050799624	苏州 0.0880761994355598	南通 0.0738447601128805	连云港 0.06900263405456256
E32	淮安 0.0684383819379116	盐城 0.0706726246472248	扬州 0.0738476011288805	镇江 0.0798447789275635	泰州 0.0724365004703669	宿迁 0.0652364054562559	
E33	南京 0.346976908942799	无锡 0.0622761312311681	徐州 0.0726957706776083	常州 0.0944748628075414	苏州 0.0711563183331992	南通 0.0433570619764242	连云港 0.0303560414083175
E33	淮安 0.0490120128943755	盐城 0.0341773366598070	扬州 0.0507354610049969	镇江 0.0840928876320518	泰州 0.0425766273350279	宿迁 0.0181125790966834	

在已经确定了所用三级指标对其所对应的耳机指标的权重下,将 $W1$ 外部环境下设的三个因素的权重向量 $A1$ 和隶属度矩阵 $R1$ 合成计算得到隶属度向量 $B1$:

$B1 = A1 * R1 = (0.108482526268982 \quad\quad 0.111430599379033$

$0.0598865758039411 \quad\quad 0.0923529542418276 \quad\quad 0.120365706042634$

$0.0786020217991951 \quad\quad 0.0573346371902012 \quad\quad 0.0496492289006860$

$0.0521466588308781 \quad\quad 0.0727755446640215 \quad\quad 0.0899430757569580$

$0.0669203057727367 \quad\quad 0.0401101653489061)$

同理得到:

$B2 = A2 * R2 = (0.0939443667984618 \quad\quad 0.0819442220157573$

$0.0670475035301610 \quad\quad 0.0868532815833546 \quad\quad 0.0896530503508682$

$0.0885281743519422 \quad\quad 0.0463499292853375 \quad\quad 0.0601255320103645$

$0.0873587653479402 \quad\quad 0.0716634880821991 \quad\quad 0.0708571069575474$

$0.0851615405768696 \quad\quad 0.0705130391091969)$

$B3 = A3 * R3 = (0.127714840633051 \quad\quad 0.0888738517376806$

$0.0695171931711159 \quad\quad 0.0888871945888251 \quad\quad 0.0805788241746066$

$0.0715236406784808 \quad\quad 0.0608502108639708 \quad\quad 0.0625607643749090$

$0.0622082829419783 \quad\quad 0.0744291030828878 \quad\quad 0.0900068797211002$

$0.0698006166234991 \quad\quad 0.0530485974078951)$

(四)构建一级指标判断矩阵,确定一级指标权重

根据上述方法,确定一级指标的判断矩阵,计算得到三个二级指标权重,结果如表 6-10。

表 6-10　一级指标判断矩阵

因素	$E11$	$E12$	$E13$	权重
$E11$	1	1/2	1/2	0.2
$E12$	2	1	1	0.4
$E13$	2	1	1	0.4

通过计算可得:权重向量 $A(0.2 \quad 0.4 \quad 0.4)$,又由于以及隶属度矩阵 $R = (B1, B2, B3)$,所以就有:

$B = A * R = (0.110360188226402 \quad\quad 0.0906133493771818$

$0.0666031938412990 \quad\quad 0.0887667813172374 \quad\quad 0.0921658910187167$

$0.0797411303720082 \quad\quad 0.0574466876766180 \quad\quad 0.0590043643342466$

$0.0702561510821430 \quad\quad 0.0729921453988391 \quad\quad 0.0823342098228506$

$0.0753689240346948 \quad\quad 0.0543469834977636)$

(五)确定最终得分并进行排名

在模糊综合分析法中,本书所依据的是最大隶属度原则,直接按 B 值的大小进行排名,结果如下表 6-11:

表 6-11　江苏省各重点城市人力资源服务业指数得分及排名

城　市	B 值	排名
南京	0.1104	1
苏州	0.0922	2
无锡	0.0906	3
常州	0.0888	4
镇江	0.0823	5
南通	0.0797	6
泰州	0.0754	7
扬州	0.0730	8
盐城	0.0703	9
徐州	0.0666	10
淮安	0.0590	11
连云港	0.0574	12
宿迁	0.0543	13

三、江苏主要城市人力资源服务业发展动态分析

2015 年相较于 2014 年来说,无论是从政府统筹监管还是经济持续复苏的大环境下各产业的继起,江苏省各个重点城市的人力资源服务业都有了显著的提升。对比两年的人力资源服务业竞争力指数,从中可以发现很多细节值得注意(见表 6-12)。

表 6-12　2014 年江苏省各重点城市人力资源服务业竞争力指数得分及排名

城　市	2014 年排名	2015 年排名	排名变化
南京	1	1	—
无锡	3	3	—
徐州	8	10	—2
常州	4	4	—
苏州	2	2	—
南通	7	6	1
连云港	10	12	—2
淮安	12	11	1
盐城	11	9	2
扬州	6	8	—2
镇江	5	5	—
泰州	9	7	2
宿迁	13	13	—

数据来源:江苏省人力资源服务业发展研究报告 2015

（一）区域发展优势与差异持续并存

从人均 GDP 指标来看（如表 6-13），特别地将数据进行排名后，人力资源服务业发展指数排名与其总体上相差无几，显然经济基础对人资服务业行业的影响巨大。正是这种差异的长久存在，在省内，区域各个方面的发展差异依然存在并且情况明显。在省委省政府的领导下，无论是经济还是人力资源服务业发展的差异都在逐步缩小，但这样的差异还没有被完全消除，可以说将会持续很长一段时间。

表 6-13　2015 年江苏各重点城市人均 GDP 指标统计与排名

城　　市	人均 GDP	排名
南京	118171	3
无锡	130938	2
徐州	61511	11
常州	112221	4
苏州	136702	1
南通	84236	7
连云港	48416	12
淮安	56460	10
盐城	58299	9
扬州	89647	6
镇江	110351	5
泰州	79479	8
宿迁	43853	13

数据来源：江苏省统计年鉴 2016

将两年的数据进行比较，可以发现，苏南地区的人力资源服务业的发展成绩同其在江苏省内经济的领导力一样耀眼，连续保持在排名前列。南京作为江苏省的省会城市，其政治经济的领导力也促使其在人力资源服务行业业有突出的表现。苏南地区包括南京在内的这种发展优势必将持续保持，分析其原因有以下三点：（1）教育质量的领先与高等教育的普及。在南京、苏州、无锡、常州，教育质量的优势为它们的发展提供了智力支持，培养了更多有技能的人才。（2）经济为人力资源服务带来了发展空间。对于人力资源服务行业本身来说，它是促进人力在各个行业间的合理分配。经济相对发达的地区，人力资源服务的需求就更加强烈，自然而然供给方就会得到更大的发展。（3）城市基础更适于吸引人才。人才是强国之路的基础，从全国来看，南京以及苏南各城市都是人才向往之地。从环境、文化、基础设施、安置待遇等，这些城市都更加适宜人才的培养与发展。

分析 2015 年人力资源服务业排名中，可以说排在前列的城市与与排在最后的几个城市间有很大的差距，这种差异在 2014 年也同样存在。但是在这种差异中，我们不能否认落后的几个城市在包括人力资源服务行业在内的各个行业发展中所做出的不懈努力。发展并不是一蹴而就的，需要很长一段时间的优势积累。

(二)苏中人力资源服务业潜力巨大

对比,苏中各城市扬州、泰州与南通的人均 GDP 的数据,不难发现苏中地区的人力资源服务业发展明显落后于当地经济的发展。苏中地区人力资源服务业发展现状同苏南和苏北进行比较,我们可以发现:(1) 苏南地区以其独特的经济优势吸引了大量的高学历人才,同时吸引了大量知识密集型企业,为人力资源服务业产业园的建立发展奠定了人才、经济的基础;(2)苏北由于历史原因和自然条件等多种因素的影响,该地区的经济发展远远落后于苏南地区,是江苏经济发展最薄弱的"洼地"。但是随着当地政府的努力,不断加大了区域经济结构调整力度,加快了苏北五市的发展步伐,第三产业得到较大发展,人力资源服务业发展态势较好。但是以扬州为代表的苏中地区在人力资源服务集中化发展中并没有突出的表现,仅仅吸纳转移来的较低端人力资源服务产业,还没有形成一套产业集聚效应明显、发展态势良好的行业体系。

将苏中地区的经济发展同人力资源服务业发展进行比较,苏中地区是江苏的次发达地区,较之苏北更好一些,较之苏南等发达区域还有一定的差距,但其作为上海、南京的三小时经济圈内的地区,在上海和苏南等长三角发达地区的经济辐射范围内,拥有明显的区位优势,市场发展潜力巨大。可是,苏中的人力资源服务业的发展还是差强人意的。随着产业结构改革的有序推进,苏中经济区域仍然处在工业化的进程中,目前正面临着产业结构优化升级和促使劳动者充分就业两个重大任务。在进行这两大任务时,人力资源服务业的发展一方面可以统筹人力资源市场,打破城乡、地区、行业分割和身份、性别歧视,维护劳动者平等就业权利,另一方面能够提高劳动力素质、劳动参与率、劳动生产率,增强劳动力市场灵活性,促进劳动力在地区、行业、企业之间自由流动。正是因为此,苏中地区人力资源服务业的发展步伐更是应该加快,改善经济发展同人力资源服务业发展之间的不协调关系,促使经济的发展带动人力资源服务业的发展,同时人力资源服务业的发展促进经济的发展,发挥两者间的协同效应。

第四节　江苏省人力资源服务业发展的对策建议

近年来,江苏省人力资源服务业发展迅速,多层次、多元化的服务体系初步形成,服务功能逐步完善,服务能力明显提升,市场管理日趋加强,在实施科教与人才强省战略和就业优先战略中发挥了重要作用。但是,全省人力资源服务业也存在着整体实力不强、行业规模偏小、国际竞争力较弱、市场秩序有待进一步规范等问题。

一、苏南主要城市人力资源服务业发展对策建议

苏南一直以来就是江苏人力资源服务业发展的风向标,从上一节的指数评价指数也清晰地反映了苏南地区一贯的发展优势,但是不难从一些指标中发现其发展的劣势,对此,提出了以下几点建议:

(一)重点打造人力资源服务特色品牌

根据评价指标的结果,不难发现,南京、苏州、无锡、常州和镇江无论是经济还是人力资

源服务业的发展都分列前五。但是,放眼全国,在例如南京、苏州、无锡这样全省的排头兵,从本土人力资源服务机构来看,依然没有突出的表现,规模普遍不大,具有行业带动效应的龙头企业不多。人力资源服务领域的机构和企业发育滞后,不能有效满足当地经济社会的需求,总体素质不高。

从上述问题中,本土的人力资源服务机构可以从以下两方面入手解决发展的困境:一是,实施品牌战略。在人力资源服务业发展到现阶段,实施品牌建设已然成为产业转型升级的重要内容。人力资源服务品牌建设的目的在于以品牌建设为龙头,实现人力资源服务业飞跃性发展。用品牌效益去征服人力资源服务业市场,是人力资源服务业机构源源不断获取市场利益的最佳路径和产业转型升级的有力助力。二是,打造核心竞争力。以市场需求为导向,积极培育市场功能,培养有竞争力、有活力的人力资源服务机构。政府及行业协会要加大对龙头人力资源服务企业发展的支持,带动全省人力资源服务市场健康发展。通过培育一批有特色、有市场的人力资源服务机构,鼓励有发展潜力的人力资源服务机构引进先进的理念、项目、技术和管理模式,提高集约化经营水平。同时,大力支持人力资源服务机构开展自主品牌建设。人力资源服务机构本身也要迎合政府和实体企业需要,创新服务产品,调整产品结构,转变增长方式,紧紧把握区域扩张,酝酿上市和争取国际合作等三大潮流,不断增强自身企业乃至江苏省人力资源服务产业整体的核心竞争力。

(二)加强创新人力资源服务业发展的政策研究

从近两年的指标可以看出,苏南各城市牢牢占据了指标分析的前列,但是要想人力资源服务业有深层次的发展,突破目前的发展形势,各个市还有很多方面要努力。

为增强发展动力,激发市场活力,研究鼓励扶持政策,突破人力资源服务业产业化发展瓶颈,有以下两点建议:一是设立人力资源服务业发展专项资金,完善人力资源服务产业引导资金政策,发挥政府的引导和带动作用。制定和落实对人力资源服务业税收、土地等优惠政策,消除人力资源服务中间环节重复征税问题,对符合条件的企业从事离岸外包业务取得的收入按规定享受营业税免税政策。分析"营改增"带来的影响,结合行业特点,研究完善针对人力资源服务业的增值税政策,增加应纳税所得额的抵扣项目,降低个人所得税实际税负水平,以吸引更多海外高端服务业人才。二是支持人力资源服务机构利用资本市场进行直接融资,鼓励有一定规模、信誉的投资机构和担保机构,为人力资源服务企业提供投融资服务,探索风险投资机制,解决中小企业融资瓶颈问题。促进金融机构与人力资源服务项目的对接,引导金融机构创新产品,支持人力资源服务企业发展。

(三)加快形成完善的人力资源服务标准体系

在苏南各城市,迫切需要解决的问题就是规范行业发展体系,加快推进行业标准化建设,抓紧制定业务形态的服务标准。随着信息化服务与服务信息化的推进,积极应对网络招聘业务等与互联网相关的人力资源分服务发展的新趋势,加紧制定网络招聘服务标准。加大对人力资源服务产业标准的宣传和推广。加强对人力资源服务外包、人力资源管理咨询等新兴服务产业的探索研究,逐步形成完善的标准体系。加强行业自律、加快人力资源服务标准化建设,开展人力资源服务诚信企业创建活动,加大人力资源市场监督检查力度,认真开展服务机构年检,打击非法中介。2015年在全省范围内开展清理整顿人力资源市场秩序专项检查活动中,检查人力资源服务机构和用人单位等5195户,查处各类违法案件815件,其中未经许可和登记擅自从事劳务派遣业务案件 131 件，以职业中介为名牟取不正当利益或者进行其他违法活动案件 13 件，责令退赔求职者中介服务费、押金或其他费用 15.72 万元。

具体来说，可以以企业"入市"的注册登记事项或人力资源服务机构中介许可证申办的材料为基础，日常监督和发生（掌握）的信用信息为重点，企业自愿申报的信用信息为补充，建立企业信用信息数据库，构成覆盖全部企业的信用管理网络体系，形成一套标准化的流程。信用信息监督管理系统可以由企业信用信息征集记录系统、信用信息查询系统、企业信用信息公示系统三个子系统构成。由此，加强人力资源服务业标准化建设，营造良好的竞业范围。

二、苏中主要城市人力资源服务业发展对策建议

苏中地区人力资源服务业的发展落后于苏南地区，在指标分析中，可以发现，人力资源服务行业的发展同当地的经济资源优势还是不够匹配，其发展的潜力巨大。针对扬州、南通、泰州的现状问题，提出了以下几点对策建议：

（一）加强政府的扶持和引导作用

鉴于苏中各市在人力资源服务业中发展优势有待进一步彰显，政府的支持和引导是必不可少的。众所周知，政府在持续的升级发展中发挥了重要作用，制定制度约束是政府引导和调控产业发展的一大措施，从做好规范性管理来说，可以有以下两方面可以进行：一方面，进一步完善人力资源服务业方面的法规。由于以前中国部门的职能划分，人才市场和劳动力市场由原人事部和原劳动和社会保障部分别管理，法规和监管都分别执行，在两部合并以后，目前在相关法律法规方面仍然没有统一起来，在操作过程中有相互交叉、相互包容或相互矛盾的地方，避免二者监管的漏洞。另一方面，完善以政府为主导的产业发展协调机制。借鉴，其他各国人力资源服务业发展的宏观管理和背景来看，不少国家的政府在人力资源服务业的宏观管理方面进行了诸如制定人力资源服务业专项立法、去除官僚化改造、加强对私营职业介绍机构和派遣公司的管理、致力于灵活公平高效的人力资源市场、引入竞争性的公共服务、加强公共服务机构和私营职业中介服务机构的合作、提高人力资源配置效率等措施。

在人力资源服务业发展过程中，政府不仅仅要做好行业规范性管理，包括行政许可、日常监督、评选典型等，更要注重行业的引导和服务。具体可以从以下四方面入手：

（1）加强人力资源服务业发展的顶层设计。扬州、南通、泰州需尽快制定、出台统一的人力资源服务机构管理办法，逐步建立人力资源市场管理的基本框架。加紧制定有关招聘、培训、派遣、管理咨询等方向的专项规定，从而形成分类管理、分级资质、分级指导的规律法规体系，实现政府对人力资源服务业的宏观行政管理。

（2）制定切实有助于人力资源服务企业发展的帮扶政策。加大财政和税收支持力度，对符合条件的人力资源服务企业，提供专项发展资金，综合运用贷款贴息、经费补助和奖励扶植等多种方式支持人力资源服务业的发展。加强包括专业化人才培养在内的公共服务平台建设，鼓励公共人力资源服务机构按规定申请为非营利组织，享受相关税收政策，同时为公共人力资源服务机构争取更多的财政支持。

（3）营造公平竞争的平台。除了以上有关支持外，对于推动人力资源服务业的转型升级而言，政府更多的是做好人力资源行业的发展规划，营造良好的政策环境、搭建公平竞争的平台。充分发挥江苏省人力资源服务行业协会的平台作用、自律作用、桥梁作用，形成规范的操作程序和模式，树立良好的行业形象和信誉，积极推动人力资源市场化改革，打破地区壁垒。

（二）完善行业信息系统建设，推进信息披露全面公开

信息化是当今时代现代化的突出标准，这个时代的一大特点就是大数据。信息化在承载业务应用的同时，记录相关重要的数据，提供给利益相关者可以利用的数据资料，无论是哪个行业都要倍加重视信息系统的安全可靠性，加强对信息系统的管理，不断完善信息系统。然而就目前来说，不限于苏中各市关于人力资源服务行业的信息系统的建设还不够完善，相关的数据在搜集资料的过程中，很多数据的搜集非常困难，行业信息系统的建设可以说是刻不容缓的。

推动数据信息披露的规范化包括对数据进行规划、健康和执行，其中又包括数据质量管理、数据架构管理、数据开发等八个方面。进行行业信息系统的建设有以下四方面的意义：

第一，有利于行业数据统一，这对行业来讲是非常重要的，通过标准化的计量，使得行业利益相关者进行比较分析，对行业中的企业来说，可以利用这些数据发现未来发展趋势和利益增长点，对于产业研究人员可以利用相关数据进行深层次分析，为相关产业的可持续发展提供相关策略，对于个人来说可以根据相关数据比较，选择未来的就业发展方向。可以说，后面所进行的一系列工作都是为了行业的数据统一。

第二，促进行业标准化发展，降低数据交换成本。推进人力资源服务行业的标准化发展刚提出来短短几年，但是在人力资源服务行业间得到了很大的反响，标准化建设的实施势必能够规范整个行业的发展，推动各个部门间的合作交流，为行业的升级发展提供有力支撑。

第三，便于通过数据特征发现市场异动，有效助力监管的决策。不管是相关机构还是专家学者，或者说是求职者，都寄希望从发布的数据中发掘有用的信息，为之后的决策或者分析提供有力依据，因此得到全面客观的数据是首要前提。

第四，推动资本市场业务功能发挥。数据信息中会包含很多有关经济信息，随着近年来资本市场业务的不断扩张，行业内外都掀起了兼并联营热，通过资本的运作扩张市场，那么数据信息系统的建立在提供资本业务重要信息方面就显得尤为重要，并且迫切。

对此，人力资源服务业行业信息体系的完善，需要通过支持多层次资本市场建设，推进跨市场互联互通，促进市场集约高效运行，降低市场成本，提升监管效能，并且为切实保障市场信息系统安全稳定运行奠定基础。

（三）加强人力资源服务从业人员队伍建设

对于苏中地区来说，抓住人才、利用好人才是人力资源服务业发展的关键。具体有两方面可以入手：

一是要注重培养专业人才。要抓住人力资源服务业发展的机遇，提升从业人员职业化、专业化素质和能力，提供具有价格竞争力、高品质的人力资源服务产品，注重培养三类人才：第一类是专业人才，要对特定的行业和该行业的人力资源市场有深刻了解，用专业的知识和经验为用人单位提供企业管理和人力资源管理等方面的顾问服务，还要对人力资源管理、组织架构、薪酬福利等方面有深入细致的了解;第二类是专业的信息管理人才,对企业客户信息进行维护,保障企业信息系统的良好运转,促进企业内部管理效率的提升;第三类是兼具人力资源业务知识和营销技巧的人才,要能制定出适合的市场营销策略,选择合适的营销渠道,以灵活的市场运作来提高人力资源服务企业的竞争力,共同促进行业整体水平的提高。

要抓好服务机构人员素质建设。要重点抓好服务机构法定代表人和信用管理骨干人员的培训,着力增强全员信用意识,培育具有信用特质的企业文化。要拓宽人才培养途径,多层次、多渠道培养和引进人力资源服务业所需人才。可针对人力资源服务业从业人员的特点,依托行业协会等机构开展多层次、多形式的岗位职业培训,提高从业人员的职业道德素质、理论水平、服务意识和实际操作能力。要研究推行统一的人力资源服务业从业人员的职业资格制度,并逐步探索建立人力资源管理咨询、人才培训、人才测评等人力资源服务专业领域的职业资格水平认证制度,不断提升人力资源服务业从业人员的专业化水平。

三、苏北主要城市人力资源服务业发展对策建议

苏北各城市人力资源服务业发展指数在排名上虽然相较于前一年的结果没有太大改善,为此,苏北地区亟需抓紧经济复苏的大浪潮,推动人力资源服务业的发展,争取取得突破性的进展。在此,有以下三点对策建议:

(一)继续努力消除区域人力资源服务发展差异

在上述的数据分析中,显而易见,在江苏,人力资源服务业发展的地区差异依然存在,并且这种差异在短时间内不会消失。鉴于江苏省社会与经济协同发展不平衡,南北梯度差异显著,人力资源服务业也明显存在着苏南好于苏中,苏中又好于苏北的地域特征。苏北地区以稳定的和上升的欠发达型为主,苏中地区以上升的中度发展型为主,苏南地区则以稳定的和快速上升的发达型为主。因此,人力资源服务行业同经济发展区域特征一样,在江苏省境内由南向北综合发展水平逐渐递减、经济发展速度逐渐减缓,区域发展梯度差异的地域特征显著。由于人力资源服务行业自身的特点,人力资源服务行业涉及到人力资源在各个产业间的分配,各个地区的就业服务、劳动保障等,所以受历史影响或者说地理位置影响,这种差异的缩小需要各方面的支持和努力。

为了消除人力资源服务业发展的区域性差异,苏北地区可以从以下三点入手:(1)消除就业歧视观念。就业作为人力资源服务行业的重要一环,在市场经济条件下,不同区域、不同行业的劳动者都是市场的主体,他们完全有权利、有理由选择自己所适合的职业。对于城乡的劳动者来说,就业选择权应该是平等的。建立公平竞争体制是市场建设的一项主要任务,因而从思想观念上消除劳动力市场的歧视是极为重要的。(2)消除隔离体制。首先要进一步从城乡隔离的户籍制向城乡一体化的户口登记制改变。小城镇户口应完全放开,大中城市应该逐步放开户口,尽快从目前的户籍管理向身份证管理过渡,为居民异地就业创造条件。简化就业手续、降低就业门槛,以减少就业成本。建立统一的社会保障体系,把城市非正规就业者和农村劳动力纳入这一体系中。(3)规范劳动关系,出台相应的法律法规。要建立统一的、公平的、竞争性的劳动力市场,是一项长期的任务,不可能一蹴而就。为逐步减缓劳动力市场分割问题,应该出台就业法,以进一步规范劳动关系创造公平就业的法律环境。

人力资源服务业的发展能够影响或者带动相关产业的发展,对于苏北来说,抓住发展人力资源服务产业,完善劳动保障措施,加快人才培育、开发和引进,借鉴和学习苏南发展方式,缩短与苏南的人力资源服务发展差距以及其他经济差异,在全省范围内,形成互相扶持、互助增长的景象。

(二)一手抓人才培养、一手抓人才引进

依托苏南地区教育的高质量和强势的高等教育普及率,为苏南地区的各项发展奠定了基础。但是在苏北,高等教育的质量有待进一步加强(如表6-14)。但是教育的水平是一个城市乃至一个地区发展潜力的重要衡量因素,为人力资源服务业的持续发展提供重证。

表6-14　2015年江苏省各重点城市每万人高等学校学生数统计

城　　市	每万人高等学校学生数
南京	986.644
无锡	177.0849
徐州	206.7136
常州	268.6434
苏州	202.3361
南通	123.2877
连云港	86.31873
淮安	139.3678
盐城	97.18475
扬州	144.2685
镇江	239.1218
泰州	121.0685
宿迁	51.50391

数据来源:江苏省各市统计年鉴2016

为此,教育质量的提高可以从三方面着手:一是大力促进教育公平。具体来说,要促进义务教育均衡发展,合理配置公共教育资源,强化政府促进教育公平的主体责任,坚持保基本、均等化、可持续方向,逐步缩小城乡、区域、校际差距,为实现更高水平的普及教育,坚持教育的公益性和普惠性,保障公民依法享有接受良好教育的机会。二是着力优化教育结构体系。现代化的教育应当建设现代职业教育体系,"推进产教融合、校企合作",优化学科专业布局和人才培养机制,重点扩大应用型、复合型、技能型人才培养规模,同时全面提升高校教学水平和创新能力,加快建立高校分类设置、分类拨款和分类评估制度,形成办出特色、争创一流的长效机制。三是深化教育领域综合改革。健全促进公平、科学选才、监督有力的体制机制,构建衔接沟通各级各类教育、认可多种学习成果的终身学习"立交桥",加快教育信息基础设施建设,构建利用信息化手段扩大优质教育资源覆盖面的有效机制,完善国家教育管理信息系统。另外,还需完善教育督导,加强社会监督,提高教育治理体系和治理能力现代化水平。

紧抓人才引进是近几年来各市发展人力资源服务业的重点。苏北相较于江苏省内基础比较薄弱,吸引人才的工作显得更加重要,任务更加艰巨。仔细来看,主要可以分为以下几点,可以入手进行突破:一是加强高层次人才引进的成本意识与计划性,人才引进不能盲目进行,应针对重点领域的重要岗位进行重点引进,应该锁定目标重点突破,要摒弃人才引进中的"抄底"现象,从实际需求出发引进人才,充分考虑成本因素,在人才使用问题上不应该盲目追求"越高级越好",不但不能够帮助当地经济的发展,相反会给经济发展背上包袱。二是优化高层次人才的成长与发展环境,可以将已有的主要从事基础研究的独立研究院所与高水平的高等院校进行调整、合并或重组,使科研单位的研究力量与研究型大学的高层次人才,多学科综合、交叉的优势。三是在人才引进之中始终必须树立全局观念,为全力引进人才营造积极向上的氛围环境,妥善处理内员与外员的利益关系。

(三)推进人力资源服务业集约发展

实施人力资源服务集约发展战略,推动人力资源服务产业园建设。以盐城为例,抢抓江苏沿海开发和长三角一体化两大战略机遇,用好苏北振兴、"一市一策"政策机遇,大力发展新兴产业、科技产业、智慧产业和现代服务业,已经形成了汽车及新能源汽车、节能环保、光电光伏、软件服务外包等一大批产业集群。苏北无论是人口资源还是自然资源都很丰富,在充分发挥各项资源配置效果最大化的路上还有很多要做,推进人力资源服务业集约发展,一来,要积极开展园区调研试点,鼓励建立园区管理组织,鼓励吸引各类人力资源服务机构入驻。健全园区功能,实施统一服务、统一管理、统一规划,建立一个具有培育、孵化、展示、交易、招商、服务等多功能的综合平台,形成人力资源服务机构集聚发展的态势,走空间集约、资源节约、环境好型的高效发展之路。

另外,集约发展中,必须注意人力资源服务产业园必须与地区经济发展、产业布局相匹配。利用产业园区的优势条件吸引关键性人力资源服务机构落户园区,逐步培育与发展产业集群,形成独特的人力资源服务产业园商圈模式。产业园区招商引资策略与人力资源服务产业园的定位要结合起来,按照产业集群的发展规划,有选择性地吸引关键性人力资源服务机构在园区内落户。

第七章　江苏省人力资源服务业行业监管与标准化建设

　　人力资源服务业是 20 世纪 90 年代发展起来的新兴服务业,其目标是针对人力资源进行有效配置和优化。江苏省是全国范围内最先发展人力资源服务业的省份之一。目前,随着人力资源服务业在省内的迅速发展,其市场处于不断扩大和复杂的过程中,随之而来的是人力资源服务业的监管问题。人力资源服务业的监管涉及到多个方面,包括政府与市场之间的关系,行业协会与市场之间的关系以及业内人员管理等。因此,进行人力资源服务业监管必须集中各方力量,促进行业可持续发展。

　　为了更好地实施人力资源服务业监管,省内正逐步开展人力资源服务业标准化建设。江苏省人力资源服务业标准化技术委员会于 2014 年正式组建。与此同时,省政府陆续出台了一系列文件确立了标准化建设的总目标并对这一工作做出了详细的规划。这一系列文件和行动充分体现出人力资源服务业标准化建设对于促进江苏省人力资源服务业发展的紧迫性和重要性。

　　本章根据江苏省人力资源服务业监管的相关内容共分为五节:第一节对人力资源服务业行业监管的相关概念、主客体和法律政策依据进行概述;第二节论述了江苏省人力资源服务业的监管现状;第三节针对江苏省人力资源服务业监管现状总结其存在的问题;第四节为优化江苏省人力资源服务业监管提出针对性建议;第五节阐述了完善江苏省人力资源服务业监管的工具——标准化建设的相关内容。

第一节　人力资源服务业行业监管概述

一、相关概念界定

(一) 监管

　　监管,包含管制与监督两层意思。斯蒂格利茨提出了最具影响力的对于管制的定义:"管制是产业所需要的并为其利益所涉及和操作的一种法规"。这个定义表明了管制的经济意义,即管制是以某一利益集团的利益为导向,并向其提供服务。监督则是这一法规的实现手段和执行途径,法规的有效遵守需要监督、检查和管理来保证。管制和监督的有效结合则称之为监管。

　　国内亦有学者提出监管的定义:监管,是指政府、政府授权或依法设立的机构或组织,以国家法律为依据,制定相关的政策法规,为促进充分就业和人力资源优化配置,满足各行业内人力资源需求,对市场中各项活动的合法性进行管理、监督。

综合国内外学者对监管的定义，行业监管可解释为，由法律赋予权力的某个行业相关的机构或组织，依据法律、法规和政策等对该行业中发生的各项活动进行监督和管理，以维护行业内的秩序和发展。

（二）人力资源服务业行业监管

人力资源服务是指一个经济主体向其他经济主体提供的，帮助其更加合理有效地获取、开发、配置和利用人力资源，从而提高其社会财富创造能力和效率的动态的交易品；人力资源服务业是指提供人力资源服务的众多经济单位的集合或系统。

人力资源服务业行业监管则是指，由政府、相关授权机构和行业协会对人力资源服务业所发生的活动，例如服务机构的设立、从业人员资格审查、服务机构业务的合法性等，进行管理，控制和监督，维护人力资源服务业的市场秩序，创造一个公平透明、竞争有序、规范运作的市场环境。

二、人力资源服务业行业监管主客体分析

（一）人力资源服务业行业监管主体分析

人力资源服务业的监管主体是指参与人力资源服务业监管工作的监管部门，人力资源服务业监管主体主要包括相关政府部门、行业协会和独立机构，主要包括人力资源和社会保障部门。从国家层面来讲是人力资源和社会保障部。江苏省人力资源服务业的监管工作则主要由政府部门和行业协会承担。从政府角度看，主要涉及人力资源服务业监管工作的部门有工商行政管理部门、人力资源和社会保障厅、人事行政部门等。政府部门主要依据法律法规制定相关政策，并据此对行业内人力资源服务机构的设立、业务范围、资格认定、年度检查和日常监管等方面进行管理和控制。同时，政府依据人力资源服务业发展状况，出台政策对行业进行调控管理。从行业协会角度看，协会在监管过程中主要涉及到行业参政、行业自律、行业代表、行业协调、行业服务等功能。

江苏省人力资源服务行业协会于2012年8月21日成立，截至2015年底，江苏省内包括南京市、苏州市、无锡市、镇江市、南通市、盐城市、徐州市、连云港市等地区均已成立市级人力资源服务行业协会。由省级行业协会带头，拉动各市级行业协会积极发挥行业协会作用，为行业内从业机构提供行业指导、自律、监督等服务，不断推进人力资源服务行业快速发展。

（二）人力资源服务业行业监管客体分析

监管客体是行业监管的对象，它主要包括具体的个体和组织机构。在人力资源服务行业中，主要的监管对象有人力资源服务业从业人员和人力资源服务机构。对于部分出现问题的机构和人员，政府采取勒令整改或吊销从业资格证书等措施。

截至2015年10月，江苏省人力资源服务机构数量达3000多家，人力资源服务业从业人数超70000人。这些机构和人员均为政府和行业协会监管的对象，接受监管的内容包括：人力资源服务机构的行政许可依据、业务范围、经营活动和从业人员的从业资格、职业能力等。2015年，江苏省227家人力资源服务机构被政府吊销或注销；行业协会提供指导、培训等服务，促使其朝着合法化方向发展。

三、人力资源服务业行业监管的法律政策依据

(一)人力资源服务业行业监管的法律依据

人力资源服务业有序发展必须依靠监管,而监管的前提是有法可依。监管主体依据法律解决有关管理依据、行业准则和规范内容等方面的问题。我国人力资源服务业监管的主要法律依据包括:《中华人民共和国劳动法》、《中华人民共和国就业促进法》、《中华人民共和国劳动合同法》等法律文件。

《劳动法》是中国劳动立法史上一个重要的标志,覆盖了劳动领域的基本内容,是一部综合性、纲领性的法律。《劳动法》于 1994 年 7 月颁布,于 1995 年 1 月 1 日起正式施行。作为我国劳动领域的基本法,《劳动法》对其他相关法律法规的制定起重要指导作用。《劳动法》的出台对我国人力资源服务业的发展具有重要的历史性作用。

《就业促进法》于 2007 年 8 月,经全国人大常委会审议通过。它从法律上对人力资源服务业发展的相关内容进行确立,包括建立开放、有序的人力资源服务市场,促进劳动者就业;政府和相关机构在行业内作为监管主体,加强对行业内参与者的管控,充分发挥政府作用;确立了人力资源服务的行政许可制度,对人力资源服务机构的设立和经营提出了明确的要求。这一系列法律条款进一步充实了人力资源服务市场,使其朝着更为有序的方向发展。

《劳动合同法》于 2008 年 1 月开始实施。其法律条款中与人力资源服务业相关的内容主要包括劳务派遣的相关规定,这些规定对人力资源服务机构的设立资格、业务范围和权限等更为具体的限制。

(二)人力资源服务业行业监管的政策依据

人力资源服务业行业监管的政策依据主要包括国家政府部门根据法律出台的配套性法规和省、市级政府根据上级出台政策制定的相关政策法规。劳动部根据《劳动法》发布的《职业指导办法》和职业介绍规定;根据《就业促进法》,原劳动和社会保障部颁布了《就业服务和就业管理规定》,原人事部、国家工商行政管理总局颁布了《人才市场管理规定》;人力资源和社会保障部根据《劳动合同法》发布了《劳务派遣暂行规定》,等等。江苏省政府部门根据国家政府政策颁布了《省政府关于推进"先照后证"改革后加强事中事后监管的实施意见》(苏政发〔2016〕13 号)、《江苏省人才流动管理暂行条例实施细则》(省政府 96 号令)和《江苏省〈实施中华人民共和国就业促进法〉办法》(省政府第 53 号令)等规定。

第二节　江苏省人力资源服务业监管现状

江苏省人力资源服务业监管由三个部分构成,包括机构资格审查、从业人员管理、机构经营监管,机构经营监管又分为建设和清查两个部分。

一、机构资格审查

江苏省人力资源服务业机构资格审查主要根据市场准入制度实施,即指从事人力资源服务活动所必须满足的条件和必需遵守的制度与程序的总称。在机构资格审查过程主要是

对人力资源服务机构的设立程序进行检查。

(一)机构资格审查的相关政策

江苏省是全国范围内较早开展人力资源服务业务的省份。在这个行业发展之初,人力资源服务机构的建立较为简单,缺乏相应的审查程序,从而造成了人力资源服务市场上机构鱼龙混杂的现象。为了规范人力资源服务市场的发展,省政府通过不断探索出台了一系列相关政策并建立了人力资源服务机构的资格审查程序。

截至2016年,江苏省出台的人力资源服务机构资格审查相关政策包括《关于加快人力资源服务业发展的意见》、《江苏省人力资源服务行业公约》、《江苏省〈实施中华人民共和国就业促进法〉办法》(省政府第53号令)、《关于进一步加强人力资源市场管理监管有关工作的通知》等。上述政策文件强调了市场准入的重要性,并对机构资格审查规范作出了详细的说明,有效促进了人力资源服务业市场的规范发展。

今年,江苏省政府响应国家号召出台了《省政府关于推进"先照后证"改革后加强事中事后监管的实施意见》这一政策文件,在这一文件中对"先照后证"进行解读并因地制宜,根据江苏省的实际情况制定了更为详细政策实施办法。

"先照后证"是指服务机构设立者可先至工商部门领取营业执照,开展一般性的生产经营活动,如从事需要许可的生产经营活动时,再向相关部门申请领取行政许可证。"先照后证"改革实际上形成了一个倒逼机制,最终从根本上减少、下放、取消不必要的审批,用政府权力的"减法"来换市场活力的"加法"。这也是政府简政放权的重要体现,在一定程度上促进了服务机构尽快投入生产经营活动。而这一相关政策则是在进行"先照后证"人性化管理的基础上仍然紧抓市场进入门槛,严防不合法机构进入市场。

同时,简化优化审批流程也是"先照后证"的改革成果。省政府要求各市全面梳理人力资源市场行政许可事项,剔除或简化部分不必要或过于复杂的审批手续,提高效率,限时办结。另外,编制服务指南,通过窗口发放或政府网站公布等形式向社会公开。建立与工商行政管理部门的工作衔接机制,及时掌握经工商登记的人力资源服务机构情况,防止出现监管真空。

而《省政府关于推进"先照后证"改革后加强事中事后监管的实施意见》(苏政发〔2016〕13号)这一相关政策则是在进行"先照后证"人性化管理的基础上仍然紧抓市场进入门槛,严防不合法机构进入市场。

(二)人力资源服务机构资格审查情况

20世纪八九十年代,省内人力资源服务业准入门槛非常低,于国家而言缺乏立法约束,与省政府而言缺乏制定相关政策的依据,从而使得人力资源服务业发展不规范,形成了人力资源服务机构如雨后春笋般建立起来的情况。近年来,随着国家立法以及江苏省人力资源服务业规模的不断扩大,省政府日益认识到目前市场结构的不合理性以及行业规范的重要性,为了优化人力资源服务业市场结构,江苏省从源头抓起,建立市场准入制度,并出台一系列政策,对人力资源服务业机构的设立进行严格审查。

在相关政策文件的出台及逐年进行完善后,江苏省人力资源服务机构的数量呈现出趋势性的变化,现将江苏省历年人力资源服务机构数量及其增减幅度统计如下:

表 7-1　江苏省人力资源服务机构数量及增长情况（2010—2015 年）

年份 项目	2010	2011	2012	2013	2014	2015
人力资源服务机构（家）	4119	3883	4027	2476	3099	2967
人力资源服务机构增长量（家）		—236	144	—1551	623	—132
人力资源服务机构增长率（%）		—0.057	0.037	—0.385	0.252	—0.0423

数据来源：江苏省人力资源和社会保障事业发展统计公报（2010—2015 年）

从 2010 年至 2015 年，江苏省人力资源服务业市场中的服务机构数量，大致上呈缩减趋势，除 2012 年与 2014 年外，其余年份人力资源服务机构均呈现负增长趋势。即便是呈现增长趋势的年份，其增长率甚至不足 0.5%。这充分说明了江苏省人力资源服务业市场准入制度发挥了效用，省内人力资源服务业市场的进入门槛处于逐步提升的过程中，准入制度中的各项要求在很大程度上得到了有效实施，对于市场进入者的要求愈加明确，促进了人力资源服务业市场中机构作用的发挥，规范了江苏省人力资源服务业市场的发展。

（三）人力资源服务业市场开放状况

在国际格局的影响和国内政策的引导下，江苏省人力资源服务业在加强机构资格审查的同时亦不断加强自身开放程度，紧跟国家人力资源服务业发展步伐，积极落实国家政策。省内各市政府根据省政府安排出台相应政策，加大人力资源服务业的开放力度和深度。

以南京市为例，南京市政府 2015 年 1 月下发《关于加快推进人力资源服务业发展的实施意见的通知》时明确提出了到 2017 年南京市人力资源服务机构总数达到 800 家、江南和江北均重点打造一个人力资源服务产业示范园的目标。为实现这一目标，南京市通过多种方式不断降低人力资源服务业市场准入标准，鼓励多种方式建设人力资源服务产业园。南京市出台的鼓励政策主要包括：（一）财政补助，被认定为市级、省级、国家级人力资源服务产业园的，由市政府分别给予 100 万元、200 万元、500 万元的一次性建园补助；（二）税收等费用补贴，企业首次注册登记，三年内免交行政事业性收费，对新引进的人力资源服务企业，自注册登记之日起三年内，按所缴税收地方留成部分的 50% 给予补贴，入驻人力资源产业园区的，可由企业纳税所属区给予一定的房租补贴；（三）准入资格，为鼓励外资和港澳台人力资源服务企业来南京市发展，企业外资控股比例可放宽至 70%，允许已在国内落户的合资企业在南京市独资经营，建立人力资源服务"先照后证"的市场主体登记制度。

同时，省内其他各市均开始创建人力资源服务业产业园区，例如苏州人力资源服务产业园早在 2013 年就已建成，并且是继上海、重庆、河南后经国家人社部正式批准建立的第四家国家级人力资源服务产业园，其在省内的影响力并不亚于南京人力资源服务产业园；无锡人力资源服务产业园于 2015 年建成，并以"建设全国一流人力资源市场，打造全国特色人力资源产业园"为目标，处于蓬勃发展中。这些产业园区通过吸收国内外投资来设立服务机构，在加强市场规范化的同时，人力资源服务市场的开放程度也逐步提上发展日程。

由此可以看出，随着近年来政府简政放权的持续推进，人力资源和社会保障部结合行业实际发展，全面清理省内人力资源服务业发展中不合时宜的事项，江苏省人力资源服务业正朝着开放化市场、优化营商环境的目标发展，致力于创建一个信息化、服务化、国际化、标准化的、开放的人力资源服务市场。

二、机构经营监管

为规范江苏省人力资源市场活动,维护人力资源服务业行业内市场主体的合法权益,促进人力资源服务业健康发展,相关管理部门除了要对从业人员进行管理外,对人力资源服务机构的管理也应给予重视。目前,省人社厅从市场建设、市场清查和年度检查三个方面对人力资源服务机构是否具备经营资格和经营活动的合法性等方面进行监管。

(一) 市场建设

市场建设是指为促进省人力资源服务市场的发展,从多个方面强化市场功能,为人力资源服务机构发挥效用提供更好的平台。

在江苏省政府颁布的《关于加快人力资源服务业发展的意见》等文件中多次提及要加强人力资源服务市场建设,并对此提出了一系列要求。为响应政策号召,全省各市均积极开展人力资源服务监管市场建设活动,形式多样,效果显著。

1. 人力资源市场管理信息化建设

江苏省相关政府部门加快推动全省统一的人力资源市场管理信息平台的建设,推进人力资源市场管理全程信息化,积极构建以信息归集共享为基础、以信息公示为手段、以信用监管为核心的管理信息化体系。省内各市均开展了市场信息化建设活动,以昆山等市为例对省内人力资源服务市场信息化建设进行介绍。

昆山市人力资源服务市场高度重视信息化建设,大手笔、强力度地推进市场信息化建设。从资金方面来看,昆山市人力资源市场管理委员会对市场信息化建设加强了资金支持,加大了软硬件建设。从2007年至今约投入1500多万资金,从智能化建设、机房硬软件、基础服务、组织和人员保障上改善了市场环境。从硬件方面来看,运营大楼的落成及其内部会议厅、公共广播系统、停车场系统、消费系统等方面均大大改善人力资源服务市场的硬件设备条件。从软件方面来看,新招聘网站和办公OA系统的开发均加强了其软件设施条件。由此,充分表明了昆山人力资源市场在信息化建设方面取得了不小的成就。

南通市对人力资源服务市场信息化建设同样给予了重视。在2015年10月,南通市召开了为期两天的人力资源市场信息化建设研讨会。研讨会上,主要回顾并总结了"十二五"期间南通市在人力资源市场信息化建设方面取得的成就并分析了当前存在的问题,进一步部署今后的信息化建设工作目标任务。同时,会议中对人力资源服务市场信息化建设提出了新的要求:要坚持"统一、规范、集中、效能、安全"的总要求,以全面提升应用和服务水平为目标,整合推进人力资源市场信息化建设,全面构建公共就业服务体系建设,为南通市人社事业的发展提供支撑和引领。一是建立规范统一的人力资源市场信息体系;二是搭建多元化公共就业服务平台;三是加强系统信息内部共享和外部数据交换。

镇江市在人力资源服务市场信息化建设方面同样取得了丰硕成果。2016年5月,镇江新区人力资源配置市场针对自身和企业需求,开发了综合服务平台软件系统,并对招聘信息平台全面改造升级,并开始试运行,成果显著。此次市场信息化建设分为软件和硬件两部分,软件系统主要由人才管理、企业调查、招聘会管理、手机移动端及外部接口等组成。硬件部分:招聘大厅硬件设施配置了55英寸大型触摸屏和6台自助求职服务终端,53个招聘摊位上配备了电脑、多媒体播放机、二代身份证读卡器、摄像头。通过软硬件设施,充分实现了人力资源配置市场的信息化、智能化功能。

2. 公共服务规范化水平建设

目前,江苏省人力资源服务市场全面实行服务公示制度,在服务场所和窗口明示服务项目、服务内容、办事流程、收费标准及依据等事项,主动接受社会监督。这一举措能够大力推进办事流程简化优化和服务方式创新,最大限度精简办事程序,减少办事环节,缩短办理时限,改进服务质量,充分发挥人力资源市场服务大众创业、万众创新的作用。不断加强服务窗口作风建设,塑造良好形象,提升服务水平。

近年来,随着政府简政放权力度的逐渐增大,相关部门越来越重视人力资源服务市场的公共服务水平。为了使人力资源服务机构能够快速、有效地为大众提供服务,江苏省人力资源服务市场对服务内容、办事流程等事项均进行了简化,并且将许多事项转化为网上办理的方式。这对于人力资源服务机构提供优质服务起到了很大的推动作用,强化了人力资源市场对于人力资源的配置效率,促进了市场发展。

3. 舆论监督制度建设

在江苏省人力资源服务市场中,不仅要通过政府部门进行监管,也要通过多种途径、采取多种形式宣传事中事后监管各相关职能部门的职责、措施、工作进展情况和成效,及时解答和回应社会关注的热点问题,畅通投诉举报渠道,充分利用来信来访、互联网、举报电话、新媒体等多种途径,及时发现和查处人力资源市场违法违规行为,建立舆论监督制度。鼓励和引导全社会参与,形成理解、关心、支持改革的良好氛围和舆论监督环境。

目前,省内各市的舆论监督制度建设相较于前两项建设处于较为落后的地位,在许多市级人力资源服务市场上,舆论监督仅限于一本意见簿,信访、举报电话、互联网等手段均未开发或即便开发了也未得到有效利用。因此,相关部门对于人力资源市场上的舆论监督环境应进行大幅改善,引导全民参与,促进人力资源服务市场长远发展。

（二）市场清查

市场清查则是指对市场存在的非法机构或行为进行清理整顿,维护市场环境,规范市场发展。市场清查的作用在于通过加强信息跟踪、日常巡查、受理投诉举报专查、定期开展清理整顿人力资源市场秩序专项检查等措施,检查收费项目和收费标准,打击非法中介行为,严肃查处非法行为,加大市场监管力度,维护市场正常秩序,防止发生突发事件。规范人力资源机构经营活动,为广大劳动者和用人单位创造公平、有序的市场环境。

近年来,江苏省相关部门对于人力资源服务市场的清查力度较大,也取得了较为明显的成果。

2013年,在全省范围内开展清理整顿人力资源市场秩序专项行动,共检查职介机构和用人单位等5446户,查处各类违法案件1160件,其中未经许可和登记擅自从事职业中介活动案件803件、以职业中介为名牟取不正当利益或者进行其他违法活动案件200件,责令退赔求职者中介服务费、押金或其他费用16万元。

2014年,在全省范围内开展清理整顿人力资源市场秩序专项行动,共检查职介机构和用人单位等5378户,查处各类违法案件982件,其中未经许可和登记擅自从事职业中介活动案件769件、以职业中介为名牟取不正当利益或者进行其他违法活动案件36件,责令退赔求职者中介服务费、押金或其他费用18.32万元。

2015年,在全省范围内开展清理整顿人力资源市场秩序专项检查活动,检查人力资源服务机构和用人单位等5195户,查处各类违法案件815件,其中未经许可和登记擅自从事劳务派遣业务案件131件,以职业中介为名牟取不正当利益或者进行其他违法活动案件13件,责令退赔求职者中介服务费、押金或其他费用15.72万元。

通过以上数据可以明显看出,江苏省对于人力资源服务市场的清查力度之大,效果之显著。同时,明显可以看出,江苏省人力资源服务市场存在非法机构及其不法行为的状况非常严重。从这一现状来看,省政府相关部门应进一步加强日常管理,除了定期的市场清查以外,应建立随机抽查监管制度。按照"双随机、一公开"的原则,建立随机抽取检查对象、随机选派执法检查员的"双随机"抽查机制,严格限制自由裁量权;制定人力资源市场随机抽查事项清单,明确抽查的依据、主体、内容、方式等,并及时向社会公开。始终要求省内各市每年随机抽查比例不低于人力资源服务机构总数的5%。对投诉举报多、列入经营异常名录或有严重违法违规记录等情况的人力资源服务机构,加大随机抽查力度。对抽查发现的违法违规行为,依法依规加大惩处力度,形成有效震慑。抽查情况及查处结果要及时向社会公开,接受社会监督。

(三)年度检查

年度检查相较于市场建设和市场监管而言,其力度更大,范围更广,效果更为显著。为了对省内人力资源服务机构的经营情况进行监督检查,江苏省政府依法设立了人力资源服务机构的年检制度。年检制度由江苏省人力资源和社会保障厅组织开展,由各市人力资源和社会保障部门具体实施,对人力资源服务机构的业务开展情况、诚信守法经营情况、社会保险、税费缴纳情况、从业人员变动及培训情况等进行检查。近年来,江苏省不断完善年度检查制度,有效提升了市场活动的监管水平。此外,在年检结束以后,各市人力资源和社会保障行政部门要通过新闻媒体、人力资源和社会保障网公告本行政区域内通过年检的人力资源服务机构名录以及未通过年检的名录,以此起到督促整改和警示的作用。2015年9月,省人社厅公布了2014年人力资源服务机构年检结果,共有227家人力资源服务机构被吊销或注销营业资格。

此外,为了适应市场发展改革的要求,积极探索和实践"先照后证"改革后人力资源市场事中事后监管方式。省政府积极探索建立人力资源服务机构年度报告公示制度,自2017年起全省人力资源服务机构年度审检改为年度报告公示。人力资源服务机构向市场管理部门报告及向社会公示业务开展情况的内容主要包括业务开展、经营业绩、从业人员资质、劳动合同签订、纳税、劳动保障监察部门书面审核报告、机构变更、设立分支机构、诚信守法等情况,人力资源服务机构对其年度报告及公示信息的真实性、合法性负责。市、县人力资源社会保障部门对人力资源服务机构报送的年度报告及公示信息进行认真核验,核验结果录入企业信用记录,并在部门门户网站上统一公布人力资源服务机构年度报告有关内容、公示信息及核验结果。要依法开展抽查或者根据举报核查人力资源服务机构年度报告及公示信息,对未按规定报送和公示年度报告、未履行信息公示义务以及存在隐瞒真实情况、弄虚作假等行为的人力资源服务机构,将依法做出处理。

年检的作用除吊销或注销非法服务机构外,还能够表彰服务出色、诚信经营的机构,为其他机构树立典型,起到良好的示范作用。另外,江苏省每年均会举办相关活动评选出诚信机构,这一活动会激励广大人力资源服务机构依法经营、诚实守信、讲求信誉,营造诚实守信的良好氛围,活动通过自评申报、审核推荐、集中公示等环节确定最终名单予以表彰,并要求全省广大人力资源服务机构要以受表彰的单位为榜样,坚持诚信为本,恪守职业道德,切实维护劳动者和用人单位合法权益,更好地发挥市场在促进就业和优化人力资源配置中的基础性作用,共同维护全省人力资源市场良好秩序。

三、从业人员管理

江苏省人力资源服务业从业人员管理是在人力资源服务机构设立之后,为保证机构能够具备专职人才进行专业化的经营活动所进行的监管活动。从业人员的监管主要包括培训和职业资格审查两个部分。根据国家法律和规章制度,为提高人力资源服务业从业人员素质、促进人力资源服务业规范发展,江苏省已建立从业人员职业资格制度,并定期进行省市范围内的从业人员培训和资格审查活动。

(一)从业人员基本现状

江苏省人力资源服务机构众多,相应,从事人力资源服务业的人员数量也达到了一定的规模。具备一定数量的专职人员是人力资源服务机构设立的必要条件之一,而在人力资源服务业市场上,从业人员是最重要的要素之一。

2012 年,江苏省委办公厅、省政府办公厅发布《关于加快人力资源服务业发展的意见》。《意见》中提出江苏省人力资源服务业近 10 年内的发展目标:到 2015 年,基本建成专业化、信息化、产业化、国际化的现代人力资源服务业体系,构筑全国人力资源服务业高地;到 2020 年,力争达到中等发达国家水平,基本实现人力资源服务业现代化;力争到 2015 年,人力资源服务业从业人员总量达 70000 人,年均增长 8%;取得从业资格的人数比例超过 80%,高层次人才比例达 15%。据统计,2012 年江苏省人力资源服务业从业人员总数约 4.07 万人,江苏省每年约培训人力资源服务业从业人员 2 万人,至 2015 年,江苏省人力资源服务业从业总人数已达 80000 人左右,其中专职人员比例可达 80%。就目前这一现象来看,已圆满完成 2012 年《意见》中对于人力资源服务业的发展目标。同时,这一数据充分表明了江苏省对于人力资源服务业从业人员的培养投入力度非常大。

但是,在大批的人力资源服务业从业人员中,一部分从业人持有从业资格证书,而另一部则属于无证上岗。除培训之外,江苏省政府相关部门对于人力资源服务业从业人员的职业资格审查同样给予了高度重视。一手抓培训,一手抓审查,才能使得省内人力资源服务业市场上能够涌现出大批具备职业技能和职业素养的专业人事,才能够使人力资源服务机构稳定发挥效用,使市场处于稳定发展状态。

(二)从业人员资格培训现状

在国家政策精神的引领下,江苏省内各级人力资源社会保障部门均十分重视培养和提高从业人员的职业能力和职业素养,坚持培训和监管同步实施,保证行业内持证上岗率。

在培训方面,江苏省人力资源和社会保障厅每年定期举行人力资源服务业从业人员职业资格培训,针对全省各级各类人力资源服务机构从事相关业务未持有相应证书或持证到期的工作人员,以及拟从事人力资源服务的专职人员,进行业内知识教授。培训结束后,受训人员统一接受省内组织的考核，并由省人力资源和社会保障厅统一核发《江苏省人力资源服务资格证书》。省政府积极督促和倡导省内各市自主开展人力资源服务业从业资格培训，切实提高从业人员的专业化、职业化水平，满足省、市人力资源服务业市场发展需求。

近年来，江苏省内举办过多次人力资源从业人员培训。这其中包括全省范围内的人力资源服务业从业人员职业资格培训班以及各市范围内自行举办的相关培训，例如苏州、无锡、常州、镇江等市都公开举办过培训班，效果也非常显著；也包括针对基本职业资格班以及针对高层次人才的培训，例如在南京举办的江苏省"加快人力资源服务业发展"（拓展开讲一讲）高端人才培训，这一培训不仅面对省内精英人员，也面对全国范围内人力资源服务业方面的精英。同时，此次培训不仅可以大幅提升江苏省人力资源服务业综合实力，还能进一步推动江苏省人力资源服务业又好又快发展，在实施科教与人才强省战略和就业优先战略中发挥重要作用。

培训种类丰富具备可选择性和针对性两大优势。可选择性是指从业人员在培训前能够充分了解到培训的内容，能够根据自身需求选择参与相应的培训，获取所需知识，增强自身职业能力和职业素养；同时加强了培训的针对性，种类丰富的培训能够针对不同层次的从业人员展开，能够切实让培训人员针对自身职业相关能力查漏补缺或进行提升，提高了培训的效率，同时也提高了资源的利用效率。

不仅如此，江苏省力求从多方面对从业人员进行培训，促进其全面发展。江苏省人力资源服务业从业资格培训除种类丰富外，在培训形式、培训力度、培训制度等方面也极具特点，主要包括以下几点：培训方式多样化，不仅包括传统形式，如集中授课、学习研讨等，而且将实地参观考察、实务操作等新形式也纳入培训体系中；加大培训力度，增加培训频率，强化全省各级人力资源市场管理、服务机构工作人员培训工作，积极建立人员数据库，强化对从业人员培训及执业资格的管理；严格培训制度，坚决取缔形式主义培训，有效结合培训与考试，并在考试后统一颁发证书，提高培训效率，让每一次都能真正发挥其作用。

（三）从业人员资格审查现状

培训能够为人力资源服务业提供更多专业化人才，但在培训的同时，相关部门应严查从业人员的职业资格，保证从业人员持证上岗且具备相应职业技能，从而确保人力资源服务机构的服务质量和效率。在资格审查方面，主要由江苏省人力资源服务行业协会经相关部门授权每年定期组织开展，针对无证上岗或持证到期的人员进行相应的处理，规范人力资源服务业市场运营。

资格审查一般采取考核方式进行，有相关部门专家从题库挑选题目，组成试卷并组织考试。江苏省人力资源服务业从业人员资格考核每半年举办一次，通常以网上报名，现场考试的方法进行。在从业人员通过资格考核后，省人社厅将为其颁发相应证书。

在基本资格考核之外，省人力资源社会保障厅会同省委组织部、省发展改革委组织定期开展全省人力资源服务业十大领军人才评选工作。这项工作旨在对从业人员进行考核审查的同时，对优秀的从业人员进行表彰，为其他从业人员树立标杆。通过榜样的模范带头作用进一步提高市场从业人员的持证上岗率，加强从业人员自身职业素养和能力，提高其服务质量，进一步促进江苏省人力资源服务市场的长远发展。

四、行业协会自律

江苏省人力资源服务行业协会成立于2012年8月21日。行业协会的成立是由多方面因素促成的,同时也是江苏省人力资源服务业发展过程中的一大转折点。行业协会的成立是在行业中建立起自我约束机制的标志,与政府监管不同,行业协会是由全省从事人力资源服务的相关单位自愿组成的省级行业性社团组织,通过自发的约束和管理使得行业内呈现出和谐发展的面貌。同时,江苏省人力资源服务行业协会也承担着接受客户投诉,对市场监管进行补充,建立多方理性化解纠纷渠道,进一步规范市场秩序等责任。

除上述监管和服务责任外,行业协会作为市场中的中介组织,充当着地区间行业发展的组织者角色。江苏省人力资源服务行业协会在成立之后形成了一个促进地区间友好交流的平台,同时联系着各地市级人力资源服务行业协会,共同承担着开展与省外及国际知名人力资源服务机构的交流合作、经授权举办国家级、省级人力资源服务峰会、论坛、研讨会、观摩会、座谈会等活动,组织开展人力资源服务新理论、新技术、新产品的推广、展示和展览,为会员搭建沟通交流平台;组织会员参加国内外人力资源服务业学习考察、会议展览等活动的责任。江苏省各级人力资源服务行业协会的发展从自律、合作交流、建设发展等多个方面为人力资源服务业市场及其监管的可持续发展做出了巨大的贡献。

第三节　江苏省人力资源服务业监管的问题

江苏省人力资源服务业经过了近二十年的发展,从一开始的市场不成熟、人员不完备,机构鱼龙混杂到如今市场较为成熟,从业人员持证上岗率达到百分之八十,机构逐步规范化,市场监管在这一过程中发挥了非常重要的作用,同时,这一过程也体现出江苏省人力资源服务业监管的发展和取得的成果。

尽管人力资源服务业监管在发展完善过程中取得了不小的成绩,但在监管的某些方面仍然有较大的提升空间。

一、有待加强政策的指导和落实

江苏省在机构资格审查、经营监管等方面取得的成就离不开人力资源服务业监管政策的有效指导。作为人力资源服务大省,江苏省在全国范围内较早开展人力资源服务业,纵观省内人力资源服务业近二十年的发展,无论是为了响应国家的号召,还是结合自身基本情况,江苏省政府出台了许多有效促进省内人力资源服务业的政策。例如,1997年出台的《江苏省人才流动管理暂行条例实施细则》、2008年出台的、2012年出台的《关于加快人力资源服务业发展的意见》、2013年出台的《江苏省人力资源服务行业公约》等文件。这些文件基本构成了江苏省人力资源服务业较为完备的政策体系,对人力资源服务业的发展进行了较为详尽的阐述。但是,体系中由江苏省自身出发出台的具有本省特色的政策文件却不多;与北京、上海等市相比,政策的预指导性仍有待进一步优化。

江苏省针对人力资源服务业监管出台的大多数政策,例如《关于进一步加强人力资源市场管理监管有关工作的通知》和《省政府关于推进"先照后证"改革后加强事中事后监管的实施意见》,这两份文件均是于2016年出台,且均是根据国家相关政策进行调整后出台的。这两份文件注重于集中强调监管理论或是监管的某一个方面,一定程度上体现了江苏省政府正逐步提高对于人力资源服务业监管的重视,但从反面来讲,也在一定程度上表明江苏省人力资源服务业监管在政策方面具有一定程度的滞后性。

近年来,江苏省在经济、文化、社会事业等方面的发展在全国范围内均名列前茅,如2016上半年,江苏省GDP在全国31个省、直辖市中名列第二。在具有大环境优势的情况下,江苏省人力资源服务业发展也呈现出较好趋势。例如,江苏省内国外知名人力资源服务机构的数量逐年增长,说明江苏省对于外资的吸引力正逐步扩大;2015年,国家人力资源和社会保障部将全国范围内106家单位定位"全国人力资源诚信服务示范机构",江苏省有9家机构位列其中,这一数量在首批确定的示范机构数量中,与广东省的获评数量并列第一。这说明,江苏省人力资源服务业监管政策的制定能力在全国范围内位于前列。因此,江苏省在继续保证政策制定的有效性的同时,应适当地走在全国前列,预见性地为人力资源服务业监管制定指导政策,即省内出台的政策应在一定程度上能够预测或分析得出本省监管在某一时间段内可能出现的问题,起到预指导的作用,使得部分问题能够得到有效避免或降低其影响程度。例如,根据省内各市在人力资源服务业上发展程度和能力的不同,预先出台监管指导政策,使得各市能够按照最符合本市情况的道路发展。同时,省政府可以根据省内人力资源服务业发展的整体状况出台监管方面的系统性文件,而不仅仅集中于某个方面,较为零散地为人力资源服务机构和监管机构提供监管方面的指导。

二、有待加强地区监管的针对性

一般来说,江苏省从地域上划分为三大块,包括苏南、苏中、苏北。总体而言,江苏省人力资源服务业监管水平处于稳步上升的状态。但三大区域在地理位置、经济发展状况上都存在一定的差别,由于这一系列因素的区分,三大区域在人力资源服务业发展上也呈现出不同的面貌。在经济较为发达的地区,如南京、苏州、无锡等地,其人力资源服务业发展较快,基本建立了完整的人力资源服务业体系并且积极建设人力资源服务产业园区,致力于人力资源服务业产业化工作。而在经济发展相对较缓的地区,如盐城、宿迁、徐州等地,其人力资源服务业发展规模相对较小,产业园区和产业化进程处于起步阶段,有较大的进步和发展空间。

就上述情况而言,针对不同地区的人力资源服务业发展状况,省政府在监管过程中应有针对性地开展工作。但从目前的监管现状来看,省内标准趋向于一致,而同一标准对不同地区的完成能力要求是不同的。举例来说,若省政府要求严查机构准入资格,规范市场,对于人力资源服务业发展较快地区来说,其市场大、体系完备,这一监管目标较易完成;对于人力资源服务业发展较缓地区来说,其正处于市场扩大化进程中,严查准入资格极有可能限制其发展,这一目标完成难度较大。江苏省正逐步推进人力资源服务业监管的标准化建设,这一目标对于人力资源服务业的长远发展具有积极的推动意义,但就目前而言,江苏省开展的标准化建设应该是一个动态的过程,即逐步、逐市地进行标准化并最终达成全省范围内的监管标准化。

因此,在省内不同地域的人力资源服务业仍应不断加强各地的监管特色,加强其针对性,有的放矢地提高不同地域的人力资源服务业监管水平,使各地区以适合自身情况的方式和速度谋求人力资源服务业的良性发展。

三、有待改进市场监管的方式

近年来,江苏省人力资源服务业监管的范围处于不断扩大的过程中,形式也愈加丰富。监管从最初的简单、粗放的体系到如今兼具系统性和完备性的体系,呈现出不断发展的面貌。江苏省人力资源服务业监管主要包括清查、整改等较为常见的方式。这些方式能够较好地完成监管的基本任务,但是对于监管目标,即建设人力资源服务业市场的促进作用发挥并不充分。因此,江苏省在进行人力资源服务业市场监管时需不断丰富方式方法,增加其多样性,并不断创新,最大力度推进建设完善市场目标的实现。

目前,江苏省人力资源服务业行业监管对于清查投入了非常多的精力。从历年江苏省人力资源和社会保障事业发展统计公报的数据中可以了解到每年在全省范围内清查的职业机构、用人单位以及违法活动的情况;通过每年的年度检查可以了解被吊销或注销营业执照的职业机构情况,同时,这一系列清查结果均会通过政府网站或新闻媒体向社会大众进行披露,以此起到惩戒和警示作用,加强清查效果。但是,除清查之外,其他监管方式的运用较少。例如,清查过后的整改工作及整改结果的对外公布;对于清查过程中的优秀典型机构通过表彰或其他形式进行的激励等方式的运用。

人力资源服务业监管这一工作的最终目标是要建立一个完善的、积极的、发展的人力资源服务业市场。以上海为例,上海市同样严抓清查活动,但上海也非常注重监管方式的多样化和创新性,上海曾多次举办各类人力资源服务机构评选活动,且活动过程均通过网络、电视和新闻媒体等进行宣传,加强了活动的影响力和影响范围,如由上海市人才服务协会主办的 2011—2012 年上海市信得过人力资源服务机构"评比活动;2015—2016 年大中华区最佳人力资源服务机构评选于 2016 年 4 月 22 日在上海举办。而通过这样较强力度的宣传和树立标杆的活动,优秀的机构能够获得鼓励而更上一层楼,未获评的机构将积极向标杆机构学习,通过获评来提升本机构的知名度,从而促使在市场中形成良性竞争,共同发展的现象。

江苏省也曾举办过一些评比、表彰活动,例如在年度检查后,在人力资源和社会保障部门的网站上公布一些优秀的机构名称。但是这些活动的形式单一,活动的规模较小,创新性也有待加强,由此造成其影响范围和影响力度都比较小,在对于优秀机构的鼓励和不达标机构机构的整改激励上不能够充分发挥作用。

因此,江苏省政府应通过多样化的监管方法有效推动市场监管为市场建设服务,并针对不同的情况灵活地运用方式方法,不断创新,尤其要加强表彰活动的影响力度,使人力资源服务业市场参与者均抱着积极的心态接受监管,向榜样机构学习,查漏补缺,完善自我,更进一步地促进人力资源服务业市场的建设。

四、有待完善行业协会监管的机制

江苏省人力资源服务业发展之初就涉及到了行业监管的问题。在发展初期,监管的相关事项,包括市场建设、清查以及年检,均交由人力资源与社会保障部门负责,主要由江苏省人力资源和社会保障厅组织开展，同时，由各市人力资源和社会保障部门具体实施。政府部门实施监管，其权威性程度高，服务机构和从业人员均会给予相当高程度的重视。但从另一方面来讲，人力资源与社会保障部门负责的事务多且复杂，在处理人力资源服务业监管工作时，指派的往往是非专业化人士，虽然能够基本保障监管工作的完成，但对于监管过程中出现的问题或特殊情况，监管人员则可能因专业限制而不能及时解决。

近年来，江苏省成立了人力资源服务业行业协会，并出台了《江苏省人力资源服务行业公约》，公约中规定人力资源服务业监管工作由行业协会接手开展。虽然行业协会中的从业人员专业化程度较高，但相较于政府部门，行业协会在监管力度上处于较弱的地位，将导致市场中的从业人员和服务机构对于监管工作的忽视。与人力资源服务业发展更为迅速的其他省市相比，江苏省人力资源服务协会的权力仍有待加强。同样与上海相比，上海人才服务行业协会早在2002年就成立了，并建立了相关网站，在网站中，政策法规咨询、研究发展、培训等服务一应俱全，市场参与者可通过这一平台了解信息并积极参与市场发展。同时，上海市政府对于行业协会的授权较大，行业内的相关大型活动及管理均由行业协会承担，充分保证了市场监管的专业化和公信力。

上述情况明确体现出在江苏省人力资源服务业监管过程中，专业化和公信力仍需进一步加强。政府应积极进行简政放权，使更为专业的人力资源服务行业协会有效接管市场监管工作，使人力资源服务行业协会成为省内人力资源服务业认可度最高的平台，加强其公信力。无论是人才专业化程度低还是缺少政府公信力，江苏省在开展行业监管的过程中或多或少会出现一些问题。只有当专业化与公信力有效结合时，才能进一步加强人力资源服务业监管的有效性。

第四节　人力资源服务业监管建议

从上述问题出发，江苏省政府对于人力资源服务业监管存在的问题应集中各方力量，通力合作，促进省人力资源服务业市场进一步发展和完善。为了从根本上解决好监管的问题，就短期来讲，省政府通过出台政策、加强管理和建设等战术行动弥补不足；从长期来讲，省政府致力于建立江苏省人力资源服务也监管的标准化体系这一战略目标，从根本上提升监管效率和质量，实现人力资源服务业市场监管完善的长远目标。

一、完善监管政策体系，多方面加强政策功能

人力资源服务业监管政策体系是指省政府根据本省人力资源服务业发展及监管的要求，制定的一系列政策法规的总称。人力资源服务业监管政策体系对于监管工作的开展起着引导和干预的作用。政策体系应从宏观和微观两方面详细规定人力资源服务业监管程序，从而起到清查、整改和建设市场的作用，进一步规范市场发展。

目前，江苏省针对人力资源服务业监管出台了一部分相关政策，这部分政策往往集中于监管的理论指导或某一方面的指导，暂时无法构成一套完整的人力资源服务业监管政策体系。从宏观方面来讲，江苏省应根据全省范围内人力资源服务业的发展状况，从最低标准出

发,出台一部监管总则,总则中应基本将人力资源服务业的监管目标、监管程序、监管标准等内容囊括其中;从微观方面来讲,省政府可出台一系列支持性文件,进一步对总则中的各个分支进行详细阐述。

另外,体系中应包括补充性政策。补充性政策是在总则与支持性文件的基础上,针对不同地区因地制宜实施的、机动灵活的政策文件。这些补充性的政策文件应进一步加强其预指导性,在人力资源服务业发展过程中有可能出现的问题一定程度上能够得到有效避免或降低其对市场的负面效应。例如,通过多层次、全方位的行业会议,要求行业参与者积极向政府展现行业发展现状或定期进行实地调研等方式,预先发现行业发展趋势,并有针对性地制定相关政策避免问题的发生,起到预指导的作用。同时,江苏省政府可适当地出台一些符合本地发展情况且具有一定引领性的政策,使江苏省政策具有自身特色,且出台步伐在质量和引导性上均能够位于全国前列。

二、充分发挥行业协会作用,促进针对性与标准化的动态平衡

行业协会的成立是江苏省人力资源服务业发展过程中非常重要的事件。从行业协会的宗旨和职责中可以看出,它在江苏省人力资源服务业发展中起着多方面的作用。

一方面,行业协会的成立为政策的预指导性提供了可能性。政府在制定政策时要使政策具有预指导性是一个较为复杂的过程,在这一过程中,政府需要大量的行业发展信息和相关数据,并对其进行处理得出结论。在行业协会的职责中将组织开展行业发展重大问题的调查研究,为政府部门提出政策及立法建议;进行全省人力资源服务业数据指标统计,经授权发布全省人力资源服务业白皮书;编制协会会员专刊及信息简报等责任囊括在内。通过这些职责的完成,行业协会能够为政府提供大量真实有效的数据和信息,从而进一步加强政府制定政策的预指导性。

另一方面,除了江苏省人力资源服务行业协会之外,各地级市行业协会的发展也如火如荼。目前,江苏省不同城市之间人力资源服务业发展水平存在较大差异,包括市场规模、从业人员持证上岗率、人力资源服务业产业化程度等方面,各市之间呈现出不平衡发展的现状。如果用统一的目标和方式对各地级市的人力资源服务业进行监管,则会进一步加剧发展的不平衡。而通过各地级市人力资源服务行业协会根据各地人力资源服务业发展情况制定符合自身特点的监管目标、标准并实施监管,就能够始终把握因地制宜的原则,有针对性地开展人力资源服务业监管工作。另外,有针对性地开展工作主要包括两个方面:不同地区不同标准;同一标准不同程度。不同地区不同标准是指,针对发展要求不同的地区而言,监管部门应制定不同的监管标准,例如,针对发展较好的苏锡常地区,除基本监管外,监管机构可就其产业化方面的内容进行监管。

值得注意的是,监管的针对性并不违背监管标准化的长远目标。针对性和标准化是一个动态平衡的过程,针对性是手段,标准化是目标,通过地区间具有针对性的监管促进不同地区协调发展,为监管的标准化打下扎实基础。举例来说,人力资源服务业市场仍处于基础化建设时期的地级市,如南通市、镇江市等,市级行业协会应在注重基础建设监管的同时,不断开放本地市场,使其形成规模的人力资源服务市场;而在人力资源服务市场逐步产业化的地区,如南京市、苏州市等,市级行业协会应在注重产业化监管的同时,严抓资格审查,防止

部分不达标的机构破坏市场整体发展。

因此,江苏省内各级人力资源服务行业协会的作用应得到充分发挥。政府在监管中起主导作用的同时,应将专业性和系统性较强的监管工作授权给人力资源服务行业协会,使其确确实实发挥效用,积极推动江苏省人力资源服务业市场的完善和发展。

三、加强政府与行业协会之间沟通合作,强化监管作用

上文分别从政府和行业协会两方面对人力资源服务业监管问题提出针对性建议和完善人力资源服务业市场的对策。但政府和协会并不是完全割裂开来的,二者之间以政府为主导,协会为重要执行机构,相辅相成,协调实施对人力资源服务业市场的监管。

政府始终是大方向的把握者。政府的首要职责是为人力资源服务业的发展设定范围和规则,通过出台系统性、指导性的文件为人力资源服务业市场提供思路和方向。其次,政府通过行业协会对市场实施监管。江苏省政府应行使行业协会中重要职位的决定权,选拔专业的人才管理行业协会,确保行业协会中各事项的顺利进行。最后,政府通过授权为行业协会提供支持,用政府的公信力和强制力保障监管的有效实施。

行业协会始终是监管的有力执行者。从监管的专业化角度来讲,行业协会更适合执行详细的监管计划。首先,江苏省人力资源服务行业协会的主要管理人员是具备人力资源服务业专业化知识的人员,他们在监管的详细内容上更具发言权,所制定的监管的详细规则更具专业性和说服力。其次,行业协会的会员主要包括全市品牌人力资源服务机构、重点企事业单位和相关领导、专家、学者。这些会员,一部分是江苏省人力资源服务业市场的直接参与者,另一部分是具有较强理论知识的人员。通过专家咨询、标杆建设、行业自律等方式进行市场监管,在一定程度上能够使得接受监管的机构更积极地配合监管工作,并通过接受监管实现改进和完善服务机构的目的,促进其自身发展。最后,行业协会积极辅助政府,加强自身与政府的联系,才能使其在具备专业化特征时,进一步加强其监管的公信力。

江苏省政府与人力资源服务行业协会在人力资源服务业监管工作上应充分加强双方之间的沟通与协调,积极发挥自身作用,与对方积极寻求合作,不断强化监管作用。

四、全方位开展市场监管,完善监管过程

江苏省人力资源服务业监管涉及对行业中方方面面的监督和管理。从大的方面来讲,监管涉及到机构成立资格、人员从业资格、年度检查等;从小的方面来讲,则涉及到机构日常经营活动的监督管理、人员培训等。但无论是以何种形式进行监管,其最终目的是要建成一个完善的人力资源服务业市场。

江苏省人力资源服务业监管应形成一个环环相扣的过程。从这一过程从制定监管标准开始,根据标准对人力资源服务机构与从业人员进行日常管理,不定期进行随机抽查,定期进行年度检查;紧接着对管理和检查中成绩出色的机构给予表彰和鼓励,而对出现问题的机构采取惩罚措施并要求其以优秀机构为标杆进行整改,监管人员应该一定时间范围内对其整改情况进行考察和公布,真正完成对机构的整改工作;最后,通过清查、整改、激励等多样化的方式不断进行,逐步完成市场建设,并最终促进人力资源服务业市场发展。在这一完整过程中,每一个环节起着其他环节无法替代的作用,因此,省政府必须严抓每个环节,全方位

开展市场监管工作。

虽然这一过程的每个环节都必不可少,但各环节之间相比,在重要性上仍有所区分。江苏省在开展人力资源服务业市场监管工作时,市场建设应处于重心地位,清查和惩罚是手段,整改和建设才是目标,相比于对不达标的机构进行惩罚,我们应该更加重视对这些机构的整改工作。监管工作应通过不断丰富监管方式,并在监管过程中灵活运用,同时通过多方通力合作,为监管提供新方法和新思路,从而能够鼓励每一个市场组成机构持续地改进和提升,不断完善监管过程,才能够促进人力资源服务业市场建设,并最终形成一个完善的人力资源服务业市场。

第五节　江苏省人力资源服务业标准化建设分析

人力资源服务业标准化建设与行业监管之间存在着相辅相成,互相促进的关系。一方面,行业监管是为了最终实现行业标准化。通过行业监管对人力资源服务机构和从业人员进行不断的整改、培训和完善,从而实现人力资源服务业的标准化,使人力资源服务业发展形成体系,市场不断完善。另一方面,行业标准化建设反过来促进行业监管。在标准化建设的过程中,各项监管内容逐步整合成一个完整的体系,监管人员在执行监管时标准和目标更为明确,极大程度上促进了行业监管的有效性。

近年来,江苏省对于人力资源服务业标准化建设的关注度逐步提升。早在2012年出台的《关于加快人力资源服务业发展的意见》中,省政府就提出了成立江苏省人力资源服务业标准化分技术委员会,并规定由技术委员会推进标准化建设工作;同时,《意见》中还提到江苏省要实施人力资源服务业"四大工程",而标准化建设工程就名列"四大工程"之一,并将标准化体系建设列为人力资源服务业行业协会的工作重点之一,可见标准化工作的重要性;2012年,在江苏省人社厅、省质监局的领导下,正式组建江苏省人力资源服务业标准化技术委员会,开展全省人力资源服务业标准化归口管理工作。这一系列文件和行动足以见得人力资源服务业标准化这项工作,对于促进江苏省人力资源服务业发展的紧迫性和重要性。

一、人力资源服务业标准化建设基本内容

江苏省人力资源和社会保障部门始终致力于加强人力资源服务标准化建设,做好已发布的人力资源服务标准的推广应用,探索开展标准实施评价工作,充分发挥人力资源服务标准在行业引导、服务规范、市场管理等方面的基础性作用。鼓励人力资源服务行业协会、服务机构制定行业标准、团体标准、企业标准,逐步建立由政府制定颁布的标准和行业标准、团体标准、企业标准共同构成的人力资源服务标准体系。

人力资源服务标准化是对人力资源服务中涉及的机构、服务人员、服务内容和服务方式等方面的规范化,可实现管理规范化、服务质量良好和客户满意度提高的目的。随着人力资源服务业市场的蓬勃发展,多种形式自由发展的传统市场已不符合行业发展要求,建设标准化体系,进一步加强对人力资源服务业市场的管理,已经成为促进行业发展的必要手段。

目前,我国已逐步建立了包括管理体制、管理办法、体系框架和发展规划等相关内容的

人力资源和社会保障标准化体系。这一体系从大环境上为江苏省人力资源服务业标准化建设奠定了基础。

(一)管理体制

国家人社部已初步形成标准化管理体制,2007年9月全国人力资源服务标准化化技术委员会成立,其主要职责为在全国范围内开展制定和推广人力资源服务标准的工作。为响应国家号召,江苏省人力资源服务业标准化工作积极开展,在多项政府文件中均大力倡导标准化建设,同时,由省政府带头组建的技术委员会也在2014年成立并投入标准化建设工作。

(二)管理办法

国家人社部根据《中华人民共和国标准化法》等法律法规,制定了《人力资源和社会保障部标准化工作管理办法》。2014年11月,由江苏省人力资源服务行业协会带头制定的《人力资源培训服务组织管理规范》对省内标准化工作开展的管理办法作出了详细说明。

(三)体系框架

目前,我国《人力资源和社会保障标准体系》中包括了200多项标准,由三个分体系构成。其中人力资源标准体系包括公共就业人才服务管理、人事人才管理、经营性人力资源服务、劳动关系与调解仲裁四个子体系。

(四)发展规划

为进一步指导人力资源服务业标准化工作的顺利开展,国家政府颁布了一系列发展规划,规划中主要针对标准化工作的指导思想、基本原则、总体目标、主要任务、保障措施等进行了详细描述。在2015年,江苏省基本完成了人社厅在2012年提出的建设15个省级人力资源服务业标准化示范基地这一发展规划。而在江苏省"十三五"规划中提到江苏省应统筹人力资源市场,完善就业服务体系,提高就业服务能力,持续推进人力资源服务业标准化建设。这一发展规划是江苏省人力资源服务业在"十三五"期间的发展目标。

二、人力资源服务业标准化建设现状

近年来,江苏省为建设和完善人力资源服务业标准化体系付出了许多努力,其成果如下。

江苏省人力资源服务业标准化建设始终保持着谨慎态度,坚持从点到面展开调研工作。在试点调研成功的基础上,省政府才会进一步推出相对成熟的标准,并逐步构成标准化体系。

江苏省政府对于人力资源服务业标准化试点工作投入了大量心血,包括对标准化内容进行调研,积极听取各方建议,力求最大程度上形成统一意见,使江苏省人力资源服务业标准化体系拥有牢固的群众基础。

省政府在人力资源服务业标准化建设过程中并没有闭门造车,而是广开言路,多次召开人力资源服务业标准化工作研讨会并举办相关的培训班,从国内各省、省内各市,多渠道加强交流与合作,建立标准化人才队伍,促进标准化建设进程。仅2014年,江苏省就举办了两期人力资源服务标准户培训班,培训标准化业务骨干,致力于建立一支懂业务,懂标准化的人力资源服务业标准人才队伍。2014年6月江苏省人力资源服务标准化试点座谈会在南京召开,江苏省人力资源服务行业协会会同江苏省人社厅,从省内上千家人力资源服务机构中优选了八家机构参加人力资源服务标准化试点工作。

目前,江苏省根据人力资源服务业发展需求,逐步建立健全了与国家标准、行业标准相配套、与国际化标准相衔接的地方标准体系,并成立了江苏省人力资源服务业标准化分技术委员会,负责地方标准的制(修)订、实施与推广工作。省政府不断加快公共服务机构设施建设、设备配置、人员配置、经费保障、服务规范等标准制定步伐。加速人力资源服务机构等级、服务产品、服务行为、服务程序等标准的制定、实施与推广进程。对于暂时不具备标准化的服务产品,省政府推行服务承诺、服务公约和服务规范等制度。对列入国家和省服务业标准计划的人力资源服务业标准化项目,由省级现代服务业发展引导资金给予一次性补助。

在2015年,江苏省政府积极制定了《江苏省人力资源服务行业协会关于印发2016年度重点工作"十大项目"目标任务的通知》,在这一文件中,任务之一就是要开展人力资源服务标准化试点工作,根据省质监局要求和工作安排,有序推进行业标准实施推广,大力开展标准宣传培训,积极开展标准实施评价,推动创建一批行业品牌,同时要求在2016年3月底前,认真梳理人力资源服务业国家及地方相关标准;4—10月,有计划、分批次地组织试点单位开展标准宣传、贯彻、培训与推广;11—12月,培育一批行业标准化示范单位。

在人力资源服务业标准化进程中,省政府没有一味冒进,而是始终保持着谨慎的态度,通过"边制定边修正"的方式来保障人力资源服务业标准化的实施效力。同时,省政府在传统的"以财政投入为主的标准制修订经费补助"机制上积极探索,建立了多元化资金筹集机制,使得标准化建设的资金来源丰富而稳固。

三、人力资源服务业标准化建设存在的问题

从现状中不难看出,近年来,江苏省人力资源服务标准化工作已取得部分成果,积累了一些实践经验。但是从总体上来看,人力资源服务标准化工作发展缓慢,与省内人力资源服务事业发展要求还有一定差距。

(一)标准化组织服务范围有待扩大

江苏省人力资源服务业标准化技术委员会于2014年建立,主要负责开展全省人力资源服务业标准化归口管理工作。省政府在建立这一委员会时大致划定了其工作范围,但经过约两年的服务探索,委员会的工作范围亟待扩大。总的来说,江苏省人力资源服务业标准化涉及到多个方面,如公共就业和人才服务标准、经营性人力资源服务标准等领域,还涉及基础性标准、管理类标准、技术类标准等。目前来说,技术委员会的服务范围并未完全覆盖这些领域。

(二)标准化人才紧缺

目前,虽然江苏省建立了技术委员会专项开展人力资源服务业标准化建设工作,但仅仅依靠这一技术委员会,实际上是远远不够的。标准化工作最重要的环节在于实践,而实践将涉及到行业内各个模块,例如服务机构。江苏省人力资源服务机构中专设标准化业务部门的很少,机构中具备标准化专业知识的人员也寥寥无几,从而导致技术委员会和机构之间信息不对称,将给人力资源服务业标准化建设工作形成阻碍。因此,江苏省亟须针对性地培训大批兼备人力资源服务和标准化专业知识的人才。

(三)标准化建设的群众基础较为薄弱

人力资源服务业标准化建设本质上是需要从全行业角度来开展的,而江苏省人力资源

服务业标准化建设工作处于起步阶段,目前工作范围具有一定的局限性,主要是由政府或行业协会主导来进行标准化建设,人力资源服务机构的参与度非常低,这也显示出江苏省人力资源服务业标准化建设的群众基础仍有待加强,而目前的这一情况这对于实现人力资源服务业标准化会造成一定的限制。

（四）人力资源服务业标准化建设进程相对滞缓

江苏省在建设人力资源服务业标准化的过程中,始终保持着谨慎的态度,从点到面,在较长时间范围内进行标准试行。相对于北京、上海等人力资源服务业更为发达的省市来说,江苏省政府对于标准化建设的谨慎态度无可非议,但过长的试行时间往往会导致标准与市场现状的适应程度不断降低,从而限制了江苏省人力资源服务业标准化建设进程。

四、人力资源服务业标准化建设发展建议

根据上述标准化建设过程中呈现出的一系列问题,现针对性提出以下对策:

（一）扩大标准化组织服务范围,积极培养专业化人才

江苏省人力资源服务业标准化技术委员会在开展标准化工作之前应加强对于标准化的理论和实践研究,为人力资源服务业标准化工作制定明确的目标和规划,并据此确定技术委员会的服务范围。技术委员为在制定标准的过程中,不仅要覆盖人力资源服务业标准化涉及的所有领域,同时也要涵盖不同领域中不同类别的标准。

在开展人力资源服务业标准化建设的过程中,也要注重标准化人才的培养。通过开展人力资源服务业标准化培训班等形式培养一大批专业人才,用以充实人力资源服务业标准化技术委员会。加强省内各市之间的交流与合作,为各类标准化人才创造一个互相分享和学习的平台,增加标准化专业人才储备。另外标准化技术委员会可通过为全省范围内的标准化人员开发统一的开业教材,提高标准化人员在专业方面的一致性,进一步提高标准化建设效率。

（二）有效提高服务机构标准化建设参与度

强有力的群众基础是政府在人力资源服务业内进行标准化建设的重要支柱。标准化建设不只是政府的事,也不只是技术委员会的事,而是整个人力资源服务业市场参与者应共同关注的事。因此,省政府和技术委员会在一手抓标准化工作同时,应加强对标准化建设的宣传和推广工作。在标准化过程中,积极与服务机构、从业人员等市场参与者互动,积极听取各方建议,在进一步完善标准化建设的同时,提高了相关对象的参与度。这一过程不仅对标准化的制定过程起到促进作用,同时能够保障后期标准化的顺利实施,从而能够有效促进标准化建设进程。

（三）推进标准化建设效率与效果并行发展

正如经济发展要又好又快一般,人力资源服务业标准化建设过程同样要效果与效率并重,且以效果为主。江苏省在人力资源服务业标准化进程中始终保持着谨慎的态度,积极寻求建立一个完善的标准化体系。但在兼顾标准化建设效果的同时,省政府应加强对效率的重视程度。江苏省人力资源服务业处于高速发展阶段,省政府更应把握契机,制定合理并适应发展速度的标准及其标龄,在发展中不断更新并检验标准的有效性,提高标准化建设效率。

　　兼具效率与效果的标准化建设不仅仅从技术层面着手，在资金层面，省政府应积极开拓资金筹措渠道，支持标准化建设工作。通过公益项目等方式对重要标准制修订工作给予经费补助。探索建立多元化资金筹措机制，按照行政推动与市场运作相结合的原则，逐步建立以政府投入为导向、社会投入为补充的多元化的资金筹措机制，不断拓宽标准化工作资金来源渠道。

第八章　江苏省人力资源服务业发展格局、趋势与对策

第一节　江苏省人力资源服务业发展格局

一、江苏省人力资源服务的供给分析

人力资源服务供给主体主要包括社会经营性人力资源服务机构和公共事业单位人力资源服务机构。在社会经营性人力资源服务机构中，按机构性质划分，又包括国有企业、民营企业和外资合资企业。按照营收来划分大小的话，江苏的部分国有人力资源服务机构仍然是市场主力。国有人力资源服务企业，大部分是在改革开放中成立，在改革开放中发展，在规模上具有明显的优势，成为外商投资企业的战略伙伴。而江苏本土的一些民营企业大多从网络招聘、人才猎头、蓝领服务等起步发展，现在有些企业也已经成长为行业重要企业，在行业竞争中占据一席之地。外资和合资企业在高附加值的业务领域则具有明显的比较优势。此外，省人才流动服务中心、各地的人才市场以及相关高校机构等事业单位在相关领域也承担着对应的人力资源服务。

（一）人力资源公共服务机构业务分析

人力资源公共服务机构，其业务办理具有政策性、基础性和公益性，依托于所属部门，业务定位比较明确。

江苏省的提供人力资源服务的相关部门主要包括省级的人才中心以及各地的人才市场和人才中心。如隶属于人力资源社会保障厅的省人才流动服务中心，其业务主要集中于人事档案保管，聘用合同鉴证，代办社会保险、住房公积金、户口关系迁移，代办档案工资定级、晋级，专业技术职务任职资格初定、申报，办理出国、出境人员政审（签署意见），办理人才流动手续等。省人才中心在各高校的分中心，则主要针对所属高校提供人事关系、人事档案保管、代办人才引进手续、代理接收管理应届毕业生、代办户籍关系迁移手续、代办专业技术职称评审、代理党组织关系接转、代为出具各类档案证明材料、代办档案工资定级、调整、晋升等服务。隶属于南京市人社局的南京人才服务中心，其业务主要集中于为南京各类现有专业技术人才、大中专毕业生和留学人员等人力资源实施总量开发；同时，中心定期进行人才动态分析，为政府制定人才开发政策提供依据；在人事代理方面，主要提供档案管理、社会保险、出国出境政审、职称评定、党员管理等服务内容。

依托所属单位提供针对性的人力资源服务的同时，部分人才市场开始为多种经济成份提供人才服务，为多层次的人才需求提供多元化服务。

无锡市人才服务中心(无锡人才市场)在国内众多的政府所属人才机构中率先推出人力资源管理咨询,先后成功为数十家企事业单位提供了人力资源管理咨询业务。苏州的人才服务中心自成立以来,一直朝着综合性人力资源服务机构目标建设。其服务涉及档案管理、人事代理、人才引进、现场招聘、委托招聘、人才配送、人才超市、网上市场、人才培训、毕业生就业指导、人才测评、中高级人才服务、人才派遣、人才培训、HR咨询和管理咨询等方面。

江苏相关高校利用自身拥有的优势资源,开始涉足人力资源服务行业。在这方面,由南京大学全资设立的非公司企业—江苏南大人力资源事务所,是江苏省高校参与人力资源服务业的代表机构。该机构依托于南京大学人事服务办公室,利用南京大学的优势资源,主要开展以下业务:提供人才供求信息;开展人才职业介绍;开展流动人才测评;提供人才流动法律、政策、信息咨询;开展各类人才交流活动。事务所还为南京大学及周边单位和个人提供有关人力资源管理的各项服务;为南京大学各单位提供有关人才中介业务的咨询服务;为南京大学各单位和个人提供有关职业培训服务。同时,其他的人力资源服务机构,也开始利用高校的专家资源,提高自身的专业性。如无锡人才服务中心就邀请了中国人民大学、上海交通大学、东南大学、南京航空航天大学、南京理工大学等国内知名学府教授、博士生导师为主体的专家团队作为自身的咨询顾问。

(二)国有人力资源服务企业业务分析

国内的大型人力资源服务企业在江苏基本上都建立了子公司,如江苏外企、中智江苏、上海外服江苏等。凭借中央级优质企业平台、宽厚的多元化人力资源服务体系,以及跨区域的集团优势,国有人力资源服务企业在江苏取得了快速发展。

利用集团优质服务体系,提供一站式的人力资源服务。由于国有企业在各大城市建有多家分支机构,依托网站、呼叫中心等手段,将总部与各分公司整合成具有集团优势的人力资源服务体系。江苏外企利用覆盖全国的服务网,通过"一地签约,全国服务"为客户提供最大便捷。公司自主研发的全国业务网上互动操作系统的推出,更进一步提升了FESCO跨地域服务的品质。人事代理及人才派遣,作为经验积累最丰富、行业专业优势最明显的金牌产品之一,上海外服江苏提供了全国一站式的人事代理及人才派遣服务。通过强大先进的IT技术平台,全国19家直属分支机构及供应商联盟,上海外服江苏可以提供完善的全国近200个城市的一体化标准服务。

服务对象涉及各个层次,服务领域广泛,形成全方位、多元化的人力资源服务体系。与民营企业专注于某个区域、某个服务领域不同,国有的大型人力资源服务企业,面向各个客户群,以人力资源服务为主业,以投资服务、贸易服务等为适度多元发展领域,在一些新兴服务领域也拥有人才、资源、网络、规模、经验的巨大优势和影响力。如中智江苏服务涉及到人力资源服务、管理咨询服务、国际服务、投资服务、贸易服务等多个领域,在人力资源服务领域,也涵盖人事代理、招聘财务外包、劳务派遣、人才测评等各个方面。江苏外企利用包括众多国际知名跨国企业、三资企业、国营企业、民营企业,横跨通讯、电子、IT、汽车、石化、医药、金融、快速消费品等多个行业的客户群,建立了涵盖人事服务外包、业务流程外包、招聘猎头、企业薪酬福利外包、企业培训和劳动法律关系服务的多元化服务体系。

在涉外人力资源服务方面,国有企业相对于民营企业优势明显。成立于1979年的北京外企服务集团是中国率先为外商驻华代表机构、外商金融机构、经济组织提供专业化人力资源服务的公司。凭借具有一定品牌价值的 FESCO,北京外企江苏有限公司日益成为跨国公司进入江苏的人力资源首选战略合作伙伴。北京外企江苏特别为外籍员工提供了高品质的一站式综合人事服务以及包括商务注册代理在内的涉外商务外包解决方案。中智江苏公司则承办外商投资企业及外国(地区)企业驻宁代表机构、设立、变更、延期、终止等各项手续,同时为外籍人员入境就业提供一站式服务。上海外服也专门为国外企业和外商驻华代表机构提供人力资源服务,在 2007《财富》500 强前 50 强的企业中,有 28 家正在使用上海外服的人力资源服务,前十名的公司中有 8 家是上海外服的客户。

(三)民营人力资源服务机构业务分析

20 世纪八九十年代,由于人力资源服务业准入门槛低,缺乏严格的立法约束,行业发展不规范等多方面原因,导致江苏省各地各类人力资源服务机构如雨后春笋般建立。除了少数知名人力资源服务机构外,其他大部分人力资源公司质量远不能满足需求,与外来强势人力资源服务企业相比,一直处于追赶和从属地位。近年来,随着行业规模日益壮大,政府政策的支持,一些本土企业整体的竞争力大大提高。

本土的许多民营企业,在特定业务领域具有地区性的优势。如南京领航人力资源有限公司,作为"跨地区异地人力资源外包联盟"的主导者,领航派遣与全国 19 个省、4 个自治区、3 个直辖市的 58 家优秀人力资源外包机构结成战略联盟,通过地域性资源整合,创新性的"一次委托,全程服务"服务模式,融合全国人力资源外包机构的优势,以人力资源外包业务为核心,构筑跨地区网络化服务平台。其次,领航一直致力于创业领域,针对一切有创业意向的创业人群,提供从创业初期到创业实体成立直至试运营期间的系列创业孵化管理咨询服务。领航的业务范围主要集中在长三角区域。苏州英格玛人力资源集团,其做蓝领外包服务起步,建立了全国第一家为蓝领提供综合服务的网站,也是一个社区综合服务类型的网站,专门为蓝领搭建起"线上+线下"的求职、培训、生活资讯、交友、娱乐等综合服务的社交网络平台。此外,英格玛一直深耕于大学生职业能力提升服务领域。大学生人力资本提升中心就是英格玛人力资源集团下属的一个子品牌,其专注于提升中国大学生的职业能力与就业竞争力。南京易才人力资源有限公司则致力于打造中国最大、最专业的"代交社保、代发工资、劳务派遣"的人事外包企业,在社会保险服务、住房公积金服务、工资服务等领域,易才一直具有自己的优势。易才在这一领域打造了易得薪系统,帮助雇主全面、高效地管理员工的薪酬和社保福利,并且确保合规。不同于传统的薪酬服务,平台充分发挥了服务和技术的合力,充分利用互联网的威力和灵活性。博尔捷人力资源集团则以上海、苏州、无锡、常州、南京为目标区域,在人才招聘领域发挥自身优势,打造了一套完整的网络招聘管理服务系统—中青招聘。

本土民营企业除深化核心业务领域竞争力外,业务领域已朝多元化方向发展。南京领航人才开发有限公司,其早期主要致力于提供人力资源外包服务,如今其业务领域早已多元化,服务体系涵盖六大领域,包括领航派遣、领航咨询、领航测评、领航猎头、领航培训和一个综合的人才信息网站江苏招聘网。英格玛集团主营业务也呈现多元化趋势:涵盖人事外包、制造外包、金融服务外包、餐饮连锁外包、中高级人才搜寻、大学生就业与创业培训、人力资源战略咨询等多个专业人力资源外包服务领域。集团旗下在全国各地拥有 30 多家分支机构,管理团队 400 多人,外派雇员 27000 多人,年培训及供应人才超过 50000 人。易才的人事代理服务也从社保等领域拓展开来,同时进入到劳务派遣服务的市场。

（四）外企人力资源服务机构业务分析

改革开放后,外资企业陆续进入中国,目前全球领先的几大人力资源服务企业(如任仕达、德科等)都在江苏省建立了分公司。外资人力资源服务机构的进驻,使得江苏省人力资源服务行业竞争日趋激烈,但同时也带来更多的先进技术、资金、管理理念,进而提升江苏省人力资源服务行业的整体竞争水平,并推动全省企业的人力资源管理进步。在各个细分市场,外资人力资源服务企业与本土机构的竞争态势也不尽相同。在人力资源咨询领域,外企与本土企业定位趋于明朗,形成了各具特色、错位竞争的格局。外资人力资源咨询公司的主要客户是外资企业和国内行业标杆性企业;而本土咨询公司的客户集中于中小企业,以民营企业居多。在人力资源外包行业,由于国际上外包市场已趋于饱和,跨国人力资源外包服务供应商进驻江苏省市场后,与本土人力资源服务外包巨头之间形成了既竞争又合作的关系,人力资源外包市场的巨大潜力将被进一步激发出来。在人才测评与评鉴行业,江苏省提供此类服务的机构如雨后春笋,但产业集中度较低,未出现业界一致认可的行业领导者,处于国际测评机构与本土测评公司并存竞生的局面。就管理培训与人才发展行业而言,由于市场需求较为旺盛,外资及本土管理培训企业处于良性竞争状态,但是由于本土企业具有较强的本土化优势,在管理培训市场中的竞争优势日益突出。在中高端人才寻访方面,跨国中高端人才访寻机构仍将继续占据高端市场,在首席执行官等高级人才的访寻顾问服务中仍将处于寡头垄断地位,但是全省本土中高端人才访寻企业将不断创新、快速增长,同时将继续稳居市场中上游。

二、江苏省人力资源服务的需求分析

（一）各类型企业人力资源服务需求变化

在计划经济下,国有企业的人事制度和"大锅饭"式的工资待遇制度,保证其能够获得优秀人才。随着改革开放的逐步深入,经济全球化的日益推进,人力资源和人力资本的国际化,国有企业面临着更为复杂多变的外部环境,使得国有企业面临着较为严峻的人才危机。在引进人才方面,表现为员工招聘困难,特别是对一流人才和优秀人才难以引进。在人才流失方面,表现为企业培养的大批成熟人才、优秀人才流向竞争对手(主要是外资企业和民营企业),失血过多。此外,在很多国有企业里,人力资源管理仍然是计划经济下的人事管理,缺乏整体性和系统性。例如,许多国企的培训机制就较为薄弱,缺乏人才培训需求分析,一是未能充分考虑企业员工的个体差异,二是培训未能与职工的发展相结合,三是能力提升与奖惩没有挂钩。

国有企业人才危机背后的深层次原因是缺乏其人力资源管理基础薄弱,需要借助人力资源服务业,搭建战略性的人力资源管理基础。目前,许多国企内部组织结构不合理,层次越来越多,越来越臃肿;人力资源部门对自身职位分析不明确,企业内部也缺乏有效的人力资源信息管理系统。而人力资源服务业以专业化、技术化、知识化人才为依托,可以帮助企业诊断当前存在的问题,从而为企业搭建战略性的人力资源管理基础。如变革组织结构、编制岗位说明说、建立 e-HR 信息管理系统等。

对于外企,其人才需求呈现多元化、专业化、本土化趋势。外企人才岗位需求从以秘书、司机等专业为主扩展为涵盖技术研发、市场营销、机械制造、运营管理、IT、电子、通信、金融、广告传媒等全方位人才需求。本土化人才、高管人才日益受外企青睐。30 多年来,随着外商陆续在国内投资置业,外资企业需求的人才职位逐渐呈现本土化的发展趋势。外资企业的人才需求也呈现出"从中低端向中高级人才发展的态势",从单一的秘书、翻译和司机,逐渐扩大到市场营销人员、专业技术工程师,甚至公司部门经理、总监、副总裁、总裁等中高层管理者。

跨国企业存在的文化差异,也使得人才的跨文化培训日益重要。跨文化培训可以加强企业人才对文化环境的反应和适应能力,促进外企与中国文化背景的人才之间的沟通和理解。一方面跨文化培训可以帮助外国经理了解与学习本土的文化特征,同时也可以促进中国员工对公司经营理念及习惯做法的理解;维持组织内部良好稳定的人际关系;保持公司内信息流的畅通及决策过程的效率;加强团队协作精神与公司凝聚力。

相比于大型国企和外企,中小企业员工的学历水平普遍较低,从总体上说,员工的平均学历和人均教育事业费支出较低。几乎所有中小企业都存在员工流失问题,流失的大多数为企业发展所需的关键性人才,知识型、年轻型员工成为流失主体,其中最不稳定的是刚接收的大中专院校毕业生,工作三年内流失率最高。员工流失严重的企业大都是一些刚起步或经营管理不善的中小企业,以及偏远区县的企业,这类企业实力、竞争力、抗风险能力弱,更需要优秀的科研、管理、营销等专业性人才来改变现状,增强企业的吸引力和凝聚力,但往往难以吸引人才,引进的人才又留不住。

此外,中小企业普遍缺乏人力资源规划,借助人力资源服务业,帮助自身制定战略性的人力资源服务规划是迫切的需要。大多数中小企业在制定企业发展战略时,往往会忽视人力资源规划,也不考虑本企业的人力资源状况以及本企业的人力资源体系能否有效地支持企业发展的战略。直到人力资源成为企业发展的瓶颈时,才"临时抱佛脚",进行人才招聘、员工培训等。

(二)政府事业单位人力资源服务需求变化

中国各级政府部门正从经济建设型向着社会服务型的政府转变,社会大众对政府的公共服务能力提出了更高要求,建设服务性政府,提高政府公共服务能力,要求政府更多的将公共服务外包出去。一方面,政府服务外包,引入市场机制,将各类公共服务的提供由政府供给转为由企业(人力资源服务机构)、各类市场组织和社会组织等多元化的主体,能够高效地解决政府公共服务的数量不足和服务形式单一的缺陷,这样有利于增强政府对民众需求的积极回应,大大增强了政府的公信力。另一方面,可以利用市场竞争机制为无效率的工作者施以压力,又可以避免政府某些服务专业性的缺失,以便充分发挥 HR 服务机构的专业化优势。

政府公共服务产品中大部分都可以采取特许经营或适当政府补贴等形式,将某些职能从政府转移到民间组织、企业及人力资源服务机构。通过外包,有助于控制政府人员规模,减轻财政的压力。以南京市鼓楼区老年人居家养老服务为例,通过外包一年仅花 200 多万元就可解决 5500 名老年人问题,如果政府自己建立养老服务机构,支出将远远大于这个投入,预计在 13 亿元左右。可以说,政府等事业单位公共服务的外包,为行业内的人力资源服务机构提供了众多的切入点和广阔的发展空间。

（三）个体人力资源服务需求变化

除了对各类企业和政府事业单位的人力资源需求进行分析外,立足于个体微观层面的人力资源需求及其变化也是十分重要的。

人力资源求职服务需求是个体在寻找工作以及此后的工作变更时,由于信息不充分、缺乏应聘技巧和与企业良好沟通平所产生的求职方面的需求。这种需求具有普遍性和反复性,蕴藏着一个潜力巨大的服务市场。目前,我国大学生在校数量居世界第一位,大学生就业形势也不容乐观,大学生的求职服务需求是个体人力资源求职服务的一个需求主体。前瞻的系统的职业规划培训,贴近实际的就业指导,专业化的人才派遣等都是当今大学生迫切需要的服务。面对日益恶化的就业环境,除了大学生需要求职规划外,在职人士同样需要职业保健,被裁人员求职也急需引导。因此,应对个人职业指导的职业规划师将大展身手,这也给职业规划咨询行业发展带来巨大的市场空间。

此外,随着组织间竞争的加剧,对组织成员个人能力和素质提出了更高的要求,加上个人自我实现和发展的需要,可以说,人力资源培训服务变得越发重要。具体到个体来说,培训服务主要包括技能培训和服务培训。当前,我国急缺高级技能型人才,许多大学生走出校外,缺乏解决实际问题的技能,在踏上工作岗位及后续工作中都急需技能培训;在解决农民工的就业问题时,技能培训也是一个关键。学历培训也是人力资源服务的一个重要内容。一方面,对于原本学历低的人来说,提高学历是必要而迫切的;另一方面,随着教育的发展和竞争的加剧,人们的总体学历水平是处于前进轨道上的。

三、江苏省人力资源服务业总体发展格局

行业总量与市场规模较大,市场化程度较高。人力资源服务业在过去 30 年中的发展势头十分强劲,一方面受益于整体的产业结构向高附加值上游发展,另一方面是由于全球化趋势加强以及企业转型升级步伐加快,市场对人力资源服务的整体需求增长。在整个行业快速发展的同时,30 多年来,江苏人力资源服务业从无到有,从小到大,行业总量与产业规模不断壮大。目前,全省共建成 1 家国家级人力资源服务产业园,10 家省级人力资源服务业产业园,人力资源服务机构达 2967 家,人力资源服务行业从业人员达 4.9 万人,其中,全年营业收入超亿元的人力资源服务企业有 126 家,市场规模已经相当可观。虽然近几年,行业服务机构总数在减少,但经营性服务机构数目不断增加,在所有机构中所占比例在 90 以上。据统计,2015 年全省人力资源服务业全年营业总收入更是高达 1036 亿元,行业市场化程度进一步提升。

多元化的服务主体,涵盖各个层次的服务对象。作为江苏省人力资源服务业供给主体,在 2967 家人力资源服务机构中,公共事业单位人力资源服务机构 201 家,社会经营性人力资源服务机构 2766 家,在社会经营性服务机构中又包含民营企业、国企、外企以及合资企业等不同类型的企业。行业的服务对象几乎涵盖各个层次,去年服务的 82.2 万家单位中,既有大型国企、跨国外企,也有各种类型的中小型企业,同时还包括为个体提供的各类人力资源服务。

多元化、多层次的服务内容。人力资源服务业市场衍生出多种细分行业,从最初的招聘服务、人事代理、劳务派遣逐渐渗透到企业内部所有人事业务,包括:人力资源规划、制度设

计与创新、员工满意度、薪酬调查及培训体系、员工关系、企业文化设计等各方面。一些人力资源服务机构甚至将各个业态组合初步形成产业链条,为客户提供全面的人力资源外包服务,促进了服务业态之间的融合,实现了商业模式创新。此外,江苏省人力资源服务业市场在服务内容日趋多元化的同时,层次也在不断提高,逐步尝试向专业化方向迈进。行业龙头企业不再仅仅追求"大而全",更侧重于服务的纵深发展,向客户提供更为"专、精、深"的服务产品,分门别类地为各类企业"私人订制"服务。

可以说,江苏省人力资源服务业总体上广覆盖、全方位、多层次的发展格局已经基本形成。

第二节　江苏省人力资源服务业发展的最新动态及影响

未来五年,中国市场将成为全球人力资源服务市场的主要增长引擎,并在此后的数年逐步发展成为全球最大的人力资源服务市场。互联网、移动技术搅动人力资源服务行业,新的商业模式不断涌现,行业边界不断被打破,产业链不断纵深,将涌现更多新兴人力资源细分产业。可以说,人力资源行业的未来发展受技术、产业跨界/整合、劳动力主体的变化而驱动。

一、把握"新"人口红利时代行业市场新机遇

有经济学家预言,随着中国人口红利的终结,中国企业在人工成本方面的优势殆尽。中国旧的人口红利的确正在消失,但新的劳动力优势正在形成。这种新的劳动优势由创新、技术、技能提升以及劳动力结构优化等带来。在"新"人口红利时代,人力资源服务产业的机遇何在?

(一)聚焦老龄雇佣及养老金市场

江苏是全国最早进入人口老龄化的省份,截至去年底,60岁以上老年人口达1648.29万人,占户籍总人口的21.36%;65岁以上老年人口1115万,占户籍人口的14.45%;80岁以上老年人口255万,占老年人口数的15.47%,老龄化比例位于全国各省之首。

对于人力资源服务的供给方,面对人口老龄化的形势,必须把握其带来的新的市场机遇。首先,推动老年就业人口的增加是一个必然趋势,国际上也都在积极探讨延迟退休的可能性并逐渐拉高最高退休年龄以发挥老龄人才的余热,国务院今年也确定了要制定渐进式延迟退休年龄方案。目前,受限于法律、社保、老龄劳务服务机构缺失等问题,老龄劳动力雇佣市场还只限于"打零工"或自雇佣等"零散"的雇佣模式,而随着法律的成熟,老龄劳动力就业或将成为雇佣市场的另一个蓝海。此外,老龄人口就业率增加也揭示了仅靠单一基本养老金无法满足老年生活的窘境。老龄人口就业率增加使得政府需要不断丰富养老金层次,壮大第二、第三支柱,并建立不同层次的养老金投资制度,以保证养老金保值增值成为老年生活的重要保障,而随着政策的完善和养老金市场的进一步开放,其将成为行业的一个热门竞争领域。

(二)新蓝领阶层市场的开发

在欧美,蓝领工作得到尊重且薪酬亦处于较高的水平,中国新蓝领阶层工资的大幅上涨

也折射出就业市场新趋势。随着新蓝领阶层不断扩大,其服务需求也不断提升,对于新蓝领人力资源服务市场的争夺激战正酣。许多招聘网站纷纷试水蓝领招聘市场。例如,国内知名生活服务平台58同城(58.com)一直专注蓝领招聘;赶集网等分类信息网站针对蓝领招聘细分市场也开发出多种不同产品,除了网络招聘,也有不少软件开发商抓住新蓝领社交与求职的需求,设计出专门的软件满足新蓝领的需求。江苏省最早关注蓝领市场的企业是英格玛,在这一领域也已初具优势。目前,最新的市场趋势是深挖蓝领招聘市场,并从金融、培训、社交等领域去构建新蓝领生态圈,推出针对蓝领的细分产品与业务。

(三)就业问题与职业教育市场的兴起

江苏今年前三季度保持8.5%的增速,超过全国平均水平。随着长三角一体化、江苏沿海地区发展、苏南现代化建设示范区等一系列战略的深入实施,江苏经济形势将更加向好,江苏的就业空间会得到较大释放。但另一方面,全国宏观经济下行压力加大,将带来总体就业需求的下滑。加之,在目前经济结构转型升级初期,会出现需要就业群体的能力与经济发展匹配程度不升反降的现象,就业难度可能在短期内加剧。从用人单位的实际岗位总需求分析,截至11月13日,本科专场总需求数达3.3万人,研究生专场总需求数近万人,比去年有显著下降(2015届本科专场需求4.2万,研究生专场需求1.9万);根据省招就中心进行的企业招聘2016届毕业生情况抽样调查,有近60%的大中型企业由于发展放缓、结构性调整等原因,其针对2016届毕业生的招聘需求均有所下降。

面对如此大的就业压力,除了鼓励创新创业外,开展职业教育是解决就业问题的一个关键。按照国家统计局的就业人员数据,预计2015—2018年,在线职业教育的市场规模年同比将快速增长,达到30%—50%,迎来一个千亿级产值的在线职业教育市场。而在线职业教育打破了线下传统教育模式受时间和空间的限制,随着用户在线教育习惯的形成和互联网环境的普及以及移动互联网的完善,将迎来爆发式发展。例如,新东方与ATA就在2014年7月成立了合资公司,进入职业教育领域,合作开发在线职业教育培训网站。

二、推进行业服务方式的技术变革

随着互联网技术对人力资源服务行业日益渗透,移动化、社交化、云计算以及大数据等技术对人力资源服务行业的影响日益加深。同时,机器人、虚拟技术等新兴技术也倒逼人力资源服务业加速战略转型。可以说,新一轮的技术变革,已经改变了传统的人力资源服务方式。

(一)人工智能时代,机器人+人力资源服务

在2016年初那场举世瞩目的围棋大赛中,人工智能系统AlphaGo最终战胜了世界围棋冠军李世石,可以说是为人工智能做了一次全球性的科普。在近日举行的第三届世界互联网大会上,人工智能再次成为最重要的关键词之一。进入人工智能时代,机器人等一系列智能设备对人力资源行业传统的服务方式产生巨大冲击。

例如人力资源服务外包行业,对于人力资源外包供应商引进工业机器人来说,同一套流水线,稍加改变就可以适用于不同的企业,虽然一次性投入成本较高,但是反复使用频次提升,降低了成本。对于企业而言,人力资源外包服务供应商的介入能够有效解决前期投入过高的难题,企业只需要将生产线外包出去,既能够减轻企业一次性的资金压力,又可以受益

于先进的自动化生产线。与工业机器人携手,人力资源外包服务行业可以从设备到人力提供一条龙式服务,不仅满足企业用工需求,还能提升生产力、节约企业成本,这势必会加快行业的发展进程,迎接更广阔的市场。

在招聘领域,精准人岗匹配问题一直是行业孜孜以求的探索目标。日前,51猎头CEO刘维在由IBM主办的一场分享会中表示,51猎头正在使用基于人工智能和大数据认知下的机器人,已经阅读了5000万份简历,500万个招聘岗位,1000本左右人力资源相关的教材和资料,是用算法来对人才和职位进行分析和匹配。即用机器来实现过去通过资深猎头顾问完成的"撮合"工作,再用数据挖掘和人工智能把标准化的呼叫中心武装起来,处理匹配之外的沟通联络,以此来实现猎头服务的精准和高效。

(二)云技术与人力资源服务业

SaaS(Software-as-a-Service,软件即服务)是云计算的一种服务模式,目前,各大人力资源服务供应商都在发展打造HR SaaS服务平台。包括用于评估的绩效管理系统、继任者管理以及职业规划系统、用于组织能力发展的学习管理系统、以及将人力资源管理与商业智能系统结合。思爱普(SAP)大中华区HR方案首席专家孟盛先生表示:"智能服务基于云平台的技术和庞大客户社区的意见反馈,在服务功能上建有大量预测开关。比如一个普通的请假申请,系统会自动完成假期间的代理授权、相关业务伙伴的知会、相关业务系统的流程切换、预测性地提醒休假人期间可能发生的工作事项和需要的准备。"而且,e-HR供应商们仍在探索其他服务选项,并为关键的部门考虑部署云服务应用,这将为未来奠定基础。e成的业务主要是依托招聘算法、职场大数据以及互联网级的产品体验,让所有的人力资源管理者都能体验SaaS云服务。

日前,全国最知名的人力资源服务企业之一上海外服发布了系列具有行业独创性的"云服务"新产品,e-FILE(商业文档云管理)、e-TAX(全国税务申报平台)、e-HEALTH(全国体检平台)、e-CASE(HR管理系统及数据交互解决方案)和e-CHECK(在线入离职集约化平台)。全部依托业内先进的云端技术予以实现,将O2O模式、自助服务、云计算等广泛应用于人力资源外包领域。

(三)虚拟现实技术在行业中的应用价值挖掘

虚拟现实技术的快速发展也在改变传统的人力资源服务方式。VR(虚拟现实)/AR(增强现实)/MR(混合现实)对企业未来人力资源管理的场景化应用将变得举足轻重。其中,虚拟现实方面的技术在人力资源领域中应用较为广泛的当属培训环节。据业内人士介绍,但凡符合操作繁琐、操作要求规范、高操作效率、高操作安全性这四个标准的岗位,都适合使用VR/AR/MR技术提供培训学习。工作场景与培训场景之间有一堵磨砂玻璃,企业了解培训最终是为了工作服务,会基于工作的需要来设定培训内容,但是无论是面授、e-Learning、m-Learning都仍然无法实时在工作场景中进行操作,这堵磨砂玻璃让工作场景与培训场景从时间与空间上分离开来。根据"721模型"理论,最有效的培训方式是从工作中获得,VR/AR/MR技术的使用就是从70%的工作学习环境切入,帮助企业冲破传统面授和在线培训中无法解决员工"学时不能用,用时不能学"和"遗忘曲线"的困境。

三、重构共享经济下的人力资源服务业商业模式

Uber公司作为近年来崛起的最有名的创业公司,借助共享经济模式,其已经快速成长

为一家巨头公司。共享经济的本质就是将闲置的资源共享给别人,提高资源利用率,并从中获得回报。这种经济模式的核心就是发挥闲置资源的价值,实现供应者和消费者的共赢。共享经济平台作为连接供需双方的纽带,使得供给与需求方通过共享经济平台进行交易。在人力资源服务行业,共享经济已经改变了传统的商业模式,在共享经济这一趋势下,灵活用工、自由职业市场、联合办公等新的服务模式开始兴起。

(一)灵活用工改变传统用工模式

灵活用工在全球是一个非常成熟的用工模式,市场广阔。近年来,中国灵活用工的市场需求增长迅猛,推进着这一创新服务的不断发展和完善,也因此吸引了众多人力资源服务机构进入灵活用工市场。目前,在中国市场上,灵活用工的客户以外企为主。为了要保持用工的灵活性和弹性,许多大型国企也开始采用灵活用工。近年来,民营企业的快速发展,由于规避用工风险和缓解雇佣压力,民企灵活用工的需求正在快速增长。目前,德科、任仕达、万宝盛华等外资人力资源服务机构较早在中国开展灵活用工模式。同时,英格玛、易才等本土人力资源服务机构也占据着较大的市场份额。其中,在医药研发岗位外包领域,科锐国际处于领先地位;在工厂线上岗位外包领域,汇思、英格玛占据主要的市场份额;在人事/秘书/行政岗位外包领域,科锐国际、上海外服、北京外企、任仕达、万宝盛华占据主要的市场份额。

在中国,伴随《劳务派遣暂行规定》的正式实施,企业对灵活用工模式的需求进一步增加。2016年3月1日,《劳务派遣暂行规定》正式施行,明确规定用人单位使用的被派遣劳动者数量不得超过其用工总量的10%,使企业用工风险规避要求越来越高,人力资源控制与优化企业人力资源相关的各种显性和隐性的成本上升,日常处理大量员工入离职等人力资源事务并保证准确性的压力增大。

总而言之,“灵活用工”在中国发展空间巨大。面对当下复杂多变的市场环境和不断上涨的劳动力成本,中国企业特别是在一线市场的企业雇主正在通过引入新的用工方式,以控制风险、降低成本、提升效率。灵活用工将进一步规模化、专业化以创造更大价值,为企业用户提升人力资源管理效率。

(二)共享办公商业模式日渐风靡

共享经济模式正在改变所有人的生活方式和工作方式,人们的办公方式也正在经历变革。在此趋势下,联合办公空间迅速兴起。联合办公模式是一种为降低办公室租赁成本而进行共享办公空间的办公模式,来自不同公司的个人在联合办公空间共同工作。在特别设计和安排的办公空间中共享办公环境,彼此独立完成各自项目。办公者可以与其他团队分享信息、知识、技能、想法和拓宽社交圈子等。

事实上,2008年金融危机之后,“联合办公(Coworking)”开始流行于美国的科技公司、年轻创业者、小企业主和自由职业者中。对于这些公司而言,越来越倾向于雇佣更灵活的劳动力来替代全职员工,因此办公室结构也需要相应发生改变。在蓬勃发展的联合办公市场上,Wework目前处于领先地位。WeWork于2010年创立于美国纽约,2012年获得685万美元A轮融资,2014年12月完成3.55亿美元的D轮融资。2015年10月,又有消息称,WeWork将通过债务融资募集7.5亿美元。新轮融资完成后,WeWork估值超过100亿美元,被誉为人力资源领域的Uber。

(三)劳动力市场转型,自由职业市场日趋繁荣

科技和全球贸易打破了终身职业制,劳动力市场逐渐转型,自由工作者开始崛起。麦肯锡全球研究所(McKinsey Global Institute)预计,到2025年,包括Monster等招聘网站以及自由职业者交易平台在内的"在线人才平台",有望贡献2%的全球GDP,并创造相当于7200万份全职工作的就业机会。在自由职业市场,美国最大的自由职业交易平台Upwork、澳大利亚最大的自由职业者网站Freelancer.com等自由职业者交易平台已经玩得风生水起,在资本市场大获成功。2015年10月,LinkedIn也高调进入自由职业市场。2015年10月19日,全球最大的职业社交平台LinkedIn宣布推出一个针对自由职业者的平台LinkedIn ProFinder,并首先在旧金山地区试点,显示出LinkedIn意欲聚焦自由职业市场。LinkedIn高调介入自由职业市场,首先是进一步驱动了自由职业这种形态的用工模式,同时也符合当前企业灵活用工的需求与趋势。

Freelancer.com、Upwork等自由职业者交易平台主要以收取佣金为主,即充当买家和自由职业者之间的中介,买卖双方的交易和沟通通过平台支付,平台则抽取一定比例的佣金(一般为10%—20%),另外也有按项目统一收费或者是提供增值服务等。

自由职业者平台的崛起,为突破人才招聘上的时间和地理障碍提供了可能。自由职业者交易平台的盛行使得人才和工作可以实现全球范围内的自由对接。比如,在中国的人可以为旧金山的公司工作,也可以雇佣澳大利亚的员工。工作可以突破地域的局限,被全球拥有相应能力的人所承接,而人才也可以在全球范围内参与新竞争。

第三节　江苏省人力资源服务业中期发展对策

从萌芽期到规范发展,再到进入21世纪以来的升级发展阶段,可以说,30年来,江苏省人力资源服务业一直处在飞速发展的快车道上。从国外人力资源服务行业的发展规律来看,行业的未来发展必将步入相对平稳的成熟期。新的时代,面对一系列新的发展动态及其影响,有必要提出对应性的中期发展对策,加快行业的成熟化。

一、发展混合所有制服务经济,打造本土化全产业链服务平台

2016年8月30日,人力资源社会保障部与国家发展改革委、财政部三部委联合下发《关于加快发展人力资源服务业的意见》(以下简称《意见》)。这是国家首次对发展人力资源服务业作出全面部署,将对促进人力资源服务业健康快速发展产生积极影响。《意见》提出人力资源服务业的发展,要坚持市场主导,需求引领的基本原则,发挥市场在人力资源配置中的决定性作用和更好发挥政府作用,要加快人力资源市场体制改革,处理好政府与市场的关系,增强行业发展的内生动力。党的十八届三中全会也提出"充分发挥市场在资源配置中的决定性作用"、"积极发展混合所有制经济",而这为新常态下人力资源服务业发展指明了方向。

混合所有制经济作为一种财产所有结构,是相对于单一公有制经济和单一私有制经济而言的。混合所有制经济从本质上说就是股份制经济,它是一种富有活力、效率的资本组织形式。

从当前江苏省人力资源服务业发展的现状来看,发展混合所有制的人力资源服务业,既

具备一定的现实基础,也十分必要和迫切。从现实基础来看,近年来,江苏省人力资源服务业获得了长足发展,市场主体数量快速增加,服务业态日趋多元,产业规模不断扩大,较好地满足了经济社会发展对人才保障的需求。但缺乏高端服务产品链,服务产品同质化现象严重,盈利模式单一,也成为制约市场进一步发展壮大的重要因素。从必要性上来看,随着市场竞争日趋激烈,产品的差异化、服务的精细化、专业化成为企业赢得市场竞争的重要手段。发展混合所有制人力资源服务企业,建设人力资源产业集聚区,发挥民营资本国有资本各自优势,一方面,可以推进服务企业的纵向整合从而逐步改变目前人力资源服务系统中,上下游链条不清晰、研发能力薄弱、服务分层模糊的问题;另一方面,也可以推进服务机构体系的多元化、多层次发展,形成服务企业集聚效应与分散效应,从而逐步改变目前人力资源服务细分模糊、机构或业务项目重复建设、因业务重叠而产生的恶性竞争等问题,有效提升企业的核心竞争力。

要实现混合所有制下推动人力资源服务业的发展,关键要实现混合所有制经济下产权体制转型,管理体制转型。即在方式上要"混",通过产权的融合聚焦共赢,实现各方股东利益最大化;在方向上要"合",整合国企与民企,打造具有本土化优势的高端人力资源服务业全产业链的资源平台、服务平台和产业平台。

(一)资源平台

首先,与 HR‐ROOT、第一资源等人力资源资讯和媒体专业机构合作,整合、引进、集聚国际国内人力资源服务信息、服务产品、服务项目、服务人才等各类资源;其次,与江苏省各大高校机构合作,有效利用其优势人才资源;最后,利用江苏省人力资源产业园对资源的集聚效应,整合吸收,逐步成为各类高端人力资源服务荟萃齐全的资源平台。

(二)服务平台

民营资本以合资、业务合作等方式与国企、事业单位机构合作,一起拓展技术含量较高、企业有需求、但市场需逐步培育的高端人力资源服务项目,逐步打造一个能满足江苏乃至国内外企事业单位各类高端人力资源服务需求的综合服务平台。例如,可以和 HR‐BOSS、甲骨文等国际公司合作拓展 HR 管理工具服务,与 KELLYSERVER、威琅集团等合作拓展专业外包服务等。

(三)产业平台

产业平台分两个层面,一个层面是对政府、社会和企业而言,将打造江苏省高端人力资源服务机构、产品、资讯、人才、技术、投资的集散地,形成具有竞争力和辐射力的产业集群;另一个层面是对混合所有制人力资源服务企业自身而言,要打造政府所属服务机构发展的第二种商业模式,即利用本土化优势开发适应企事业单位发展需要的、有价值的人力资源服务产品和服务项目,并形成产业化,从而通过资本运作的增值获得另一种形式的发展。

二、发挥政府宏观调控基本职能,加快职能转型

(一)政府在人力资源服务业中的职能定位探讨

人力资源服务市场化的改革过程离不开政府的宏观调控,政府采取宏观调控的目的在于解决市场失灵而产生的问题,或是防止公共部门或私营企业滥用市场力量,从而更好地实现公共服务利益最大化目标。政府对于人力资源行业发展的宏观调控主要包括以下方面:

1. 加强人力资源服务业发展的顶层设计

尽快制定、出台统一的人力资源服务机构管理办法,逐步建立人力资源市场管理的基本框架。加紧制定有关招聘、培训、派遣、管理咨询等方向的专项规定,从而形成分类管理、分级资质、分级指导的规律法规体系。实现政府对人力资源服务业的宏观行政管理。

2. 制定切实有助于人力资源服务企业发展的帮扶政策

加大财政和税收支持力度,对符合条件的人力资源服务企业,提供专项发展资金,综合运用贷款贴息、经费补助和奖励扶植等多种方式支持江苏省人力资源服务业的发展。加强包括专业化人才培养在内的公共服务平台建设,鼓励公共人力资源服务机构按规定申请为非营利组织,享受相关税收政策,同时为公共人力资源服务机构争取更多的财政支持。

3. 营造公平竞争的平台

除了以上有关政策方面的支持,对于推动人力资源服务业的转型升级而言,政府更多的是做好人力资源行业的发展规划,营造良好的政策环境、搭建公平竞争的平台。充分发挥江苏省人力资源服务行业协会的平台作用、自律作用、桥梁作用,形成规范的操作程序和模式,树立良好的行业形象和信誉,积极推动人力资源市场化改革,打破地区壁垒。

当然政府的调控行为不是万能的,当政府行为缺失的时候,人力资源服务市场将呈无序的状态;而政府管制过度导致的权力垄断等政府失灵现象又容易产生许多弊端,这种无序和垄断又迫切要求政府做出回应,人力资源服务市场化强调的竞争和高效的理念,促使着政府不断完善其调控行为。政府在发挥其监督管理的职能,弥补市场缺失的同时,也应该注意简政放权,彻底打破"审批经济"。目前,中国各级政府部门正从经济建设型向着社会服务型的政府转变,社会大众对政府的公共服务能力也提出了更高要求。政府服务外包则是一个大趋势,是打造高效服务型政府的必要举措,是政府转变职能的一条有效路径。

政府服务外包是指政府机关把相关的后勤部门的一些服务,以及行政方面的相关技术服务,为企业单位、市民群众、各种市场组织、社会组织而提供的公共性服务等,以政府机关作为服务发包方,明确参与服务的的准入制度,并依照标准程序公开选择优秀的承包方式,通过签订服务费用与服务数量、质量、成效相挂钩且与标准考核评价结果相联系的协议办法,承包给规范的相关市场主体(社会组织主体)的民事行为。

这是一种"政府购买服务、委托定向机构、协议规范管理、评估效果兑现"的新型公共服务方式。

(二)对政府服务外包业务发展的建议

1. 加快推进事业单位改革进程

目前政府大部分公共服务事务都以设立事业单位的形式存在,实际操作中,事业单位行政化,事业人员公务员化的状况比较普遍,工作效率比较低。应按照国务院最新的有关事业单位改革的方案,加快实施事业单位的分类改革进程,把服务类的事业单位改制成为企业,把公益性和经营性兼有的事业单位改制为独立的民间组织。通过这一系列的改革,此类企业及民间组织将成为人力资源服务机构受托的主体。

2. 创新政府提供公共服务的方式

政府向社会购买公共服务是对公共服务体制的创新之举,也是"小政府"和"服务型政府"两种方向相结合的必然发展趋势。对于政府为公众提供的基本公共服务与市场为个人提供特殊服务之间,存在的服务性质及运作类同的内容,完全可以委托给相关的市场主体去运作,如检验检疫检测、资质认定、项目评估、课题研究、养老助残、文体设施及场所养护等。这些举措将大大加快现代服务业的发展,更有利于服务消费类市场孵化及成长、壮大,有利政府组织、社会组织机构与企业单位的分开和管理创新。

　　3. 加快制定政府服务外包的扶持政策

政府可在财政预算上鼓励各部门实施公共服务的外包,适当增加对外包业务的监督及评价经费。把承揽外包的民间组织和企业,纳入服务业发展优惠政策对象,给予重点扶持。同时,把政府服务外包的理论建设与人才培育,纳入政府培训、人才培养的计划之中。

总的来说,随着新一届政府简政放权力度的加大,政府服务外包的范围会更加广泛,形式会更加多样化,各人力资源服务机构更应早做准备,在政府服务外包业务中占得先机。

三、坚持人力资源服务行业集聚化发展,优化资源配置

在 2014 年国务院印发的《国务院关于加快发展生产性服务业,促进产业结构调整升级的指导意见》明确提出,现阶段人力资源服务业是我国生产性服务业重点发展领域,应在发展中应坚持集聚发展的基本原则。2015 年,人社部下发《关于加快发展人力资源服务业的意见》提出,加快发展人力资源服务业,是 有限开发与优化配置人力资源、内在要求,对推动经济发展方式转变具有重要意义。人力资源服务业集聚是提高人力资源使用效率和配置效率的重要方式,有利于推动人力资源集聚向规模化、集约化、专业化方向发展。当前,江苏省人力资源服务业集聚尚处于起步阶段,虽然已经出现了相当数量的集聚区(如各地建立的人力资源服务产业园),但仍然存在规模较小、集聚水平较低等一系列问题。为促进行业的集聚化发展水平,优化资源的使用与配置,现提供如下三类集聚化发展思路:

(一)以中心城市为核心的圈层式集聚模式

中心城区经济发达、信息密集、基础设施完善,因此中心城市是人力资源服务机构选址的首要选择。同时,人力资源服务业面对的客户种类较多,且提供的多是属于可分析性较强、常规性较弱,顾客对服务质量要求较高且"事后检验性"要求较强的服务,代表城市形象和地位的中心城区会加强顾客对人力资源服务机构的信任,同时也能减少交易成本。早期,人力资源服务机构集聚都是最先形成于中心城市,且这种集聚呈圈层式趋势向外扩散。江苏省可以以南京市作为中心城市进行人力资源服务业的集聚发展,并沿着交通或通讯干线等向外延伸,将集聚模式扩散至次中心城市(如苏州、徐州等),从而以点带轴、以轴带面,呈现出一种立体结构和网络态势,最终形成整个中心城市区域集聚模式。

(二)围绕高人力资本的综合化集聚模式

围绕高人力资本的综合化集聚模式包括围绕高新产业园区和围绕大学城、研究所两部分。高新技术企业发展主要依靠技术、产品和管理创新,而科学技术、知识发展最终由人来承载,所以人力资本是影响高新技术企业发展的重要因素。高新产业园区集聚吸引人力资本集聚,从而对人才招聘、管理咨询、人才测评等高端业务产生强烈需求。因此,在高新产业区周围会形成与之相配套的人力资源服务业综合化集聚模式。南京的新港、汤山高新技术产业园,苏州高新区的各类产业园可以作为高人力资本的人力资源服务综合化集聚地。

此外,人力资源服务业为企业提供人才、信息、技术等资源,其对从业人员的知识层次要

求较高。人力资源服务业一方面要求从业人员具有即时获取丰富信息资源的能力,拥有丰富的人脉资源,具有足够敏锐的市场眼光;另一方面,又要求从业人员针对企业不同特点提供不同的人力资源服务。人力资源服务业知识密集型特征决定其对知识、专业人才、教育机构等高人力资源要素依赖性较强。可以充分发挥江苏,特别是南京市的高等教育优势,利用相关高校和研究所为人力资源服务业发展提供了人才基础。

(三)由政府牵头的人力资源产业园集聚模式

由政府牵头的人力资源服务业产业园集聚是指在特定地区,为企业提供用地、税收、融资、人才等优惠政策,吸引人力资源服务业在该区域快速集聚。政府依托现有公共人才和就业机构,实现公共服务机构功能转型,建立人力资源服务业产业园,将原来的公共就业服务机构中经营性运营转化为市场化运营、公共职能机构转化为产业园管理机构,为园区企业提供优质管理服务。政府根据产业发展发布指导性信息,培训优秀人才,通过市场化机制吸引企业入驻,带动企业集聚。政府在产业园运行过程中只提供服务,不通过行政手段干预企业是否进入园区,而是由市场起资源配置作用。

四、提高行业从业人员素质,打造专业化的人才队伍

目前,江苏省人力资源服务业从业人员整体素质偏低、专业化水平不高是制约江苏省人力资源服务业发展的一重大因素。一方面,人才的引进与需求之间尚存在较大的矛盾;另一方面,人不能尽其才,在人才的培育、选拔和使用等多个方面仍缺乏长效机制。由于思想观念上认识不到位,以及政策措施执行上尚存在一些偏差,人力资源服务行业很难培育并建立优秀的人力资源服务运营和管理团队。

从业人员的职业素质和能力又是人力资源市场服务水平的重要载体,要全面提升从业人员素质,多渠道引进优秀人才,多层次培养人才,构建多元化的人才支撑体系,为人力资源服务业发展提供智力支持。一方面,要加强人才培养和人员培训工作,实施好人力资源服务从业人员培训、高级管理人才研修培训工程,多层次、多渠道培养和引进人力资源服务业所需人才。另一方面,要将诚信教育纳入从业人员日常培训内容,采取集中教学、现场示范、案例剖析等多种形式,开展从业人员诚信教育活动,鼓励服务机构自行开展从业人员诚信教育培训,进一步增强服务机构和从业人员的法律意识、责任意识、诚信意识。此外,要强化人力资源服务业专业分工,打造专业化的人力资源服务业人才队伍,做好人力资源服务业人才的储备工作。

五、加快人力资源服务的人工智能建设,助力行业升级发展

新时代的大门已经打开,整个人力资源服务行业懵然从梦中醒来,喜忧参半,一方面,希望自己可以成为抓住时代脉搏的赢家,另一方面,又害怕自己会随着旧时代一同落幕。然而,江苏省人力资源服务行业在面对现阶段政策及经济形势的考验时,是否能借助互联网及一系列新兴技术,助力整体的升级发展?

借用中欧商学院院长提出的"大、云、平、移"四个特征,探讨一下如今一系列新兴的互联网技术对行业的推动。"大"即"大数据",它主要是指,运用互联网及移动互联网产生的庞大信息,通过云计算等手段,快速而准确地获得有价值的客户需求信息,以及满足这些需求的

途径。应用大数据可以帮助实现更有效率的人才测评、人岗匹配。"云"是网络、互联网的一种比喻说法,云技术三个层次可以用"云存储、云协作、云办公"来概括。"平"即"平台",全球500强前10名中有6个是平台型企业;中国500强企业前40名中,利润最丰厚的也是平台企业,例如我们熟知的百度、腾讯、阿里巴巴。打造平台化的人力资源服务企业,是行业升级发展的关键。"移"就是"移动互联网",智能化手机将联通的终端从电脑转移到了手机,大大便捷了人们对互联网的使用,数字化时代的来临在很大程度上是由智能手机促动的。例如,行业内最新出现的移动端微视频招聘服务等,是最好的实例。

成为拥有互联网思维的企业,若仅仅像上面所介绍的,把它当作工具来使用,是不够的,甚至是舍本求末的。它是一种思维,若你真的拥有它,它必定会渗透在每一个组织、管理的每一个层面。首先,浅层次的是对互联网技术与行业的整合应用。即从传统的线下走到线上,应用新兴技术推出特色化服务产品等。其次,更深层次的是要将互联网思维以及商业模式与企业运营相结合。要使其渗透到公司的业务当中,始终在价值链中贯彻用户思维、大数据思维、跨界思维;在促进产品研发、生产和服务环节,贯彻迭代思维、极致思维;在销售和服务环节,贯彻平台思维、社会化思维和流量思维。

此外,互联网思维倡导的用户至上原则,要求企业根据客户需求来提供产品和服务,并让消费者参与到产品的设计和传播中来。若公司真的以此作为自己的价值取向,必定会扁平化自身的组织架构,以便让每个接触用户、了解用户的员工都能够参与进来,让营销变得更加互动,让内部沟通变得更加畅通。

参考文献

[1] 金三立.中国劳动力成本上升的成因及趋势[J].经济纵横,2013,(2).

[2] 梅鹏,奚国泉.江苏省人力资源服务业转型升级中的发展探析[J].区域经济,2015.

[3] 莫荣,陈玉萍.国外人力资源服务业的发展[J].第一资源,2013,(4).

[4] 田永坡.劳动力市场和产业环境变革下的我国人力资源服务业发展对策[J].经济大视野,2016.

[5] 王晓辉,田永坡.我国人力资源服务业发展现状[R].北京:社会文献出版社,2014.

[6] 姚战琪.我国人力资源服务业发展现状、趋势与政策建议[J].经济研究参考,2012,(46).

[7] 俞安平,奚国泉,徐国华等.江苏省人力资源服务业发展研究报告 2015[M].南京:南京大学出版社,2016.

[8] 俞安平,奚国泉,徐国华等.江苏省人力资源服务业发展研究报告 2014[M].南京:南京大学出版社,2015.

[9] 俞安平,奚国泉,徐国华等.江苏省人力资源服务业发展研究报告 2013[M].南京:南京大学出版社,2014.

[10] 陈莉华.浅论人口老龄化对企业人力资源管理的影响[J]. 中小企业管理与科技(上旬刊),2016,(11):9 - 10.

[11] 田永坡.人力资源服务业发展环境评估及其取向[J]. 重庆社会科学,2016,(09):57 - 63.

[12] 于飞.经济新常态时期人力资源服务业转型发展探析[J]. 吉林工程技术师范学院学报,2016,(07):71 - 73.

[13] 李盘红,咸桂彩.人力资源服务业发展对职业指导专业人才的需求与培养[J]. 职教论坛,2016,(20):32 - 35.

[14] 孟珊,王金,田亦真.人口红利减退背景下服务业人力资源"双短缺"问题研究——以西安市餐饮业为例[J].企业改革与管理,2016,(11):47 - 48+52.

[15] 田永坡.劳动力市场和产业环境变革下的我国人力资源服务业发展对策[J].理论导刊,2016,(06):75 - 77+88.

[16] 吴红梅.面向行业需求的人才培养模式研究——基于人力资源服务业视角[J].黔南民族师范学院学报,2015,(06):39 - 43.

[17] 佚名.《关于进一步做好新形势下就业创业工作的意见》解读[J].山东人力资源和社会保障,2015,(10):46 - 48.

[18] 来有为,马骏.发展人力资源外包的战略意义与对策[J].经济纵横,2011,(08):59 -

63＋89.

[19] 萧鸣政,李冷.关于我国人才市场建设的问题与思考——基于人力资源服务业发展的视角[J].中国人才,2009,(21):13－16.

[20] 吴江,田小宝.中国人力资源发展报告[M].北京:社会科学出版社.2012.

[21] 姚裕群,姚春序.人力资源开发与管理概论[M].北京:高等教育出版社.2011(3).

[22] 姚裕群.人力资源开发与管理通论[M].北京:清华大学出版社.2016:47.

[23] 余兴安.人力资源服务概论[M].北京:中国人事出版社.2016:109－110.

[24] 吴江,王欣.公共就业服务中存在的问题及其解决方略[J].城市问题.2012,07.

[25] 赵保海.劳务派遣与农民工权益保护问题分析[J].新乡学院学报.2012,07:23－25.

[26] 钟捷.人才市场公共服务与经营性服务协同发展之研究[J].发展研究.2013,01.

[27] 王春玲.社会新常态下的就业问题分析及对策[J].博论社区.2016,01.

[28] 王皓月.外包服务商如何提供招聘外包服务[J].人力资源.2015,02.

[29] 袁勤俭.江苏省就业服务信息化现状及发展对策研究[J].现代情报.2009,09.

[30] 张业恒.江苏省着力健全五项机制推进高校毕业生充分就业[J].中国劳动.2015,17.

[31] 鲁学军.高校毕业生高质量就业内涵和对策研究[J].中国大学生就业.2016,22.

[32] 周洁.劳务派遣中存在的问题及对策[J].调查研究.2016,12.

[33] 施杨,王婷婷,高佳嘉.江苏省农村劳动力转移现状、问题及对策[J].江苏农业科学.2014,12:466－467.

[34] 陈莉莎.猎头公司的特点、问题与未来趋势研究[J].黑龙江科学.2016,20.

[35] 余兴安.人力资源服务概论[M].北京:中国人事出版社,2016.

[36] 李桂萍.提高就业再就业培训质量的几点建议——以江苏省徐州市就业再就业培训为例[J].职业,2011(3):86－87.

[37] 高由东,丁锐,王炜.推动技能人才队伍建设打造现代产业发展新高地——访江苏省无锡市人社局职业能力建设处处长张卫[J].职业,2016(7).

[38] 孙建家.大学生创业培训的思路与方法[J].经贸实践,2016(13).

[39] 徐建军.江苏省镇江市高技能人才培养与评价方式实效性的思考[J].中国培训,2014(12):20－22.

[40] 张宗辉.企业新型学徒制的三大亮点[J].中国培训,2015(10):55－55.

[41] 袁虹,张丽琍.中国高技能人才供需情况及成因分析[J].人力资源管理,2011(6):70－72.

[42] 林凤娟.浅析电力企业中的管理人员培训[J].经济技术协作信息,2009(18):20－20.

[43] 孙宝树.努力做好大众创业万众创新浪潮下的技能人才培养和职业培训工作[J].职业,2016(4):10－11.

[44] 佚名.关于进一步推进创业培训工作的指导意见[J].劳动和社会保障法规政策专刊,2016(2):24－26.

[45] 郑爱翔.农村劳动力转移就业培训现状及提升策略——基于江苏省的调查[J].职

业技术教育,2013,34(25):69-74.

[46] 宣慧.江苏省职业院校校企合作现存问题及对策研究[J].价值工程,2016,35(14):233-235.

[47] 余海斌,王慧琴.我国现代人才测评产业化研究[J].经济经纬,2010(6):113-117.

[48] 李明,吴薇莉.国内外人才测评的发展与研究[J].决策咨询,2010(4):68-70.

[49] 耿庆利.我国人力资源咨询发展现状及趋势研究[J].商业经济,2012(19):60-61.

[50] 周玉龙.中国人力资源咨询业分析[J].现代企业教育,2005(1):26-28.

[51] 商华.我国人力资源服务行业现状及分析[J].人力资源管理,2012(2):76-78.

[52] HRoot.2015年人力资源服务市场调查报告[R].2015年4月.

[53] 孙林.人力资源服务业评价指标体系的构建与实践——以北京市人力资源服务业为例[J]中国市场,2015,35:92-95.

[54] 陈雪玉.人力资源服务业发展路径研究:基于市场决定性作用的视角[J].知识经济,2016(15).

[55] 第一部分 年度报告篇 第4章 中国人力资源服务业现状及其发展趋势[A].中国人力资源服务业白皮书2013[C].2013:56.

[56] 贾旭.基于层次分析法的高速公路企业信用评级研究[D].天津财经大学,2014.

[57] 邓雪,李家铭,曾浩健,陈俊羊,赵俊峰.层次分析法权重计算方法分析及其应用研究[J].数学的实践与认识,2012,07:93-100.

[58] 郭金玉,张忠彬,孙庆云.层次分析法的研究与应用[J].中国安全科学学报,2008,05:148-153.

[59] 张丽娜.AHP-模糊综合评价法在生态工业园区评价中的应用[D].大连理工大学,2006.

[60] 侯增艳.我国人力资源服务产业园区发展状况及对策研究[J].经济研究参考,2014,56:22-29.

[61] 王凌.人力资源服务产业集聚建设的影响因素及其突破[J].江西社会科学,2016,07:54-60.

[62] 董小华.人力资源服务业发展问题初探[J].中国人力资源开发,2013,05:86-89+106.

[63] 宋浩亮.基于AHP法的地区旧车行业发展评价研究——以上海和苏州为例[J].未来与发展,2010,07:65-69.

[64] 杜小军,刘婧.基于因子分析的区域制造业竞争力研究——以山东省为例[J].改革与战略,2010,12:127-129.

[65] 叶珍.基于AHP的模糊综合评价方法研究及应用[D].华南理工大学,2010.

[66] 张丽娜.AHP-模糊综合评价法在生态工业园区评价中的应用[D].大连理工大学,2006.

[67] 秦浩,郭薇.国外人力资源服务业的发展现状及趋势[J].商业时代,2013,08:122-123.

[68] 孙林.北京市人力资源服务业发展现状与对策研究[J].北京劳动保障职业学院学

报,2015,04:14－21.

[69] 李宏.金融管制理论的发展[J].经济学动态,2004(7):74－77.

[70] 戴新华.我国上市银行信息披露监管研究[D].湖南大学,2009.

[71] 韩树杰.我国人力资源服务业的发展现状与趋势[J].中国人力资源开发,2008(1):92－95.

[72] 江苏省人力资源服务行业协会简报.2013(1)

[73] 梅鹏,奚国泉.江苏省人力资源服务业转型升级中的发展探析[J].现代商业,2015.

[74] 唐志敏,李志更,乔丽娜.我国网络招聘服务与政府监管的发展[R].电子政府,2010年9月.

[75] 黄曙光,张冬.江苏发布人力资源服务行业公约[J].中国人才,2013(7):60－60.

[76] 吴晓兰.江苏省人力资源服务业转型升级的发展浅析[J].经营管理者,2016(12):159－160.

[77] 陈钦烨.人力资源服务业发展模式的研究[J].江苏科技信息:学术研究,2010(7).

[78] 丁进.江苏人力资源服务业发展和对策研究[J].第一资源,2012(5).

[79] 陈宏亮,卞玲,卞萍.加快载体建设促进人才集聚推动人力资源服务产业化发展——关于浦口区人力资源服务产业发展的调研报告[J].市场周刊,2016(10):119－121.

[80] 江苏率先出台加快人力资源服务业发展意见[J].中国电力教育:下,2012(8):5－5.

[81] 陈玉萍.我国人力资源服务业的发展思路[J].当代世界社会主义问题,2012,(04)

[82] 姚战琪.我国人力资源服务业发展现状、趋势与政策建议[J].经济研究参考,2012,(46)

[83] 刘京州.大力发展人力资源服务业 积极助推中原经济区建设[J].人才资源开发,2011,(06)

[84] 董小华.人力资源服务业发展问题初探[J].中国人力资源开发,2013,(05).

[85] 陈雷,郑美群.促进欠发达地区人力资源服务业发展的个案研究[J].经济纵横,2012,(10).

[86] 杨晓东.我国资源服务业实现大发展[N].中国组织人事报,2013－05－31.

[87] 秦浩,郭薇.国外人力资源服务业的发展现状及趋势[J].商业时代,2013,(08).

[88] 萧鸣政,郭丽娟.中国人力资源服务业白皮书 2012[M].北京:人民出版社,2013.

[89] 梅鹏,奚国泉.江苏省人力资源服务业转型升级中的发展探析[J].现代商业,2014.

[90] 杨彦俊、欧阳丁鑫.我国人力资源服务业发展中存在的问题分析[J].人力资源管理,2014.

[91] 夏天.人力资源服务业产业集群生态化构想[J].襄阳职业技术学院报,2014,(13).

[92] 萧鸣政,李栋,葛平,王周谊.中国人力资源服务业蓝皮书(2014)[M].北京:人民出版社,2013.

[93] 王克良.人力资源服务业蓝皮书:中国人力资源服务业发展报告(2014)[M].北京:中国人事出版社,2014.

[94] 刘崇献.混合所有制的内涵及实施路径[J].中国流通经济,2014(7).

[95] 田永坡.劳动力市场和产业环境变革下的我国人力资源服务业发展对策[J].理论导刊,2016(6).

[96] 于飞.经济新常态时期人力资源服务业转型发展探析[J].吉林工程技术师范学院学报,2016,32(7).

[97] 吴帅."互联网＋"对我国人力资源服务业发展的影响和趋势分析[J].中国人力资源开发,2016(21).